PLASTIK DES 20. UND 21. JAHRHUNDERTS IN MARBURG

Abbildungsnachweis

Fotografien: Edgar Zieser

Außer: S. 20: bpk/Ewald Gnilka. Bildarchiv Foto Marburg: S. 14 (Erika Groth-Schmachtenberger); S. 59 (Paul Haag/Andreas Leck); S. 109 (Paul Haag); S. 143; S. 149 o.; S. 149 u. (Horst Fenchel/ Daniela Frank)

UWE GEESE · HARALD KIMPEL ·
GERHARD PÄTZOLD · EDGAR ZIESER

PLASTIK DES 20. UND 21. JAHRHUNDERTS IN MARBURG

Kunst im Stadtraum

Herausgegeben vom Magistrat der Stadt Marburg

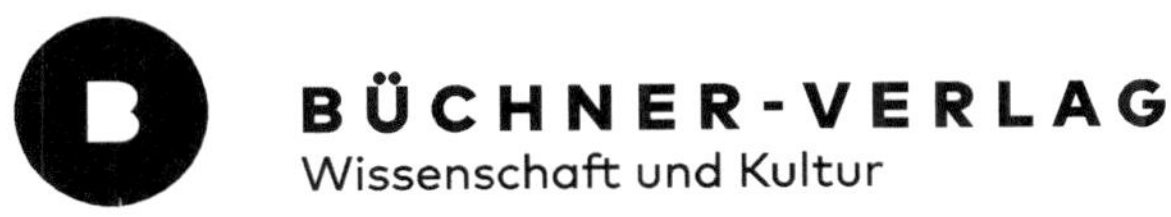

Uwe Geese · Harald Kimpel · Gerhard Pätzold · Edgar Zieser

Plastik des 20. und 21. Jahrhunderts in Marburg
Kunst im Stadtraum

Herausgegeben vom Magistrat der Stadt Marburg
Organisation: Gerhard Pätzold

Texte: Uwe Geese (U.G.), Harald Kimpel (H.K.), Gerhard Pätzold (G.P.)
und Einzelbeiträge von Angelika Bernhammer, Thomas Jahn, Michael Lemling
sowie Ronald Füssel, Text- und Bildrecherchen
Fotografien: Edgar Zieser

ISBN (Print) 978-3-96317-340-0
ISBN (ePDF) 978-3-96317-900-6

Satz und Umschlaggestaltung: DeinSatz Marburg | rn
Fotografie Umschlag: Edgar Zieser

Druck und Bindung: Beltz Grafische Betriebe GmbH, Bad Langensalza
Beltz Grafische Betriebe ist ein Unternehmen mit
finanziellem Klimabeitrag (ID 15985-2104-1001).
Die verwendeten Druckmaterialien sind zertifiziert als FSC-Mix.
Printed in Germany

Bibliografische Informationen der Deutschen Nationalbibliothek:
Die Deutsche Nationalbibliothek verzeichnet diese Publikation in der Deutschen Nationalbibliografie, detaillierte bibliografische Angaben sind im Internet über http://dnb.de abrufbar.

www.buechner-verlag.de

Inhaltsverzeichnis

Vorwort des Oberbürgermeisters

Liebe Leserinnen und Leser,

»Kunst hat die Aufgabe wachzuhalten, was für uns Menschen so von Bedeutung und notwendig ist«, soll der italienische Maler und Bildhauer Michelangelo gesagt haben. Der Ausnahmekünstler kann als Kronzeuge gelten, denn das Italien der Renaissance war eine unruhige Zeit voll des politischen, gesellschaftlichen, religiösen und wissenschaftlichen Wandels. Sein David, eine der ersten freistehenden überlebensgroßen Skulpturen der Neuzeit, galt als Triumph über die Antike, Symbol für die Verteidigungsbereitschaft der Stadt und war als solches Ausdruck eines neuen Florentiner Selbstbewusstseins.

Die Aufgabe der Kunst, wachzuhalten und zum Diskurs beizutragen, gilt in besonderem Maße für den öffentlichen Raum. Denn Kunst ist dort für alle sichtbar und zugänglich. Die in sie eingeschriebenen Botschaften können zwar mit zunehmender historischer Distanz unverständlich werden, doch sie bleiben bestehen – als Kommentar zu oder Widerhall von der Gesellschaft und den ästhetischen Vorstellungen einer Zeit. Sie spricht von der Vergangenheit; sie sagt aber auch etwas über uns heute, die wir uns mit ihr umgeben, sie bewerten, interpretieren und für die Zukunft pflegen.

Der vorliegende Band zeigt als Neuauflage eines Katalogs von 1980 nicht nur den aktuellen Bestand in Marburg, sondern auch im Vergleich, welche Kunstwerke in den letzten Jahrzehnten dazugekommen, verloren oder versetzt worden sind. In einer Zeit, in der – zu Recht – viel und heftig über Denkmalstürze, Cancel Culture und Dekolonisierung debattiert wird, bezeugen diese Beobachtungen der Publikation – neben ihrer kunstwissenschaftlichen Bedeutung – den Wandel gesellschaftlicher Diskurse über die Jahrzehnte. Neukonzeptionen oder Umsetzungen von Kunstwerken müssen dabei nicht dringend Ausdruck von Zensur oder Denkverboten sein; nein, sie können im Gegenteil ein Bekenntnis zur Verantwortungsübernahme und Ausdruck einer bewussten gesellschaftlichen Auseinandersetzung mit Kunst im öffentlichen Raum sein. Als ein herausragendes Marburger Beispiel für diese Form des kritischen ›Dialogs statt Vergessen‹ kann die Installation »Verblendung« von Heiko Hünnerkopf von 2021 gelten, die im Schülerpark einen Kontrapunkt zum Kriegerdenkmal der Marburger Jäger bildet und einen langen, diskursiven und vorbildlichen Erinnerungsprozess bezeugt. Die Bestandsaufnahme von Plastiken, Skulpturen und Kunst am Bau im 20. und 21. Jahrhundert in Marburg führt uns Beständigkeit und Veränderung gleichermaßen vor Augen.

Vor uns liegt ein Band von großer Ästhetik und Bedeutungsfülle. Mein Dank dafür gilt dem ehemaligen Vorsitzenden des Marburger Kunstvereins, Bürgermeister und Kulturdezernenten a. D. Dr. Gerhard Pätzold und den Kunsthistorikern Dr. Harald Kimpel, Dr. Uwe Geese und Edgar Zieser sowie weiteren Mitarbeitern, die gemeinsam Texterstellung, Bilddokumentation und Gestaltung der Publikation in hervorragender Realisierung durch den Büchner-Verlag entwickelt haben.

Das Ergebnis dieser Zusammenarbeit ist eine bemerkenswerte, auf Vollständigkeit zielende Dokumentation, die vielen Fachleuten und Interessierten an der Plastik des 20. und 21. Jahrhunderts in Marburg noch lange als Grundlagen- und Übersichtswerk dienen wird.

Die Universitätsstadt Marburg ist allen Beteiligten sehr verbunden für diesen Meilenstein der Marburger Kunstgeschichte und hat gerne die Herausgeberschaft übernommen.

Kulturdezernent und Oberbürgermeister Dr. Thomas Spies
Juni 2024

Redaktionelle Vorbemerkung

Der vorliegende Band aktualisiert die 1980 erschienene Dokumentation »Plastik des 20. Jahrhunderts in Marburg«. In den vergangenen Jahrzehnten haben zahlreiche hinzugekommene, aber auch entfernte oder umplatzierte Werke den öffentlichen Stadtraum künstlerisch weiter verändert. Die aktuelle Bestandsaufnahme spürt diesen Veränderungen nach. Sie erfasst plastische Kunstwerke, die seit Beginn des letzten Jahrhunderts in Marburg zur Ausgestaltung öffentlicher Gebäude und Anlagen installiert worden sind. Unberücksichtigt bleiben Werke im Privatbesitz, in Museumsbeständen, im kirchlichen Bereich sowie personenbezogene Denkmäler.

Die Zusammenstellung dokumentiert somit einen Teilbereich derjenigen künstlerischen Praxis, die unter Schlagworten wie »Kunst im öffentlichen Raum« oder »Kunst im Stadtbild« beim Bemühen um mehr Lebensqualität im urbanen Kontext mit ihren ästhetischen Qualitäten und sozialen Funktionen zunehmend kontrovers diskutiert wird. Sie versteht sich nicht als Leitfaden zu ausgewählten Highlights der städtischen Kunstausstattung, sondern inventarisiert so vollständig wie möglich jene Werke, die dazu beitragen, den ästhetischen Alltag der Stadt zu prägen. Daher erfolgte auch die fotografische Erfassung nicht unter inszenierendem Blickwinkel, sondern vollzieht die alltägliche Sicht auf die Objekte nach.

Neben der Werkabbildung werden – soweit verfügbar – Informationen gegeben über Standort, Titel, Künstler/Künstlerin, Entstehungs- bzw. Aufstellungsjahr, Material, Maße, Beschriftungen, Werkbeschreibung und -kommentar, biographische Daten sowie Hinweise auf weiterführende Literatur, in der das Objekt erwähnt wird. Und im Anhang werden einige verwandte skulpturale Kunstprojekte einbezogen.

Diese Dokumentation will unter anderem sichtbar machen, dass einige Plastiken, insbesondere aus der Gruppe der Denkmäler, eine Geschichte aufzuweisen haben, die vom Standortwechsel über inhaltliche Umdeutung bis zu Bedeutungsreduzierung oder -revision reicht. Hier zeigen sich Vorgänge, deren Einzelheiten leicht in Vergessenheit geraten oder weitgehend unbekannt geblieben sind, die aber für die Beurteilung der Funktion des jeweiligen Kunstwerks zum Zeitpunkt seiner Anbringung wie auch für die Einschätzung seiner gegenwärtigen Wirksamkeit von Belang sind. Indem die Dokumentation so detailliert wie möglich Auskunft sowohl über die sachlichen Befunde als auch über die Wirkungsgeschichte einzelner Objekte gibt, will sie als kritische Bestandsaufnahme auch den gesellschaftlichen Diskurs transparent machen, in den viele der Kunstwerke eingespannt waren und noch heute sind.

Die Dokumentation konnte nur im Zusammenwirken zahlreicher Personen und Institutionen verwirklicht werden. Der Dank gilt daher allen, die mit ihren Kenntnissen, Informationen und Materialien dazu beitragen haben, dass die Vielfalt der künstlerischen Arbeiten in kompakter Form hier dargelegt werden kann.

1. Freiplastik

Nr. 1

Dr. Carl Duisberg-Haus,
Gisonenweg 2, Garten
»Tennisspielerin«
Carl Stock
1927 (1926)
Bronze. Höhe 1,40 m. Sockel: Muschelkalk. 30 x 105 x 65 cm. Sign. Plinthe: »C. Stock 1926«. Sockelinschrift (vertieft): »ZUR ERINNERUNG AN DIE ÜBERGABE DES / DR. CARL DUISBERG HAUSES / AN DEN / VEREIN STUDENTENHEIME E. V. / 19. JULI 1927 GESTIFTET VON / DR. CARL DUISBERG«

Carl Duisberg (1861–1935), Chemiker, Generaldirektor des Bayer Konzerns und Kunstförderer, macht das Werk zum Geschenk anlässlich der Übergabe des von ihm zum 400-jährigen Jubiläum der Philipps-Universität gestifteten Studentenheims. Die unterlebensgroße weibliche Aktplastik demonstriert den Erfolg von Körperertüchtigung durch sportliche Betätigung. Dargestellt ist eine Tennisspielerin im Bewegungsablauf mit weitem Ausfallschritt. Ihr rechter Arm mit dem Schläger ist zum Vorhandschlag schwungholend weit nach hinten gestreckt, während der linke, mit dem Ball in der Hand, vor den Körper geführt wird.

Das Thema der Plastik, deren Aufstellung an der abfallenden Hangseite des Gartens etwas unmotiviert wirkt, rechtfertigt sich durch den ursprünglich unmittelbar hinter der Skulptur gelegenen Tennisplatz, der 1959 dem Erweiterungsbau des Dr. Carl Duisberg-Hauses weichen musste.

Dass hier eine Tennisspielerin nicht im zeittypischen Sportdress, sondern in für die Ausübung des Spieles unüblicher Nacktheit dargestellt wird, weist darauf hin, dass nicht der banale Einzelfall einer Sportlerin gemeint ist, sondern eine weiterreichende Aussage angestrebt ist, die mit »Lob des Sportes als Mittel zum Erreichen eines weiblichen Schönheitsideals« umschrieben werden kann. Auffällig ist der Bruch in der inhaltlichen Konzeption, der sich ergibt aus der Kombination einer idealisierten Aktdarstellung und den trivialen, keinerlei Symbolik beinhaltenden Sportutensilien.

Die Tennisspielerin ist stilistisch wie thematisch als Vorläuferin desjenigen Typs weiblicher Aktplastik zu sehen, von dem die Darstellung der Frau in der Kunst des Nationalsozialismus geprägt wurde. (H.K.)

Carl Stock
Geb. 1876 in Hanau-Kesselstadt, gest. 1945 in Frankfurt/M. Studium an der Staatlichen Zeichenakademie Hanau. Anschließend Aufenthalte in München, Berlin und Heilbronn. Ab 1908 hauptsächlich Bauplastiker in Frankfurt/M. Außerdem zahlreiche dekorative Garten- und Brunnengestaltungen, Denkmäler und Freiplastiken.

Literatur:
Hermelink, Heinrich: Dr. Carl Duisberg-Haus. Studentenwohnheim zu Marburg an der Lahn. Leverkusen 1930 • Leitermann, Heinz: Neuere Werke von Carl Stock. In: Die Kunst für alle. Malerei, Plastik, Graphik, Architektur. 51. Jg. 1935–1936. S. 134–139 • Von Köpfen und Körpern. Frankfurter Bildhauerei aus dem Städel. Museum Giersch in Frankfurt/M. Hg. v. Das Städel. Frankfurt/M. 2006. S. 254–255 • Otterbeck, Christoph: Huldigung der Kunst und der Wissenschaft. Die beiden Reliefs von Fritz Klimsch am Dr. Carl Duisberg-Haus in Marburg: In: Ausst.-Kat. Museum Giersch: August Gaul – Fritz Klimsch, Frankfurt/M. 2010. S. 168

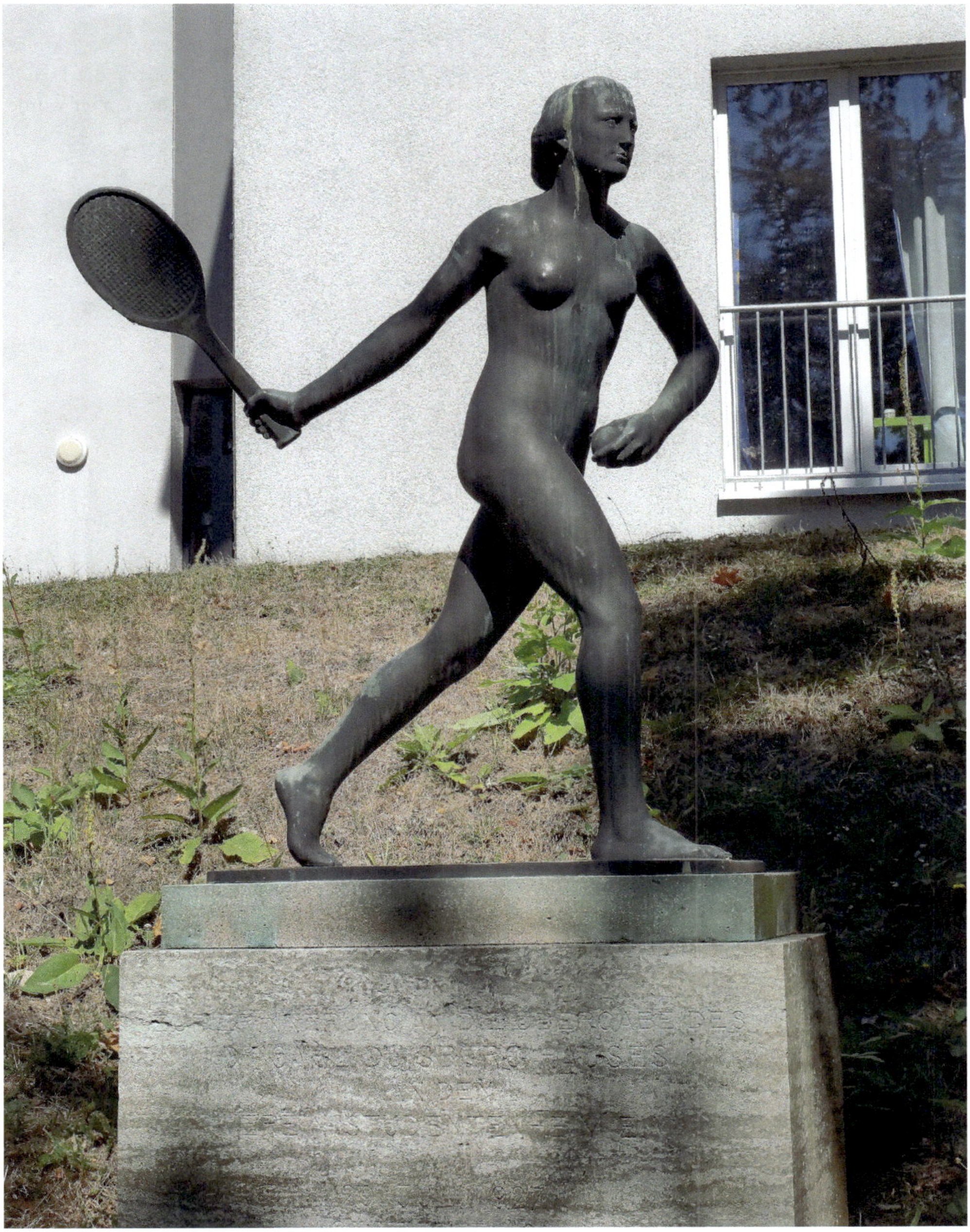

Nr. 2

Kunstgebäude Marburg, Biegenstraße 11,
Garten, Wolffstraße
»Kauernde«
Georg Kolbe
1927
Bronze. Höhe 2,20 m. Sockel: Basalt. 1,60 x 1,60 x 1,60 m. Sign. hinten links: »GK«. Bez.: »GUSS H. NOACK/BERLIN-FRIEDENAU«

Die Plastik ist ein Geschenk des Preußischen Ministeriums für Wissenschaft, Kunst und Volksbildung an die Philipps-Universität anlässlich ihres 400-jährigen Jubiläums und der Errichtung des Ernst-von-Hülsen-Hauses. Im März 1927 geht vom Ministerium ein Wettbewerb aus, zu dessen Teilnahme neben Georg Kolbe auch die Bildhauer Benno Elkan (Frankfurt/M.) und Hans Sautter (Kassel) aufgefordert werden. »Huldigung an die Kunst« lautet die weitgefasste Themenstellung, die auf die Funktion des Jubiläumsbaus als Standort von Museum und Kunstgeschichtlichem Institut verweisen soll. Aufgrund der Fürsprache durch Richard Hamann ergeht der Auftrag an Georg Kolbe. Als Modell fungiert eine Marburger Studentin. Eine Gipsstudie befindet sich im Von-der-Heydt-Museum Wuppertal. Die überlebensgroße weibliche Aktplastik zeigt das Resultat der Auseinandersetzung des Künstlers mit dem antiken Motiv der kauernden Aphrodite. Kolbes Bezugnahme auf das verschollene, in römischen Kopien und Nacharbeitungen überlieferte Original des hellenistischen Bildhauers Doidalses (um 250 v. Chr.) ist eine von zahlreichen nachantiken Variationen dieses Vorbildes, das zu den beliebtesten und meistadaptierten Werken hellenistischer Plastik zählt.

Die Figur ruht auf ihrem linken Unterschenkel, der in ganzer Länge auf der als Boden- oder Felsstück gearbeiteten Basis aufliegt, während der Körper auf seiner rechten Seite gestützt wird durch das nach oben angewinkelte rechte Bein, dessen Knie als Stützpunkt der vor dem Körper verschränkten Unterarme dient. Auf diese Weise erscheint trotz der kauernden Haltung der Oberkörper straff aufgerichtet. Der Eindruck von Körperspannung wird unterstützt durch den nach rechts gewendeten, leicht erhobenen Kopf. Durch diese Blickrichtung

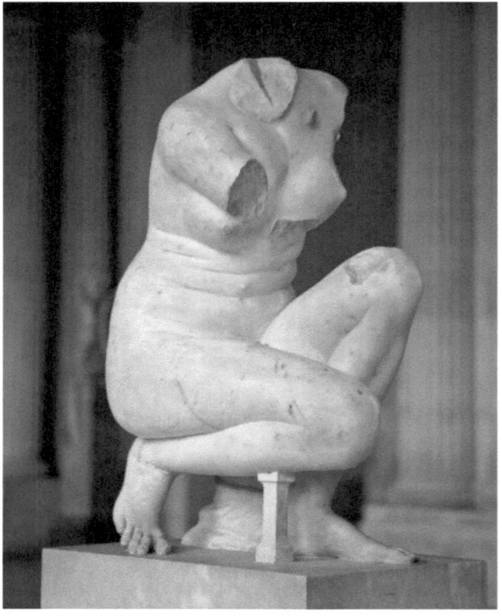

»Kauernde Aphrodite«. Musée du Louvre, Paris

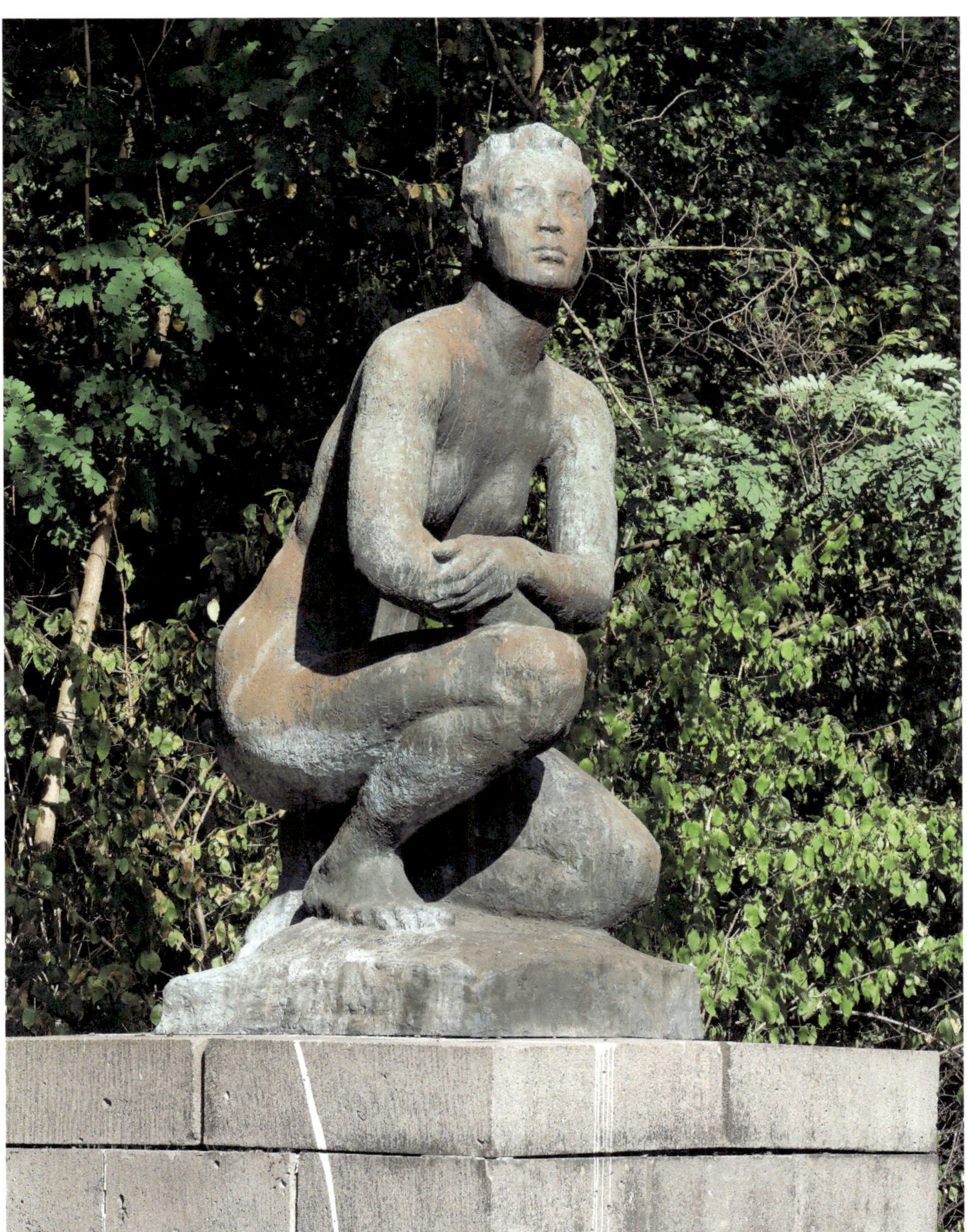

und die angedeutete Wendung des gesamten Körpers in dieselbe Richtung wird eine Beziehung zur Architektur des Museumsbaues als dem Bezugspunkt der Plastik aufgenommen.
Diese spezifische Art der Orientiertheit der Skulptur auf die Architektur entspricht Kolbes Bemühungen um eine Neudefinition des Verhältnisses beider Gattungen zueinander, die auf eine Konfrontation eigenständiger, optisch gleichberechtigter Kunstformen und eine wechselseitige visuelle Beeinflussung von Architektur und plastischem Kunstwerk angelegt ist. (H.K.)

Georg Kolbe
Geb. 1877 in Waldheim, gest. 1947 in Berlin. 1893–1897 Studium der Malerei in Dresden (Kunstgewerbeschule) und München (Akademie). 1898–1900 Romaufenthalt, bei dem er sich durch den Kontakt mit antiker Kunst unter dem Einfluss Louis Tuaillons der Plastik zuwendet. Ab 1903 In Berlin ansässig. Mitglied der Berliner Sezession und Preußischen Akademie der Künste. Lehrer an den vereinigten Kunstschulen. Studienreisen nach Florenz, Paris, London, Moskau, Ägypten, Griechenland. 1936 Goethepreis der Stadt Frankfurt/M.
In seinen kunsttheoretischen Äußerungen erläutert Kolbe die Absicht, Plastik nur in ihrer Formvollendung vorzuführen. Statt intellektueller Problematisierung des Gestaltungsvorgangs soll der Zustand nach Lösung der selbstgestellten Formprobleme sichtbar werden. Kolbes Werk kreist um die Formulierung eines am klassischen Vorbild orientierten Ideals vom nackten menschlichen Körper in ausgeglichenen Posen statuarischer Ruhe oder in harmonischer Bewegung. Von dieser idealtypischen Körperauffassung ist es nur ein Schritt, um ab 1933 dem Ideal des deutschen Menschen zu genügen und als Leitfigur gegen »Entartungserscheinungen« in der Kunst instrumentalisiert zu werden. Der Künstler der athletischen Tänzer und monumental posierenden Frauenakte reduziert sich selbst auf den Produzenten heroischer Kämpfergestalten und Normkörper analog zur faschistischen Kunstauffassung und lässt sich als Prototyp des deutschen Künstlers verwerten.

Literatur:

Thieme/Becker. Bd. Leipzig 1927. S. 229–230 • Hessenkunst. 22. Jg. 1928. S. 42 • Kolbe, Georg: 100 Lichtdrucktafeln. Marburg 1931 • Binding, Rudolf Georg: Vom Leben der Plastik. Inhalt und Schönheit des Werkes von Georg Kolbe. Berlin 1933 • Kunst des 20. Jahrhunderts aus Marburger Privatbesitz. Universitätsmuseum Marburg 1947 • Lullies, Reinhard: Die kauernde Aphrodite. München 1954 • Vollmer. Bd. 3. Leipzig 1956. S. 88–89 • Großmann, Dieter: Bau- und Kunstgeschichte der Stadt Marburg • ein Überblick. In: Marburger Geschichte. Rückblick auf die Stadtgeschichte in Einzelbeiträgen. Hg. v. Erhart Dettmering u.a. Marburg 1980. S. 775–880 • Warnke, Martin: Richard Hamann. In: Marburger Jahrbuch für Kunstwissenschaft. Bd. 20. 1981. S. 11–20 • Berger, Ursula: Georg Kolbe • Leben und Werk. Berlin 1994 • Kettler, Holger: »Die Kauernde« von Georg Kolbe im Garten des Jubiläumsbaus der Philipps-Universität Marburg. Bd. 1: Textband. Bd. 2: Abbildungsband. Magisterarbeit Marburg 1996

Nr. 3

Institut für Orientalistik,
Deutschhausstraße 12, Garten
2 Enten
Wolfgang Schwartzkopff
1927
Bronze. Höhe ohne Plinthe 45 cm.
Sign. Plinthe: »W. SCHWARTZKOPFF«

Die beiden Entenplastiken besetzen im Garten der früheren Kinderklinik die Schmalseiten eines rechteckigen Brunnenbeckens, das inzwischen seiner Funktion enthoben ist. Die annähernd lebensgroßen Plastiken stehen unmittelbar in der Tradition naturalistischer Tierdarstellung, die August Gaul mit seinem Werk zu Beginn des 20. Jahrhunderts begründet hat. (H.K.)

Wolfgang Schwartzkopff
Geb. 1886 in Frankfurt/M., gest. 1943 in Berlin. Studium an den Akademien in Kassel und ab 1908 in Weimar, Schüler von Louis Kolitz und Adolf Brütt. Mitglied im Reichsverband bildender Künstler Deutschlands. Arbeiten in Marmor, Bronze und vor allem Keramik.

Literatur:
Lehmann, Evelyn: Der Bildhauer Wolfgang Schwartzkopff (1886–1943) und seine Skizzenbücher aus dem Ersten Weltkrieg. In: 1918 • Zwischen Niederlage und Neubeginn. Hg. v. der Museumslandschaft Hessen Kassel. Petersberg 2019. S. 190–203 • 75 Frauenorte in Marburg. Entdeckerinnenbuch zu 800 Jahren Stadtgeschichte. Hg. v. Irene Ewinkel. Marburg 2022 S. 69

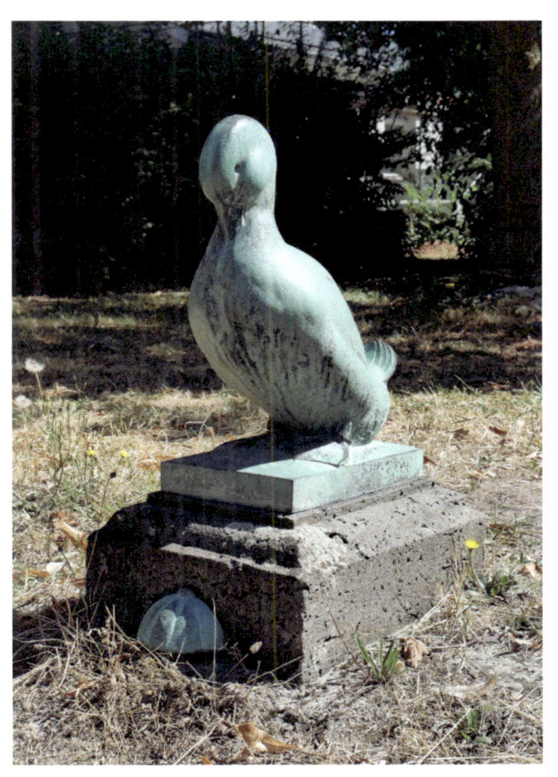

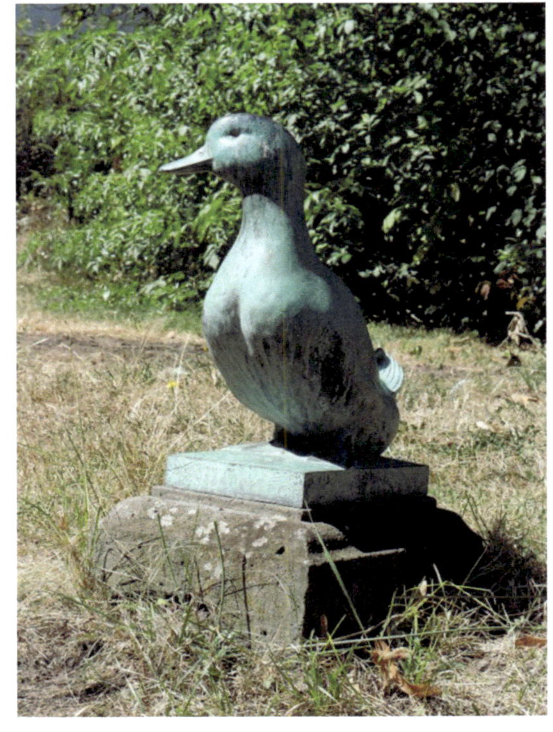

Nr. 4

Pharmaserv GmbH, Emil-von-Behring-Straße 76, Vorhof
Pferd
Louis Tuaillon
1958 (1895)
Bronze. Höhe 2,50 m
Sockelinschrift links: »NACH LOUIS TUAILLON«, hinten: »GUSS H. NOACK BERLIN«

Nachdem die Person Emil von Behring durch das Denkmal nahe der Elisabethkirche angemessen gewürdigt worden ist, überlegt man bei den Behring-Werken, wie auch dem Pferd als dem Serumspender und somit als der Grundlage sowohl der Serumtherapie als auch des Industrieunternehmens ein Denkmal gesetzt werden könne. Der Bildhauer Richard Scheibe wird als künstlerischer Berater mit der Erstellung von Vorschlägen für Gestaltung und Aufstellungsort beauftragt. Unter seiner Leitung entsteht eine Skulptur, die symbolisch den Dank der Menschen an das Pferd vermitteln soll.
Die lebensgroße Bronze ist die Kopie des Reittiers aus Louis Tuaillons Skulpturengruppe »Amazone zu Pferde« (1895) im Kolonnadenhof der Alten Nationalgalerie auf der Berliner Museumsinsel. Hergestellt wird sie von Bildhauer Harald Haacke, einem Meisterschüler Richard Scheibes, in der Bildgießerei Hermann Noack. Die Aufstellung erfolgt am 25.2.1958 im Garten der Behring-Werke (heute Pharmaserv GmbH). (H.K.)

Louis Tuaillon
Geb. 1862 in Berlin, gest. 1919 in Berlin. 1879–1881 Studium an der Berliner Akademie. 1882–1883 Meisterschüler von Reinhold Begas. 1895–1902 Aufenthalt in Rom. Mitglied des Deutschen Künstlervereins in Rom. Ab 1902 Mitglied der Berliner Sezession und Vorstand des Deutschen Künstlerbundes. Ab 1906 Professor an der Berliner Kunstakademie. Zahlreiche Ehrungen und Ehrenmitgliedschaften.

Literatur:
Thieme/Becker. Bd. 33. Leipzig 1939. S. 466f. • Oberhessische Presse, 26.2.1958 • Ein neues Denkmal für Marburg. In: Marburger Spiegel. 4. Jg. 3/1959. S. 12–13 • Kat. »Ross und Reiter in der Skulptur des XX. Jahrhunderts«. Gerhard Marcks-Haus, Bremen 1991 • Ulferts, Gert-Dieter: Louis Tuaillon (1862–1919). Berliner Bildhauerei zwischen Tradition und Moderne. Univ.-Diss. Göttingen 1987. Berlin 1993

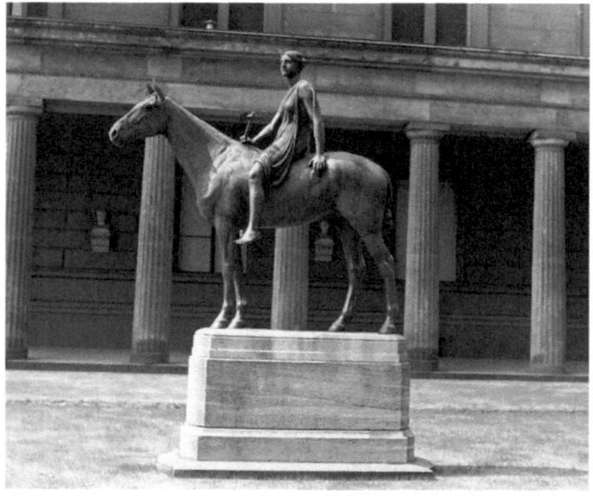

Louis Tuaillon: »Amazone zu Pferde«. 1895. Kolonnadenhof, Museumsinsel Berlin

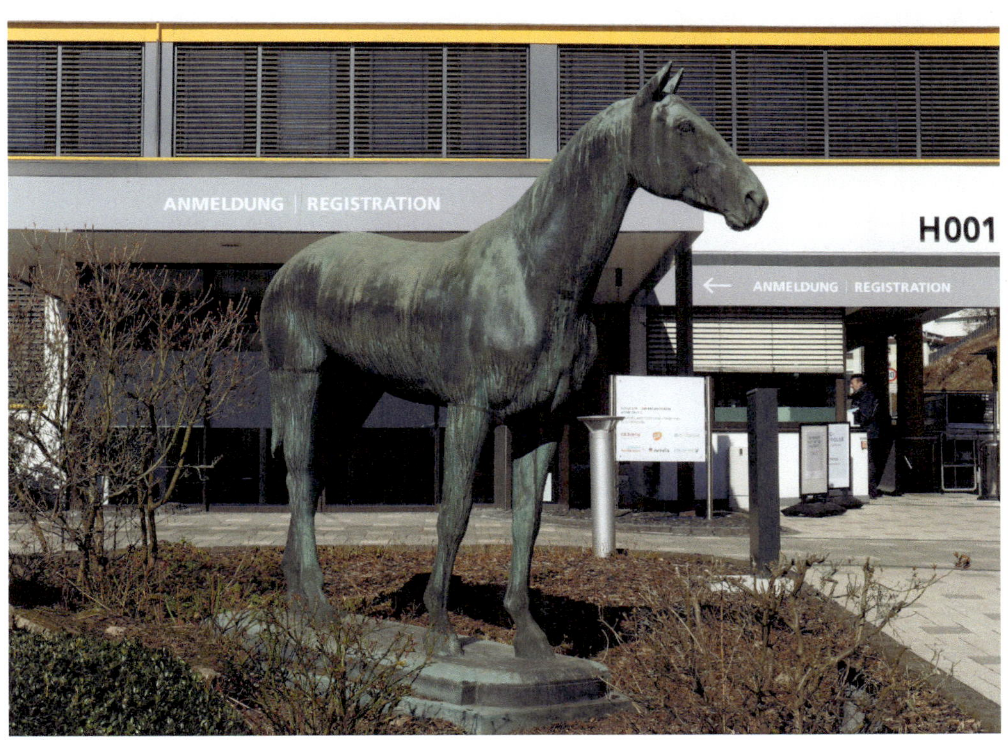
ANMELDUNG | REGISTRATION
H001
ANMELDUNG | REGISTRATION

Nr. 5

Philips-Universität Marburg, Pharmazie, Robert-Koch-Straße 4, Garten
»Badende«
Entwurf: Joachim Utech
Ausführung: Firma Joseph Paffrath, Marburg
1958
Hessischer Diabas. Höhe 2,40 m. Sign. links hinten: »1958 / PAFFRATH« + Bildhauerzeichen

Die »Badende« ist eine der letzten Skulpturen des Bildhauers Joachim Utech. Zwar hat er nur den Entwurf geliefert, doch ist auch dieses Objekt charakteristisch für die Prinzipien seines Gesamtwerkes. Dieses weist – sichtlich unbeeinflusst von den avantgardistischen Strömungen des 20. Jahrhunderts – eine bemerkenswerte Kontinuität auf. Seit Beginn seiner Tätigkeit als Bildhauer ist Utechs bevorzugter Werkstoff Granit, sein bevorzugtes Abbildungsobjekt der Mensch. Dieser wird reduziert auf ein schlichtes Formenrepertoire, bedingt durch die von den schwierigen Arbeitsbedingungen mit dem extrem spröden Material erforderlichen Einschränkung. Die besondere Materialbeschaffenheit gestattet keine naturalistische Ausformulierung detaillierter Einzelmerkmale. Dementsprechend liegt die Eigenart seiner Gestalten, Köpfe und Gesichter, die stets ohne Modell gearbeitet werden, auf großflächigen Andeutungen, auf blockhaften Formen und Formzusammenhänge. (H.K.)

Joachim Utech
Geb. 1889 in Belgard (Polen), gest. 1960 in Marburg. 1907–1912 Kunstschule des Westens, Hochschule für bildende Künste und Staatliche Kunstschule in Berlin, Ausbildung als Kunsterzieher. 1913/14 Akademie für Buchgewerbe und Graphik und Pädagogische Hochschule Leipzig, Nach dem Ersten Weltkrieg bis 1945 als Kunsterzieher und Bildhauer in Leipzig, Insterburg und Belgard. 1936 Biennale Venedig. 1937 als »entartet« aus der »Großen Deutschen Kunstausstellung« in München entfernt. Ausstellungsverbot. Unter Zurücklassung aller Werke 1945 Flucht nach Eyendorf, Lüneburger Heide. Wiederaufnahme der Arbeit als Kunstpädagoge und Bildhauer. 1955 Übersiedelung nach Marburg. 1957 werden 75 Skulpturen aus dem Belgarder Atelier, die seit 1945 im Stettiner Landesmuseum untergebracht waren, durch das polnische Kultusministerium zurückgegeben und vorübergehend im Marburger Schloss ausgestellt.

Literatur:
Linde, Franz: Joachim Utech. In: Die Kunst und Das schöne Heim. 57. Jg. 1959. S. 296–297 • Aust.-Kat. Joachim Utech. Steinbildwerke und Fotografien von Plastiken. Germanisches Nationalmuseum Nürnberg 1959 • Ausst.-Kat. Gedächtnisausstellung Ludwig Meidner, Joachim Utech. Ostdeutsche Galerie Regensburg 1971 • Ausst.-Kat. Joachim Utech (1889–1960). Retrospektive zum 100. Geburtstag. Lippisches Landesmuseum, Detmold 1989 • Linz, Barbara: Die Kopfskulpturen des Granitbildhauers Joachim Utech. Magisterarbeit Univ. Marburg 1992

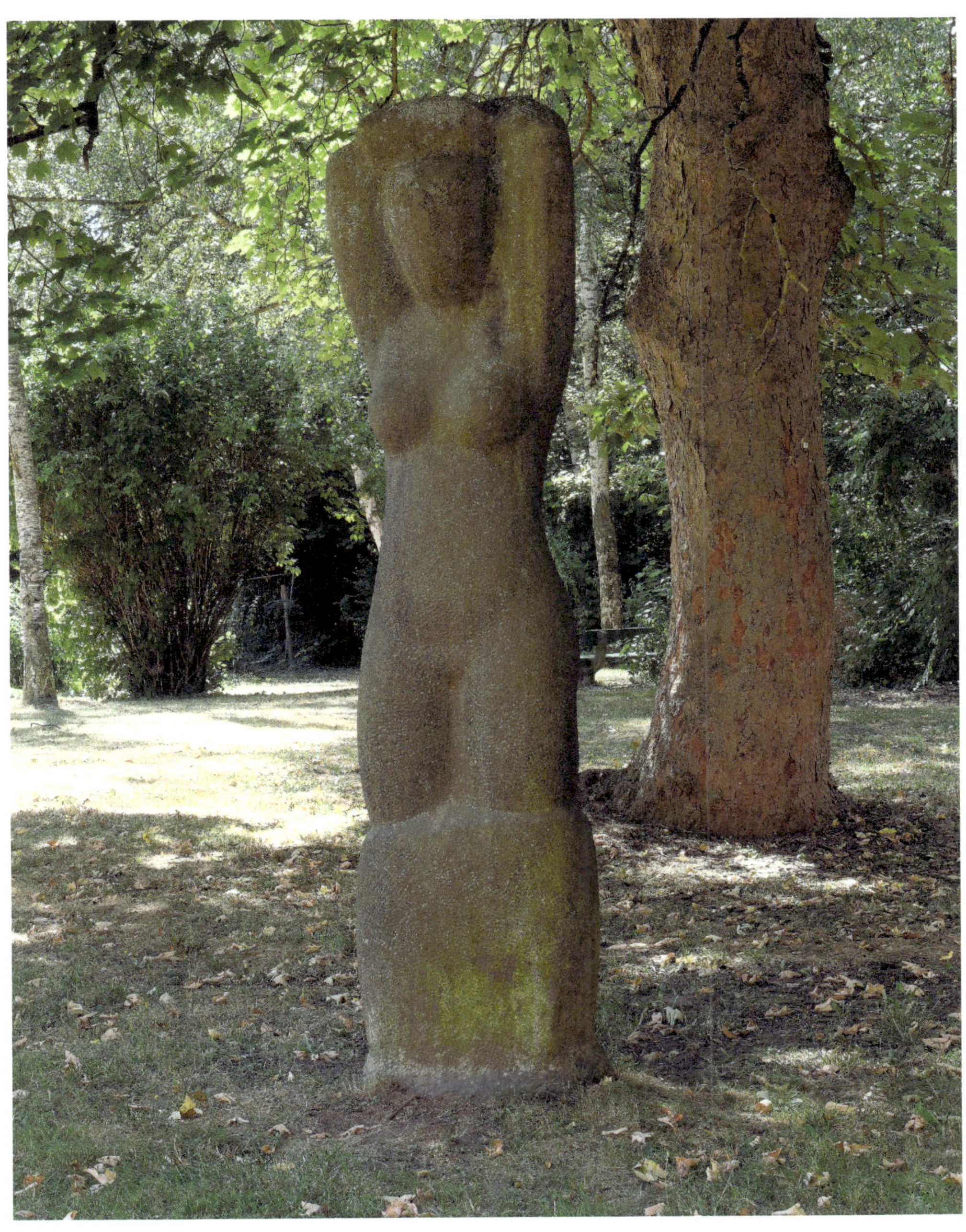

Nr. 6

Bürgerhaus Marbach, Emil-von-Behring-Straße 51, Vorplatz
Florian Lechner
1967
V2a-Stahl, Kristall-Glas. Höhe 4 m

In seiner Plastik aus Metall und Glas überträgt Lechner der Aufgabenstellung entsprechend das graphische Signet der hessischen Bürgerhäuser ins Dreidimensionale. Er setzt ein geometrisches Formenrepertoire ein, mit dem er die visuelle Vorgabe inhaltlich und formal vereinfacht und umformt. Mit der Beschränkung auf die Grundelemente Quader und Zylinder soll dem ursprünglichen Ineinander verschiedener Symbole im Hauszeichen (Kreis: Gemeinschaft; Dreieck: Gebäude, Schutz; Figurengruppe: Familie) eine einheitlichere Gestalt gegeben werden. Die inhaltliche Vereinfachung basiert im Wesentlichen auf der Nichtberücksichtigung des Kreismotivs, da das Arrangement der Einzelelemente zueinander die Gemeinschaft zum Ausdruck bringt, der Kreis außerdem als formales Element im Zylinder enthalten ist. Für den Künstler bedeutet dieser Vorgang der Vereinheitlichung zugleich eine Umformung des inhaltlichen Bezugsrahmens. Durch die Ähnlichkeit des Formarrangements mit Maurerhämmern soll der Baugedanke der Gemeinschaftshäuser symbolisiert werden. Als Bestandteil des Arrangements soll das Werkzeug darauf hindeuten, in welcher Weise der Einzelne als Werkzeug innerhalb der Gemeinschaft wirksam ist.
Der verwendete V2a-Stahl korrodiert nicht durch Witterungseinflüsse, sondern erfährt eine Stabilisierung. Die Oberfläche ist von Hand geschliffen, um die lichtbrechende Wirkung des Materials zu steigern; Schweißnähte sind sichtbar gelassen, damit der Herstellungsvorgang erkennbar bleibt. In die zylindrischen »Köpfe« der Figuren sind im Schmelzverfahren geformte Kristall-Glasplatten eingesetzt, die einen zusätzlichen optischen Effekt bieten: Abends beleuchtet die Plastik sich selbst und das angrenzende Gebäude. (H.K.)

Florian Lechner
Geb. 1938 in München. 1957–1962 Studium Kunsterziehung an der Werkakademie in Kassel, Malerei bei Fritz Winter. 1962 Stipendium der Studienstiftung des deutschen Volkes in Paris. 1958–1963 Malerei und Plastik in Tournai und Paris. 1963–1966 Studium der Glastechnik in Chartres, Paris, Reims, Amsterdam, Glasfachschule Hadamar, Glasindustrie Josef Winter, München. Ab 1967 Werkstatt »Glas + Form« in Neubeuern. Als bevorzugtes Arbeitsmaterial verwendet Lechner Schmelzglas in Verbindung mit Chromnickelstahl, Aluminium und Holz für Objekte zur Wand-, Raum- und Fenstergestaltung im Architekturzusammenhang. Seit 1980 Atelier in Nussdorf am Inn.

Literatur:
Oberhessische Presse, 2.9.1967 • Schmitt, Peter: Gläserne Plastiken von Florian Lechner. In: Kunst und Kirche. Bd. 48. 1985. S. 164–165 • Jaursch, Markus: Florian Lechner. Ausst.-Kat. Passau 2011 • Florian Lechner und Glas – Florian Lechner and glass. Mit DVD: Florian Lechner Sequenzen 1987–2012. Hg. v. Peter Schmitt. Stuttgart 2013

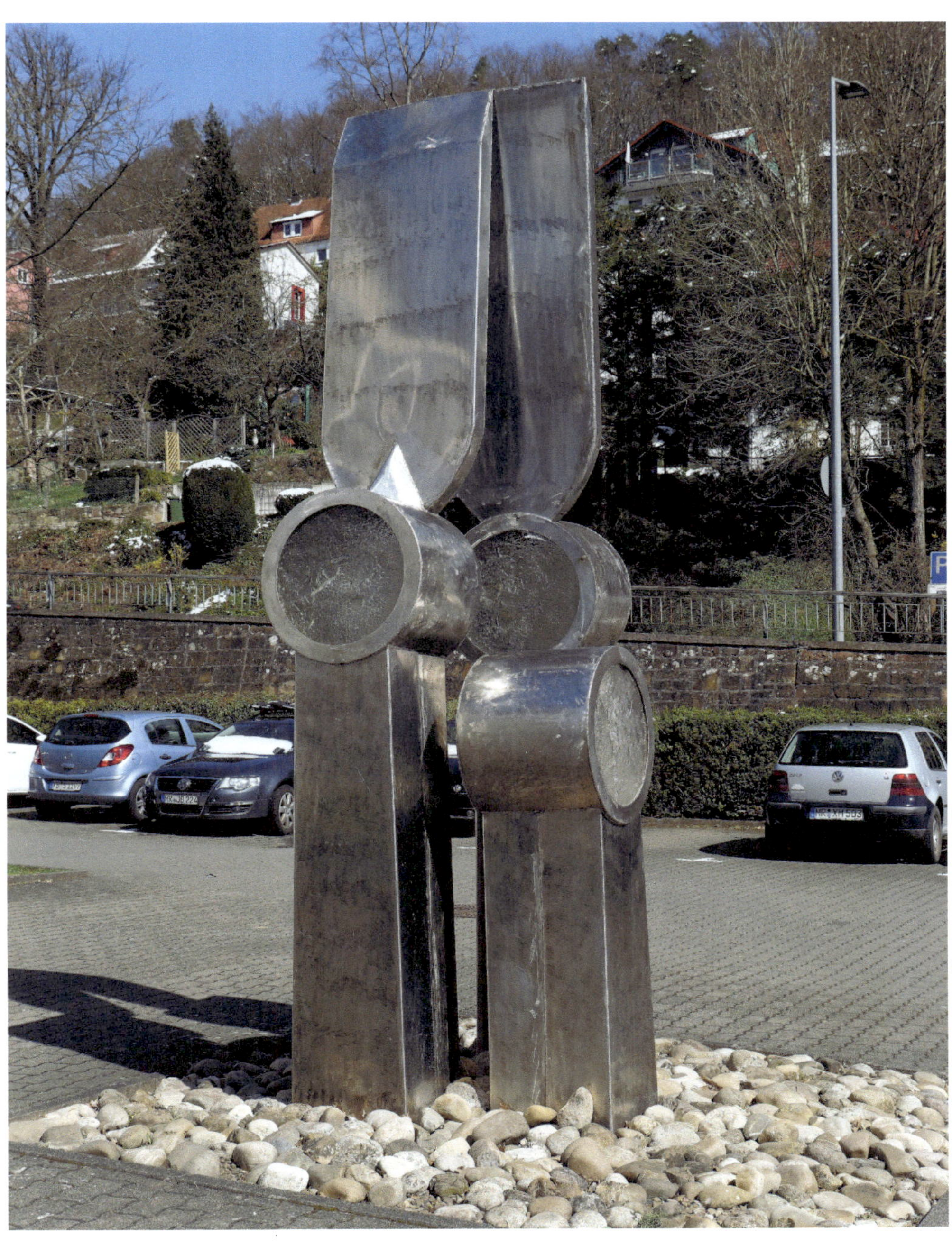

Nr. 7

Vorplatz Hauptpost, Afföllerstraße / Zimmermannstraße
Erich Hauser
1976
Edelstahl. 5 x 10 x 10 m,
Röhrendurchmesser 50 cm

Objekte von Erich Hauser, einem der bekanntesten Metallplastiker der Bundesrepublik, erzeugen im städtischen Raum häufig Irritation. So auch in Marburg, wo Postbedienstete und andere Teile der Marburger Bevölkerung unter anderem in einem offenen Brief an den Bundespostminister gegen die Aufstellung der Plastik protestieren. Deutlich wird Ratlosigkeit gegenüber einem Gebilde, das sich auf der Freifläche vor dem Haupteingang des Postgebäudes und der Wölbung zum Fußweg breit macht. Teilweise im Boden steckend, entfaltet sich über dem gepflasterten Vorplatz ein glänzendes Edelstahlrohr, mit zahlreichen Abknickungen nach allen Seiten weit in den Raum ausgreifend: ein unübersichtlich scheinendes Gewirr aus Überschneidungen und Richtungsänderungen, das sich jedoch auf den zweiten Blick als Ergebnis der Veränderung ein und desselben Grundelements erweist. Der Formzusammenhang ergibt sich aus der Abknickung gleichlanger Teilstücke von 3 m Länge in unterschiedliche Richtungen. Auf ihrer Gesamtlänge ist in die »Raumsäule«, wie Hauser sie nennt, ein schmaler Schlitz eingekerbt. Durch diese lineare Unterbrechung der spiegelnden, strukturlosen Oberfläche wird die zylindrische Plastizität des Rohres hervorgehoben und die Knick- und Drehrichtung verdeutlicht. Während ein Endstück der Säule mit seinem geraden Abschluss am Rand des Fußweges frei aufliegt, verschwindet das gegenüberliegende Ende im Boden. In einiger Entfernung davon schießt es als Abschlussstück aus der gewölbten Pflasterung: Es ist zu ahnen, dass unter dem Platz ein Teil der verzweigten Konstruktion seine Fortsetzung findet. Zum Zeitpunkt seiner Installation erscheint der vielgliedrige Formzusammenhang als Ergebnis einer gewaltsamen Deformation. Er erweckt den Eindruck von Zerstörung, einer Fehlkonstruktion oder einer in Verwirrung geratenen, nicht mehr nachvollziehbaren Zwecken dienenden technischen Einrichtung. Dieser Zustand der Unausgewogenheit und aggressiven Disharmonie ruft also einerseits die Assoziation von maschinellem Torso, von technischem Fragment hervor, als sei das Objekt einer verformenden Kraft ausgesetzt gewesen. Zum anderen aber scheint es, als erhalte durch die Art und Weise, wie sich das Rohrgefüge über den Platz entwickelt, das Metall ein beunruhigendes und unkontrollierbares Eigenleben. Unmutsreaktionen dagegen scheinen gerechtfertigt, entbehrt das Objekt doch alles, was in Marburg bisher von einem öffentlich aufgestellten Kunstwerk erwartet werden konnte. Verunsicherung entsteht durch die fehlende Abgrenzung gegenüber dem architektonischen Kontext. Die irritierende Funktionslosigkeit wird unterstützt durch die Tatsache, dass das Objekt nicht durch einen Sockel oder andere traditionelle Ausgrenzungsmaßnahmen aus dem Bereich des Alltäglichen herausgehoben wird, um sich eindeutig als Kunstgegenstand zu erkennen zu geben. Mit provokanter Selbstverständlichkeit wird die Ebene des Kunstwerks mit der Aktionsebene des Publikums gleichgesetzt. Verunsicherung entsteht außerdem durch das Fehlen einer Schauseite. Das sperrige Gebilde entzieht sich der Möglichkeit, eindeutig in den Blick genommen zu werden, indem es ständig wechselnde Ansichten produziert, von denen jede neue die vorhergehende relativiert. Die primäre Irritationsquelle scheint jedoch zu sein, dass die Plastik keine »Bedeutung« besitzt: dass sie nichts abbildet, nichts »darstellt« außer sich selbst. Als Mangel erscheint der fehlende »Sinn«, der sich bei den bewährten »Kunst am Bau«-Objekten zumeist durch eine direkte inhaltliche Bezugnahme auf die spezifische Funktion des Gebäudes ergibt. Auch die naheliegende Assoziation von »Rohrpost« wird durch den geknickten Verlauf entkräftet. Irritation entsteht also durch die Kombination einer Amtsarchitektur, in der zum reibungslosen Betriebsablauf zahlreiche Funktionen zwischen Mensch und Technik ineinandergreifen müssen, und einer Plastik, die diesen Bestrebungen zuwiderläuft: den scheinbaren Überresten einer Technik, die das zweckdienliche Ineinandergreifen ihrer Einzelteile aufgegeben hat. (H.K.)

Erich Hauser
Geb. 1930 in Rietheim (Kreis Tuttlingen), gest. 2004 in Rottweil. 1945–1948 Lehre als Stahlgraveur in Tuttlingen. Gleichzeitig Zeichenunterricht und Modellieren im Kloster Beuron. 1949–1951 Abendkurse für Bildhauerei an der Freien Kunstschule Stuttgart. 1952–1959 als freier Bildhauer in Schramberg, ab 1959 in Dunningen bei Rottweil. 1964 Gastdozent an der Hochschule für bildende Künste Hamburg. Seit 1961 Einzelausstellungen im In- und Ausland. Seit 1954 Teilnahme an nahezu allen wichtigen internationalen Gruppenausstellungen. Zahlreiche Kunstpreise.

Literatur:
Oberhessische Presse, 21.9.1976 • Ausst.-Kat. Erich Hauser. Forum Kunst Rottweil 1978 • Erich Hauser. Werkverzeichnis Plastik. 1970–1980. Hg. v. Gerhard Bott. Zirndorf 1980 • Hauser, Erich. In: Bildwerk Bauwerk Kunstwerk – 30 Jahre Kunst und Staatliches Bauen in Bayern. Hg. v. Oberste Baubehörde München. München 1990. S. 72, 80–81 • Knubben, Claudia und Jürgen Knubben: Erich Hauser – Bildhauer. Ostfildern 1995

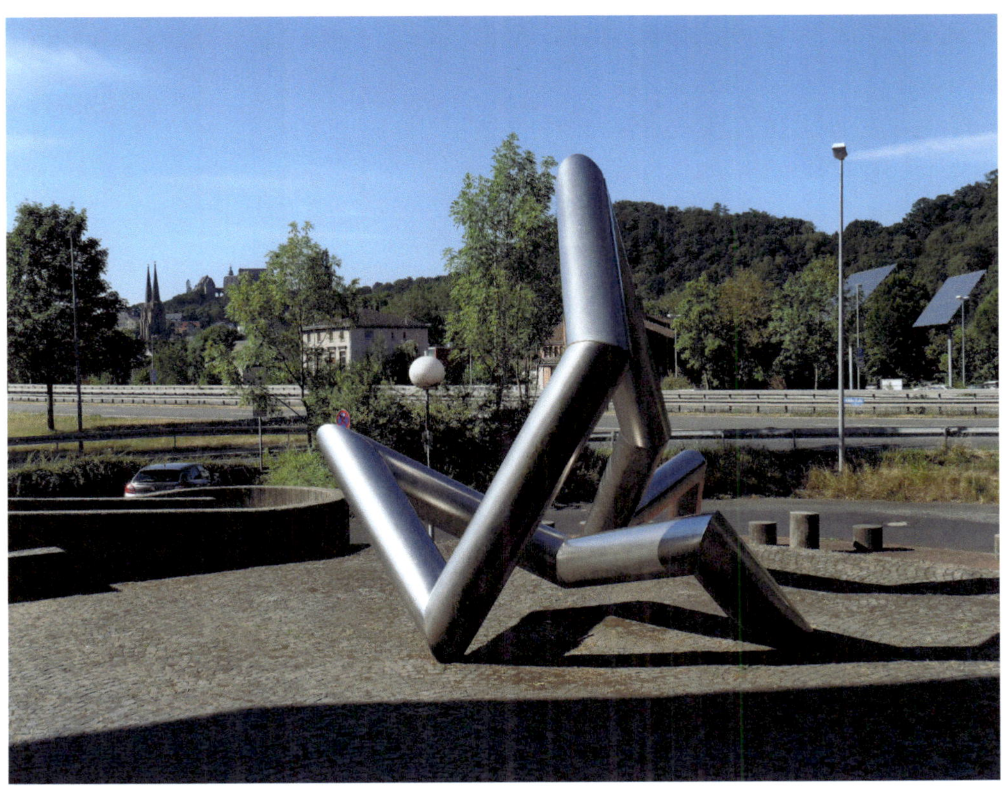

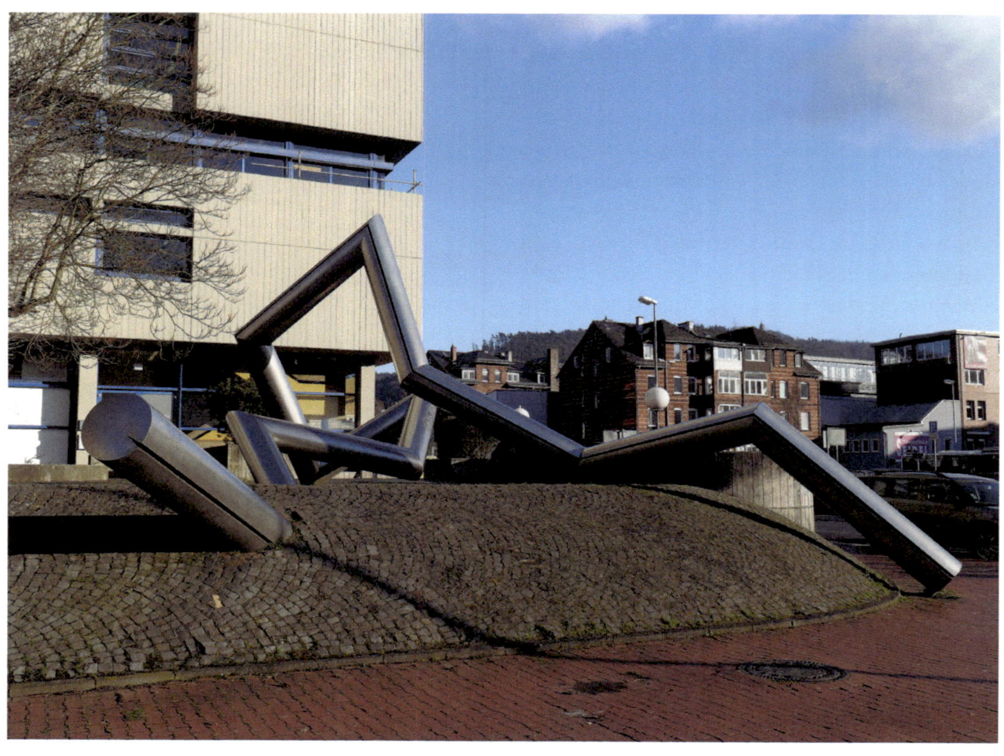

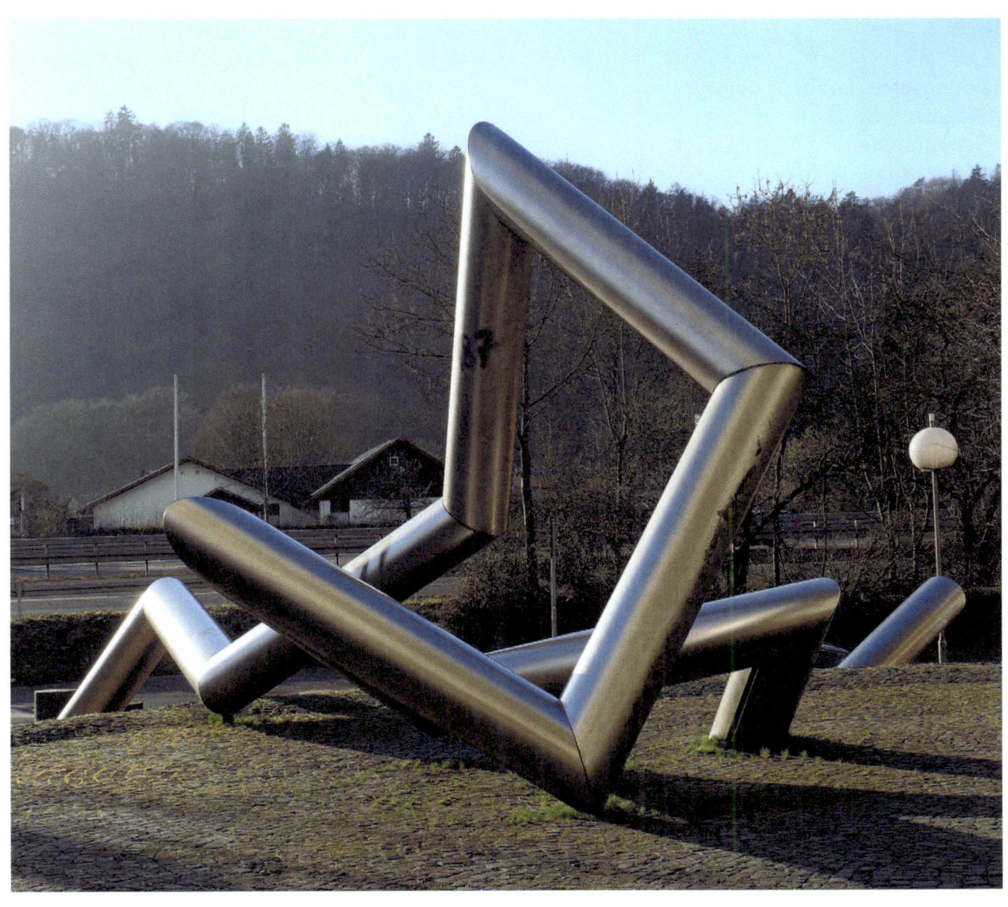

Nr. 8

Bildungszentrum der Bauwirtschaft,
Afföllerstraße 61
»Begegnung«
Johannes Dröge
1983
Carrara-Marmor. 2 x 1,50 x 0,60 m. Sign.: »D 83«

Der Marmorblock ist zu einer hufeisenartigen Form gearbeitet, deren Schenkel so weit versetzt aufeinander zu geführt sind, dass die Enden um die Stärke des Marmors gegeneinander abweichen. Die Schenkel sind durch ein tropfenförmiges Gebilde miteinander verbunden. Rückseitig ist der Block konkav geformt.
Dröge bezieht sich in seinen Arbeiten auf künstlerische Abstraktionsprozesse der 20er-Jahre des 20. Jahrhunderts, durch die Figur und Raum ineinander übergingen. Als Vorbild darf hier der Biomorphismus des Hans Arp genannt werden, worauf die Marburger Marmorfigur verweist. Das führte soweit, dass etwa in den 1950er- und 60er-Jahren der Werkstoff Stein zum zentralen Gegenstand der künstlerischen Auseinandersetzung Dröges wurde. Die haptisch-sinnliche Wahrnehmung der mit der Hand unter Verwendung von Schleifsand extrem geglätteten Epidermis eines Marmors etwa gehört zu den herausgehobenen künstlerischen Anliegen Dröges. Ähnlichen Ansprüchen dürfte auch die Sandsteinskulptur unterliegen (siehe Nr. 82), wobei jedoch der Rückgriff auf eine dort kaum zu verortende Ornamentik eher unmotiviert und anachronistisch wirkt. (U.G.)

Johannes Dröge
Geb. 1931 in Sundern. Seit 1966 als freischaffender Bildhauer tätig. Studienaufenthalt in Carrara unter anderem im Atelier von Luigi Corsanini. 1981 Staatspreis des Landes Nordrhein-Westfalen. Ab 1982 Leitung diverser Sommerakademien, darunter auch in Marburg. Zahlreiche Einzel- und Gruppenausstellungen.

Literatur:
Höhler, Gerd: Aus-Denkungen des Schweigens oberhalb der Baumgrenze. Der Bildhauer Johannes Dröge wird 75. In: Sauerland. 39. Jg. 2006. Heft 1. S. 26–29 • Wurm, Dieter: Zeitlose Skulpturen. Eine Retrospektive zum 75. Geburtstag von Johannes Dröge. In: Jahrbuch Hochsauerlandkreis 2007. S. 34–36 • Johannes Dröge: »Ich wollte immer nur ein bisschen Bildhauerei machen«. Hg. v. Elisabeth Mette. Sundern 2011 • Tebbe, Elisabeth: »Wenn man nicht mehr liebt, ist man tot«. Wie Kunst das Leben bereichern kann. Johannes Dröge zum 85. Geburtstag. In: Sauerland. 49. Jg., 2016. Heft 2. S. 15–18

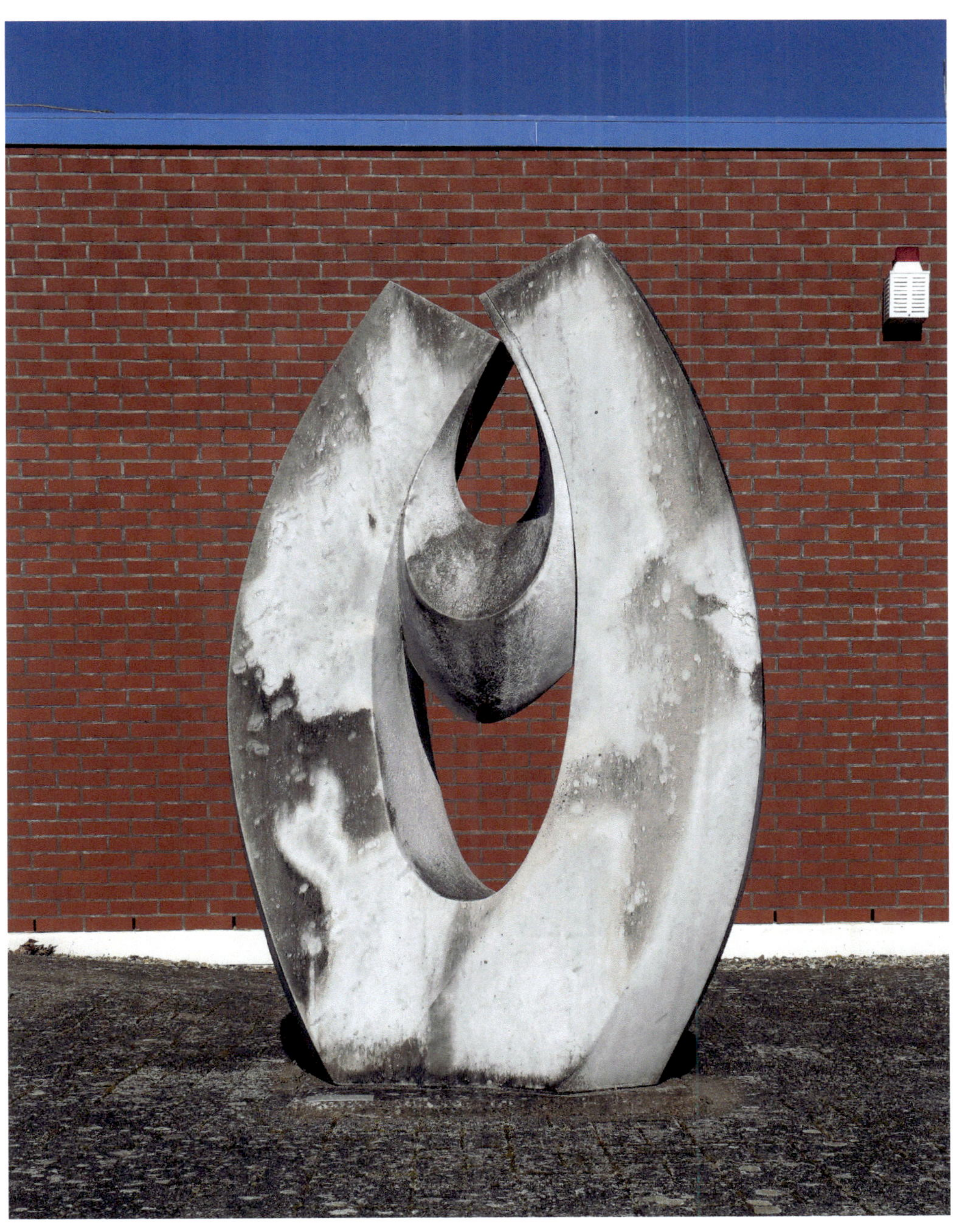

Nr. 9

Ketzerbach
Töpfer
Rudolf Trautmann
1984
2 Blöcke. Marburger Sandstein. Gesamthöhe ca. 2,30 m. Inschrift Sockel: »ZUR ERINNERUNG / AN DAS / TÖPFERHANDWERK / AUF DER KETZERBACH / 1984«

Die Figur wird getragen von einem quadratischen Sockel mit Inschrift. In leicht fragmentarischer Ausarbeitung – so sind etwa die Achse der Töpferscheibe wie auch das linke Bein des Töpfers nicht ausgeführt – erscheint die Figur des Töpfers bei seiner sitzenden Tätigkeit an der Drehscheibe. Auf seiner kräftigen, beinahe untersetzten Gestalt sitzt ein kahler Schädel mit vollem Gesicht. Während er mit beiden Händen den oberen Rand des gerade gefertigten Gefäßes bearbeitet, konzentriert sich darauf seine Aufmerksamkeit. (U.G.)
Der Töpfer auf der Ketzerbach ist eine Reminiszenz an die Zunft des Handwerks, das dort seit dem Mittelalter angesiedelt war. In der Mitte des 19. Jahrhunderts war das Töpferhandwerk ein wichtiger Wirtschaftsfaktor in Marburg mit ca. 60 Töpferwerkstätten und 600 Mitarbeitern. Durch die Herausbildung eines spezifischen Glasurdesigns gelang es dem heimischen Töpferhandwerk unter der Bezeichnung »Marburger Ware« Absatz in ganz Europa zu finden. Zum Höhepunkt der Marburger Töpferei im Jahr 1858 gab es 58 Töpfermeister in der Stadt. Die letzte Töpferei gab ihren Betrieb 2021 auf. (G.P.)

Rudolf Trautmann / Jan Trautmann
Vater und Sohn einer einheimischen Bildhauer- und Steinmetzfamilie, deren Werkstatt sich durch intensive Verarbeitung des Marburger Sandsteins auszeichnet.

Rudolf Trautmann
Geb. 1942 in Schlesien, gest. 2022 in Marburg. 1957 Lehre zum Holz und Steinbildhauer in Westfalen und Studium der Bildhauerei an der Folkwangschule Essen. 1966–1968 Studium an der »Accademia di belle Arti di Firenze«. 1972 Abschluss der Ausbildung an der Meisterschule in Freiburg als Bildhauer- und Steinmetzmeister sowie Steintechniker. Ab 1975 Werkstatt für Steinrestaurierungen in Marburg, ab 1983 in Marburg-Hermershausen.

Jan Trautmann
Seit 2001 im Team der Bildhauerei Trautmann. 2008 Abschluss der Ausbildung zum Meister im Bildhauer- und Steinmetzhandwerk an der Meisterschule in Königslutter.

Literatur:
Schindler, Thomas: Marburger aufgelegte Ware. Dimensionen von Sachkultur. Univ.-Diss. Marburg 2007

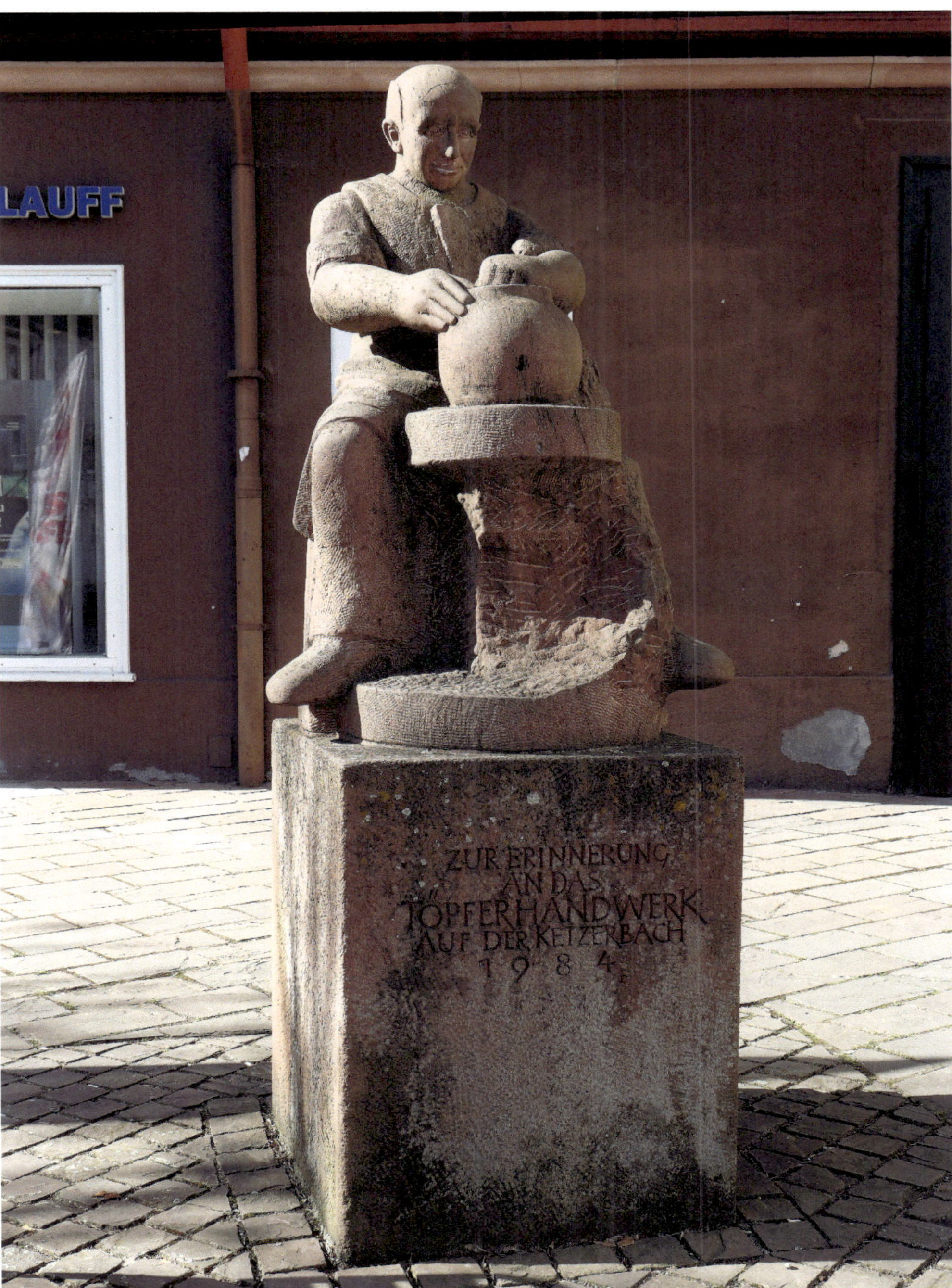
LAUFF
ZUR ERINNERUNG
AN DAS
TÖPFERHANDWERK
AUF DER KETZERBACH
1 9 8 4

Nr. 10

Alter Botanischer Garten, Pilgrimstein
Knabe mit Fisch
Werner Hugo Gürtner
1987
Bronze. Höhe ca. 1,45 m. Sign. Plinthe: »GÜ«

Mit leicht auseinander gestellten Beinen steht der Knabe auf der Plinthe und hält mit beiden Händen einen Fisch an der Schwanzflosse. Dessen Gewicht überträgt sich auf die Haltung des Knaben, der sich zurückbeugen muss, um das Gleichgewicht zu halten. Auf diese Weise vermittelt sich dem Bildwerk etwas Momenthaftes, was ihm eine unerwartete Lebendigkeit verleiht.
Ikonographisch erinnert das Bildwerk an die figürliche Ausstattung von Neptunbrunnen, bei denen derartige Nebenfiguren das Assistenzpersonal der Wassergottheiten Poseidon bzw. Neptun bilden.
Zudem steht das Bildwerk in Korrespondenz zu dem »Knaben mit Vogel« im neuen Botanischen Garten (siehe Nr. 11) vom selben Künstler. (U.G.)

Werner Hugo Gürtner
Geb. 1907 in Speyer, gest. 1991 in Überlingen. 1923–1928 Lehre und Gesellenzeit als Holzbildhauer. 1928–1932 Studium an der Münchner Akademie für angewandte Kunst. Ab 1934 als Bildhauer in Überlingen tätig.

Literatur:
Scheffczyk, Marie-Theres: Werner Gürtner, Bildhauer. Betrachtung über Künstler und Werk. Konstanz 1987 • Scheffczyk, Marie-Theres: Werner Gürtner – Bildhauer. Überlingen 2008

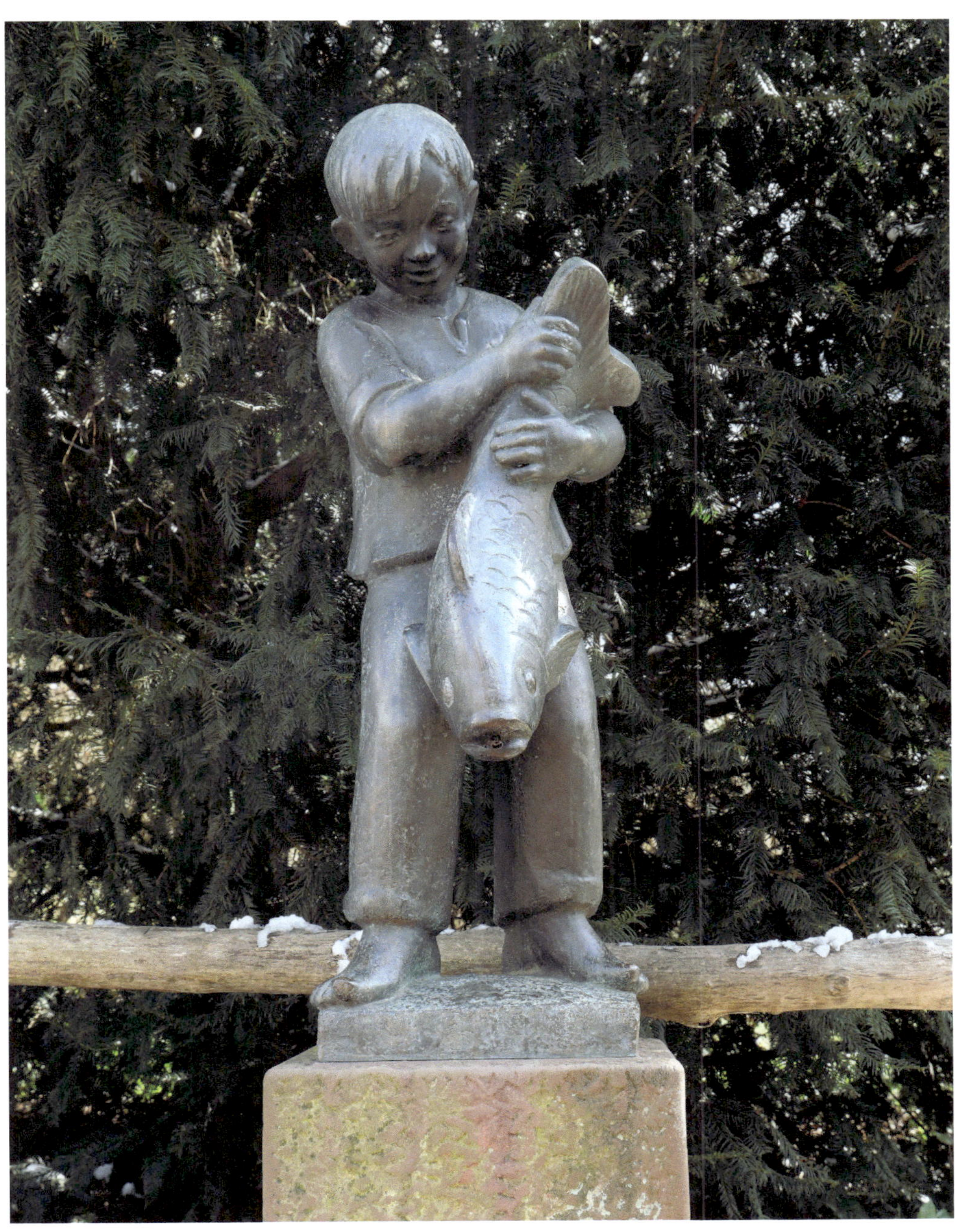

Nr. 11

Neuer Botanischer Garten, Lahnberge
Knabe mit Vogel
Werner Hugo Gürtner
1987 (1957)
Bronze. Höhe 1,45 m. Sign. Rückseite: »GÜ«. Bez. Fußsohle: »4/12«. Inschrift Plakette Plinthe: »Gestiftet von Frau W. Eberhardt 1987 zum 200-jährigen Jubiläum des Botanischen Gartens«

Mit dem rechten Bein auf der Plinthe kniend, hat der Knabe den linken Unterschenkel aufgestellt. Den linken Arm stützt er auf den linken Oberschenkel. Mit aufgerichtetem Oberkörper hält er die rechte Hand über Kopfhöhe nach oben, auf dem Handrücken sitzt ein Vogel, den er mit seinem Blick fixiert.
Es fällt auf, dass die Figur im Neuen Botanischen Garten nicht ihrer Gestaltung gemäß aufgestellt ist. Der erhobene Arm und der ihm folgende Blick des Knaben sind auf Untersicht gearbeitet. Eine solche Aufstellung einer Version dieser Figur von 1957 findet sich indes am »Dohlenbrunnen« auf dem Pflummernplatz in Überlingen, so dass davon auszugehen ist, dass es sich dabei um die Ursprungsversion handelt. (U.G.)

Werner Hugo Gürtner
Siehe Nr. 10

Literatur:
Scheffczyk, Marie-Theres: Werner Gürtner, Bildhauer. Betrachtung über Künstler und Werk. Konstanz 1987 • Scheffczyk, Marie-Theres: Werner Gürtner – Bildhauer. Überlingen 2008

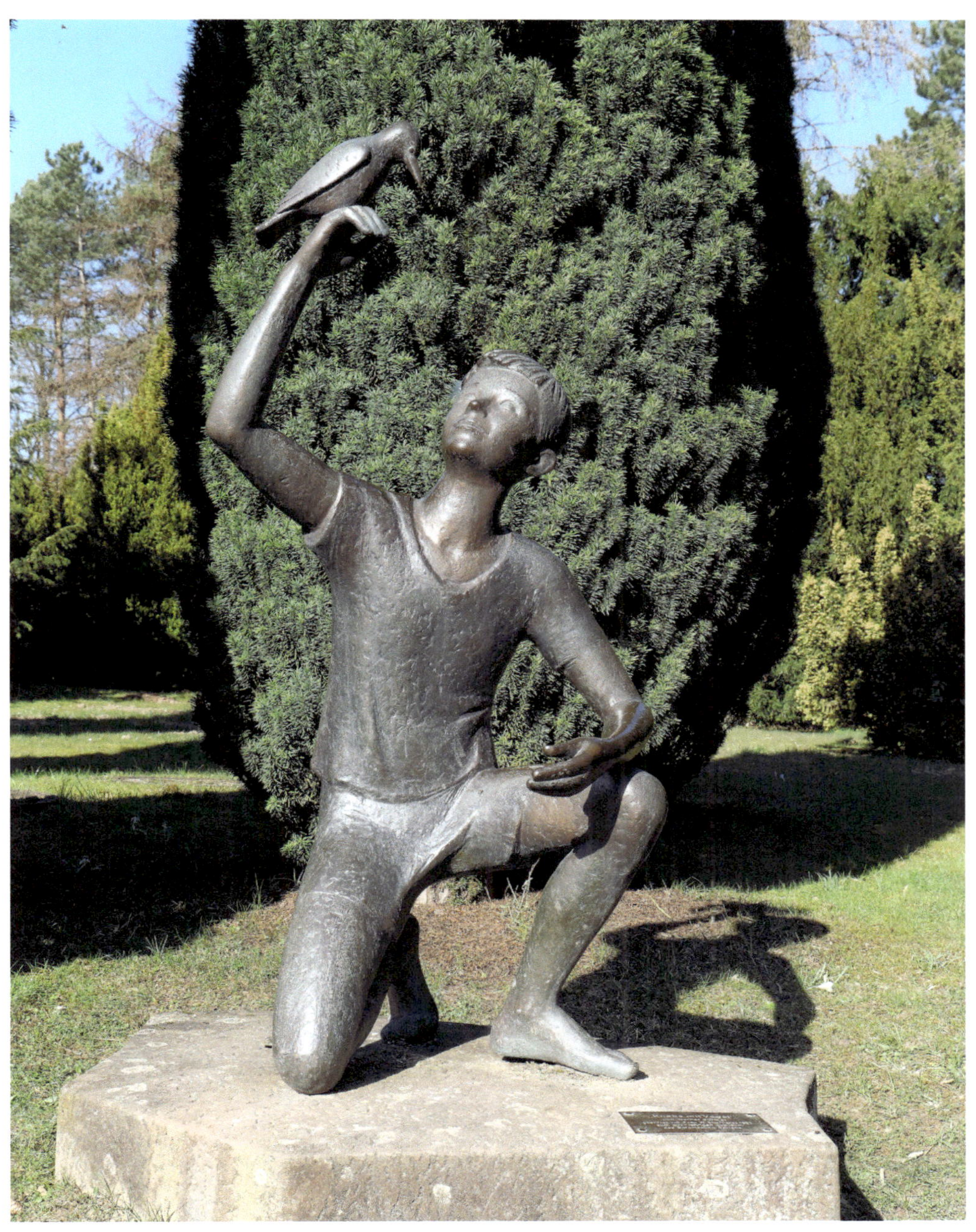

Nr. 12

Vitos Klinik, Park, Cappeler Straße 98
»Zwischenlandung«
Bernhard Hauser
2002
3 Objekte. Kupfer, Stahl. Höhe je ca. 3 m

Die drei Plastiken sollen die Unterbrechung einer Reise symbolisieren: ein Aufenthalt, vielleicht um Kraft zu schöpfen, auf den Morgen zu warten, auszuruhen, sich zu stärken und die Nacht vorübergehen zu lassen. Es sind drei langbeinige Objekte, deren Größe und Gestalt keine Idylle generieren soll, sondern ein Spannungsgefüge, das über die reine Anwesenheit hinausweist, auf das Fortkommen.
Im Flyer zur Einweihung heißt es: »Während das Tiersymbol ›Vogel‹ das Lebendige eines Prozesses darstellt, spiegelt das Material der Figuren (Metalloberflächen, Bleche und Rohre) das Biopathe wieder. Es sind keine Vögel, sondern Vehikel, vogelähnliche Maschinen, die für die Überwindung der Entfernung geschaffen worden sind.« (G.P.)

Bernhard Hauser
Geb. 1951 in Südbaden, gest. 2010 in Marburg. Pädagogischer Leiter eines Sozialbetriebes im Westerwald, seit den 1970er-Jahren als Künstler tätig. Ab 1977 Atelier in Cyriaxweimar. Arbeitsschwerpunkte neben Holzbildhauerei, Malerei und Druckgraphik vor allem Blechskulpturen aus Blei, Stahl und Kupfer.

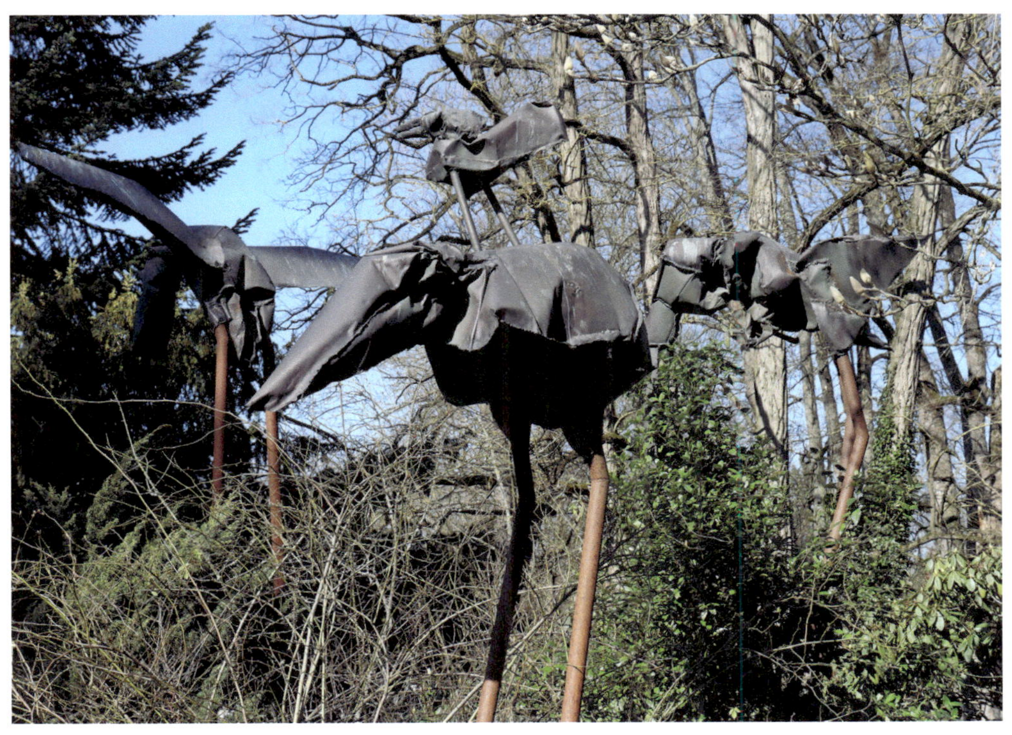

Nr. 13

»Spurensuche«

Im Jahr 2003 lobte die Stadt Marburg den Wettbewerb »Spurensuche« aus zur Gestaltung von Spiel- und Aufenthaltsorten in der historischen Altstadt. Die Orte sollten durch ein gemeinsames Motto miteinander in Beziehung stehen und einen Bezug zur Geschichte der Altstadt haben. Eine künstlerische Gestaltung von bespielbaren Skulpturen war erwünscht. Der 1. Preis ging an das Künstlerinnen-Team Angelika Bernhammer, Karin Bohrmann-Roth und Antonia Mösko für drei Arbeiten. (Angelika Bernhammer)

Angelika Bernhammer
Geb. in Sachsen. Studium Architektur an der TU Hannover und der ETH Zürich, Diplom 1969. 1970–1975 Mitarbeit am Universitätsbauamt in Marburg. Seit 1977 freischaffende Architektin mit dem Schwerpunkt Sanierung historischer Orte in Marburg und dem nordhessischen Raum. Malerei in Acryl, auch Experimente mit unterschiedlichen Materialien und Collagen.

Karin Bohrmann-Roth
Geb. 1955 in Kassel. 1974–1979 Studium Freie Kunst, Zeichnen und Gobelin-Weberei an der Gesamthochschule Kassel. Seit 1979 gemeinsames Bildhaueratelier mit Georg Roth in Grebenstein und dort seit 1984 Organisatorin und Dozentin der Sommerakademie für Bildhauerei. 1980–1986 Lehrauftrag für Proportionslehre und Aktzeichnen an der Gesamthochschule Kassel. Seit 1992 Dozentin für plastisches Gestalten an der Werkakademie für Gestaltung in Kassel. Zahlreiche Bildwerke für den öffentlichen Raum vieler Kommunen im nördlichen Hessen und südlichen Niedersachsen.

Antonia Mösko
Geb. in Dinslaken/Niederrhein. 1983 Studium Erziehungswissenschaften und Kunst in Bielefeld, 1984/85 Steinbildhauerin, 1987/88 Studienaufenthalt in Carrara und Pietrasanta. 1997 Mitarbeit in der Keramikwerkstatt der Universität Bielefeld. 2000 Symposium Land Art am Kunstzentrum Bosener Mühle. 2001 Seminar Archaische Brenntechniken in Prati Nuovi, Veneto. Seit 1983 zahlreiche Ausstellungen und seit vielen Jahren Mitglied der Werkstatt und Künstlergruppe Radenhausen (Amöneburg).

»Spurensuche«
Projekt 1:
Platz am unteren Steinweg
2 Pferde mit einer Tränke
2005
Sandstein, Bronze. 2,20 x 2,50 m

Der Bereich um den unteren Steinweg lag im Mittelalter vor den Toren der Stadt. Im Stadtplan von 1750 ist der Ort eines Brunnens deutlich markiert. Von der Lahnfurt kamen Fuhrwerke bis zum Brunnen gefahren. Dort wurde ausgespannt, die Pferde wurden getränkt. In der damaligen Poststation konnten die Händler übernachten.
Die heutige städtebauliche Situation hat sich gewandelt. Im 19. Jahrhundert entstand die Plantage mit dem neugotischen Mönchsbrunnen. Die Plantage verläuft neben dem Steinweg in die Oberstadt. Der Charakter der Regeneration blieb erhalten. Der neugestaltete Platz lädt zum Verweilen ein. Am Platzrand stehen zwei Pferdeskulpturen, die von Kindern gern beklettert werden. Die Körper der Tiere sind aus Sandstein gearbeitet, die Köpfe und Schweife bestehen aus Bronze. Die Wassertränke wird gespeist aus dem nahestehenden Mönchsbrunnen. Ein schmaler Wasserlauf verbindet den historischen Brunnen mit der neuen Anlage. (Angelika Bernhammer)

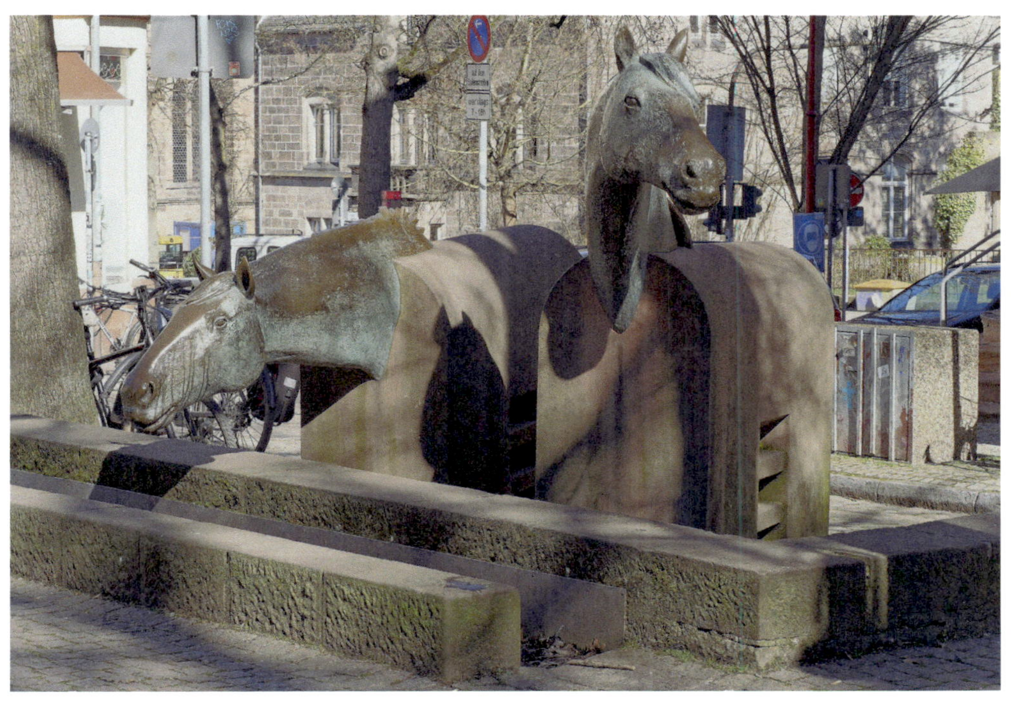

Nr. 14

»Spurensuche«
Projekt 2:
Am Plan
»An- und Abreise«
2005
Kugelbahn: Sandstein. Länge 6 m x 60 cm.
Boot: Bronze. 90,5 x 15 x 18,5 cm auf Plinthe
59 x 59 x 5,5 cm. Sign. »K. Bohrmann R 2005«

Das dominierende Element der Straße Am Plan ist der historische Bering-Brunnen. Der Brunnen und der Platz wurden saniert und mit einer weitläufigen Treppe erweitert. Das Grundthema »An- und Abreise« für den Spiel- und Aufenthaltsort ergab sich daraus, dass es in früheren Zeiten in dem Gebäude des jetzigen Bauamtes der Stadt Marburg an der Straße Barfüßertor ein Hotel – »Weißes Roß« – gab, in dem seit Goethes Zeit wohlhabende Reisende logierten.
Auf einem schräg liegenden Sandsteinquader im Treppenverlauf ist eine Kugelbahn eingearbeitet, die zum Spielen einlädt. Die Kugeln erreichen manchmal ihr Ziel. Das Bronzeboot an der Kopfseite symbolisiert die Sehnsucht nach der Ferne. Ein Koffer aus Bronze wurde zum Sitzen aufgestellt. Er ist inzwischen durch Bänke ergänzt worden. (Angelika Bernhammer)

Künstlerinnen-Team
Siehe Nr. 13

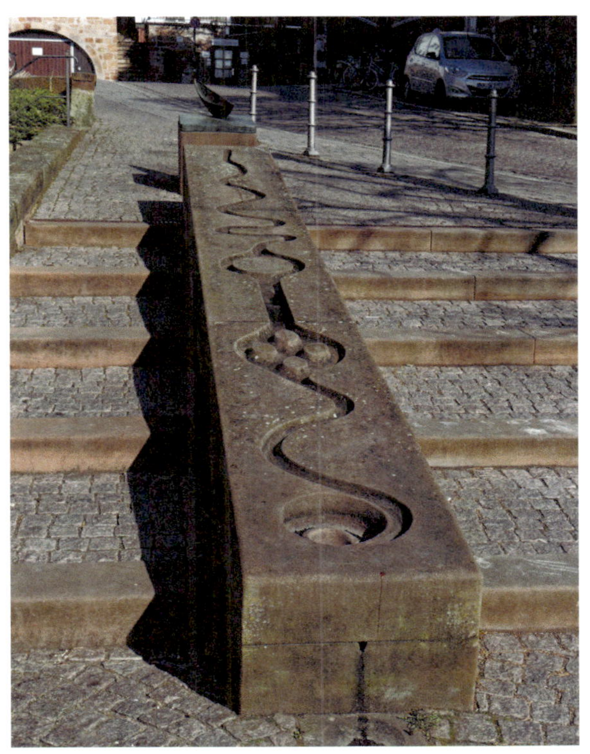

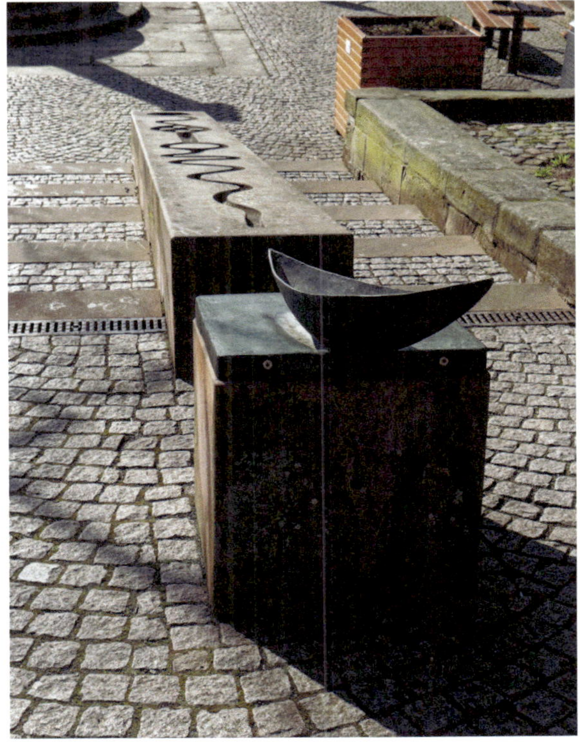

Nr. 15

»Spurensuche«
Projekt 3:
Kornmarkt
2005/2009/2012
4 Stühle je 1.85 x 0,40 x 0,44 m. 3 Stühle je 2,03 x 0,40 x 0,44 m. 3 Pulte je 1,50 x 0,40 x 0,44 m. 2 Sandsteinblöcke je 100 x 100 x 30 cm mit je einem aufgeschlagenen Buch in Bronze

Auf dem Kornmarkt, einem Platz neben der Universitätskirche aus dem Jahr 1291 und dem ehemaligen Dominikanerkloster, der heutigen Alten Universität, finden sich, zur Straße hin ausgerichtet, drei Lesepulte mit schrägen Tischplatten und sehr langen Beinen. Hinter jedem Pult steht ein ähnlich proportionierter Stuhl. Auf den Pulten liegt je ein aufgeschlagenes Buch aus Bronze mit der Schrift im Hochrelief. Auf dem linken Pult ist eine Seite von »Pippi Langstrumpf« von Astrid Lindgren aufgeschlagen, wobei sich der schwedische Originaltext auf der linken und die deutsche Übersetzung auf der rechten Buchseite befinden Auf dem mittleren Pult ist eine Seite aus »Der Hobbit oder Hin und zurück« von J.R.R. Tolkien präsentiert, und auf dem dritten Pult liegt aufgeschlagen »Der Kleine Prinz« von Antoine de Saint-Exupéry. Auch bei letzteren befinden sich die Originalsprachen links und die deutschen Übersetzungen jeweils rechts der Originalseite.
Etwas abseits davon auf dem Platz befinden sich zwei rechteckige Sandsteinblöcke, auf denen ebenfalls aufgeschlagene Bücher liegen. Eins enthält das Märchen »Die Sterntaler« der Brüder Grimm, das andere den Roman »Emil und die Detektive« von Erich Kästner. Da für beide Texte die Originalsprache Deutsch ist, bedarf es keiner sprachlichen Übertragung, dafür wird hier mit der Übertragung in die Blindenschrift Braille eine andere Kommunikationsform gewählt. Die hier aufgeführte Literatur findet sich nicht in einem individuellen Rezeptionskontext, eher legt die Situation des Auditoriums eine kollektive Rezeption nahe, wie sie in einer Klasse oder einem Hörsaal vorliegt. Insofern findet sich hier ein Verweis auf Marburg als Ort der Gelehrsamkeit und Universitätsstadt. (U.G.)

Künstlerinnen-Team
Siehe Nr. 13

Weblink:
https://statues.vanderkrogt.net/object.php?webpage=ST&record=dehs256

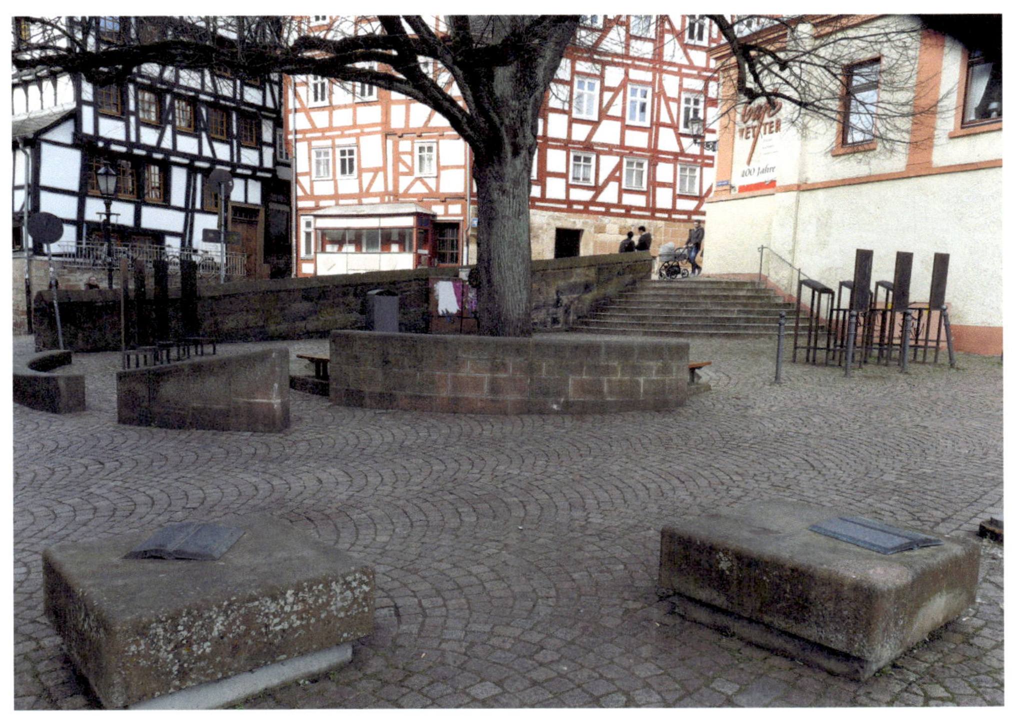
VETTER
100 Jahre

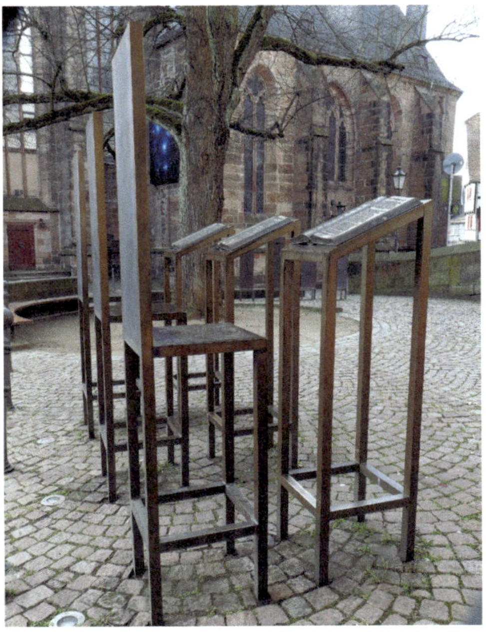

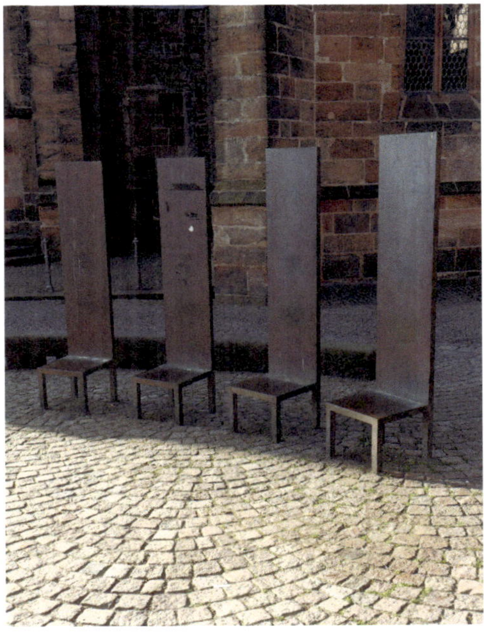

Nr. 16

Baldingerstraße 1, Parkplatz
Mutter-Kind-Zentrum
Natursteinwerk Adam Schütz GmbH
2005
4 quadratische Pfeiler auf quadratischem Grundriss. Schwarzer Granit (Nero Assoluto). Höhe 5 m. Quadrat: 1,20 x 1,20 m. Pfeiler je 5 m x 40 cm x 40 cm

Vier quadratische Granitpfeiler sind gleichartig gestaltet, sie bestehen aus jeweils zwei übereinandergestellten monolithischen Elementen, die zusammen fünf Meter Höhe erreichen. Sie sind an den Ecken einer quadratischen Grundfläche so positioniert, dass sie einen imaginären monolithischen Körper bilden. Der wird definiert durch die beiden Außenseiten der Pfeiler, die spiegelglatt poliert sind, während ihre Innenseiten grob gebrochen belassen wurden. Durch die Abstände zwischen den Pfeilern entsteht zudem ein Raum, der zwar durch Attribute oder Betitelung keine konkrete Benennung erfährt, aber aufgrund seiner Präsenz einen Bedeutungswert beansprucht. (U.G.)

Natursteinwerk Adam Schütz GmbH
Gegründet 1936, ansässig in Brühl. Bekannt u.a. für die Herstellung von Skulpturen für Künstler.

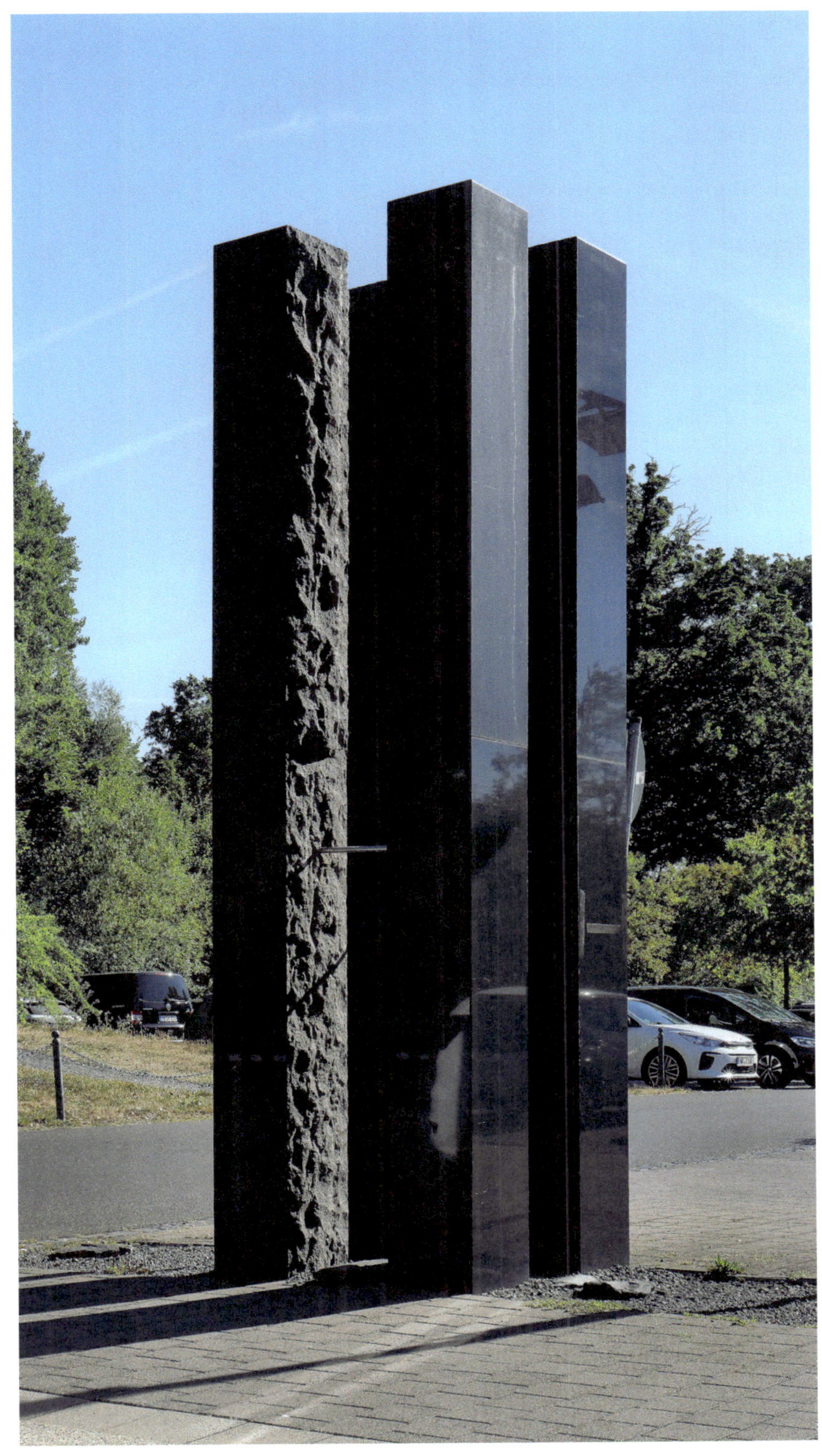

Nr. 17

Vitos Klinik, Park, Cappeler Straße 98
»Ich, Judas Thaddäus«
Otto Fischer
2008
Figur: Bronze, verlorene Form, Höhe 21 cm.
2 Spiegel: Durchmesser je 18 cm. Bogen:
Gewalzter Stahl. Rohrdurchmesser 8 cm,
Rohrlänge 14,50 m, Bogenhöhe 3,75 m,
Bogenweite 9,20 m, Neigungswinkel 30°

Ein weiter Stahlbogen steigt aus dem Grund auf, wie getragen, wie aufgehoben von der Energie einer kleinen bronzenen Figur, der er auf halber Höhe Halt gibt. Sie ist benannt nach jenem Schutzpatron für schwierige Fälle, der dort aber nicht als Heiligenbild im herkömmlichen Sinn zu sehen ist, sondern als Heiliger und Mensch zugleich, als »vielgestaltige Persönlichkeit« (Otto Fischer), dem Alltag enthoben, aber auch solide in ihm verankert. Ein gespiegeltes Ich zeigt uns der Künstler in dieser existentiellen Situation: ein Ich, das Identität stiftet, indem es uns alle meint, eine reflektierte Präsenz nach unten, in die Ebene des Alltags, und gleichzeitig – für uns freilich unsichtbar – in die Dimension des Himmlischen.

Und der Bogen bietet sich als Durchgang an. Er öffnet sich zum einladenden Tor zwischen einem Hier und einen Dort. Darüber hinaus ist er vorstellbar als Segment eines vollständigen Kreises, dessen größerer Teil (noch) im Boden steckt – oder ins Unbewusste ragt.

Mit diesem Spannungsbogen zwischen Trägerelement und Figur hat Otto Fischer den schutzbedürftigen Schutzheiligen in eine traditionelle Ikonographie eingespannt: Lebensbogen, Regenbogen, der Lauf von Phaethons Sonnenwagen bilden nur einige Aspekte dieses komplexen Assoziationskreises. (H.K.)

Otto Fischer

Geb. 1963 in Bad Hersfeld. 1986–1993 Studium Kunst und Theologie an der Universität Kassel. Lebt und arbeitet seit 1986 in Kassel. Ausstellungen in Deutschland und Italien mit Inszenierungen im Sinne der Arte Povera.

Literatur:

Stationen – das Skulpturenprogramm im Park. Hg. v. der Klinik für Psychiatrie und Psychotherapie Marburg-Süd. Marburg 2008

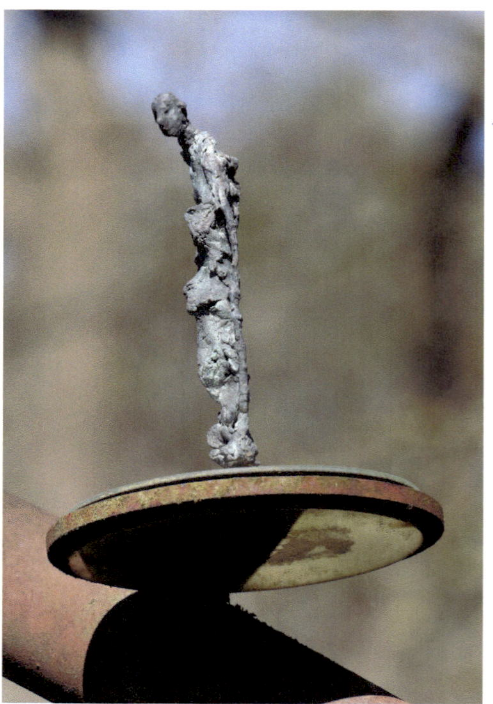

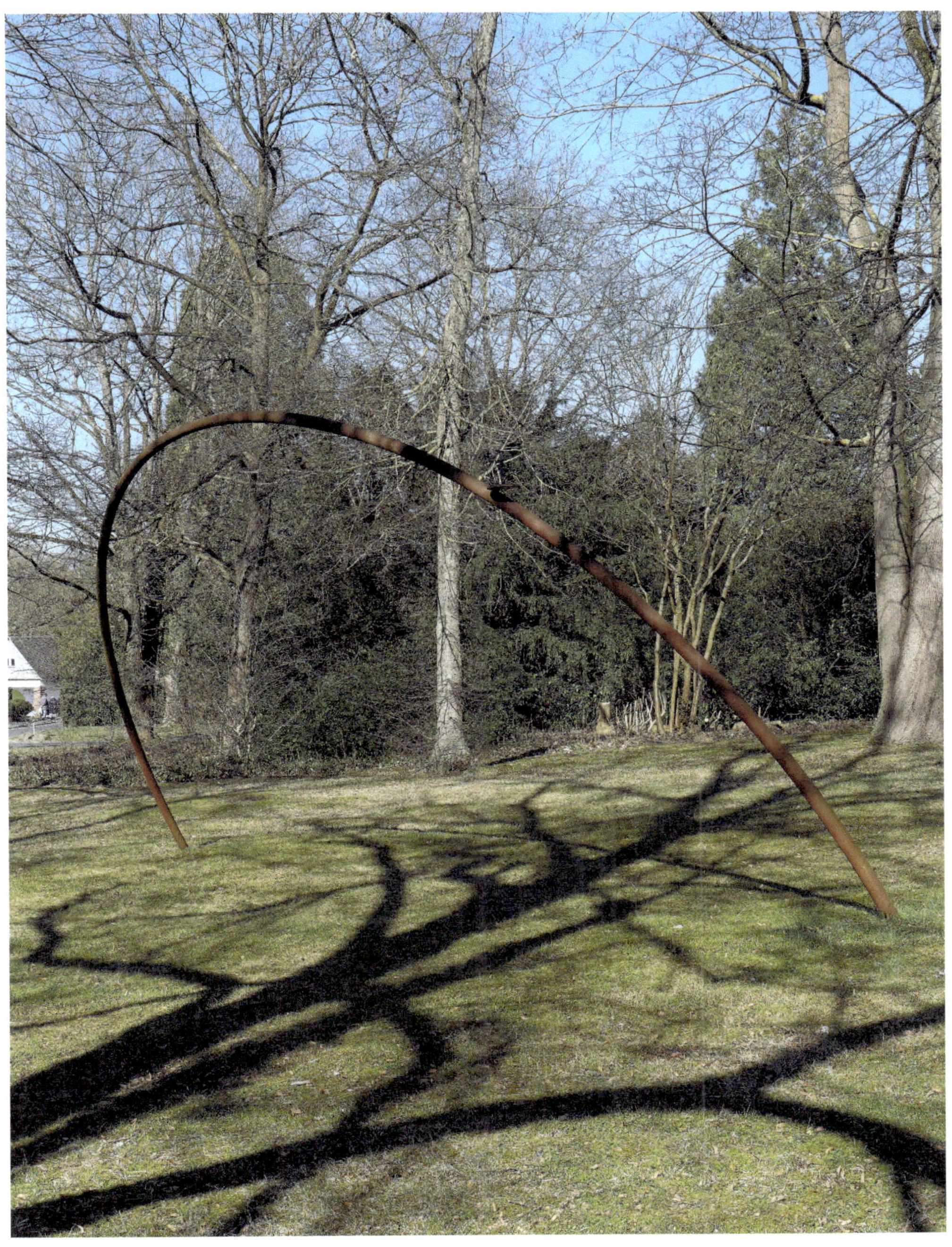

Nr. 18

Vitos Klinik, Park, Cappeler Straße 98
»Große verschobene Röhren«
Hanna Korflür
2013 (1976)
Edelstahl, poliert und sandgestrahlt.
Höhe 3,60 m

Der Entwurf zur Plastik entsteht 1970/71 im Zusammenhang mit anderen Arbeiten derselben Ideengruppe, die in Bronze und Bleiguss ausgeführt werden und vom Zylinder als gemeinsamem Grundelement ausgehen.
Seit 1976 auf dem Stadthallengelände an der Savignystraße stehend, muss das Objekt den Containern für den Umbau der Martin-Luther-Schule weichen, bis es 2013 im Rahmen des Projekts »Stationen« im Park der Vitos-Klinik einen neuen Ort findet.
Drei schlanke Edelstahlröhren von unterschiedlicher Höhe ragen ohne Sockel unmittelbar aus dem Rasengrund. Die glatten, einander berührenden Schäfte sind in ihrem unteren Drittel durch waagerechte parallele Schnitte in Segmente zerteilt, welche gegeneinander aus den senkrechten Achsen verschoben sind. Die Anordnung erweckt den Eindruck eines labilen Gleichgewichtes, des Auseinandergleitens einer einstmals stabilen Konstruktion. Absicht der Bildhauerin war es, einen strengen Formenaufbau durch Schnitt und Verschiebung aus seiner Ordnung zu bringen und die Grenzen des statisch Möglichen abzutasten.
Mit seinen spezifischen Material- und Formeigenschaften steht das Objekt am neuen Standort in einem konstruktiven Spannungsverhältnis zur Umgebung. Es bindet sich harmonisch ein, und formuliert zugleich einen Gegensatz. Denn das rationale Kalkül seiner Gestaltung, basierend auf Planung und Berechnung, steht in Kontrast zu den natürlichen Gegebenheiten des Parks: zu den Zufälligkeiten der vegetabilen Erscheinungsformen. Die metallische Geradlinigkeit der ingenieurhaften Form bildet ein Gegengewicht zu der im Jahreslauf Veränderungsprozessen unterworfenen Natur. Die in ihren visuellen Eigenschaften nachvollziehbare Gestaltentwicklung des Werks findet sich konfrontiert mit den ganz anderen Gesetzmäßigkeiten der botanischen Welt. (H.K.)

Hanna Korflür
Geb. 1925, gest. 1993 in Marburg. 1943–1945 Meisterschule für Kunsthandwerk in Halle Giebichenstein, 1946–1947 Werkkunstschule Offenbach. Freie künstlerische Tätigkeit, vorwiegend Zeichnung, Druckgrafik und plastische Arbeiten in Metall und Holz. Ab 1967 Einzelausstellungen und Beteiligung an zahlreichen Gruppenausstellungen. Ab 1973 Mitglied im Marburger Kunstverein und 1975–1993 dort im Vorstand. In den 1980er-Jahren Beschäftigung mit plastischen Arbeiten für Sakralräume und mit Rauminstallation.

Literatur:
Oberhessische Presse, 26.8.1976 • Ausst.-Kat. 5. Kunstmarkt und Basar. Stadthalle Marburg 1976 • BBK. Bundesverband Bildender Künstlerinnen und Künstler Kassel-Nordhessen e.V. im Landesverband Hessen e.V. des Bundesverbandes Bildender Künstler in der Gewerkschaft Kunst im DGM. Kassel 1980. O.J. Loseblattsammlung • Ausst.-Kat. Hanna Korflür. Plastische Arbeiten 1963–1993. Marburger Universitätsmuseum für Kunst und Kulturgeschichte 1997 • Ewinkel, Irene: Hanna Korflür (1925–1993). In: Berühmte und vergessene Frauen in Marburg. 45 Biographien aus 800 Jahren Marburger Frauengeschichte. Hg. v. Magistrat der Universitätsstadt Marburg. Marburg 2002. S. 88–91 • Faust, Renate: Hanna Korflür 1925–1993. In: Das andere Leben. Rückblick auf Marburger Künstlerinnen. Hg. v. Irene Ewinkel. Marburger Stadtschriften zur Geschichte und Kultur 105. Marburg 2015. S. 305–318 • Therre-Staal, Elke: Eine Künstlerin gestaltet den öffentlichen Raum. Hanna Korflür. In: 75 Frauenorte in Marburg. Entdeckerinnenbuch zu 800 Jahren Stadtgeschichte. Hg. v. Irene Ewinkel. Marburg 2022. S. 40–41

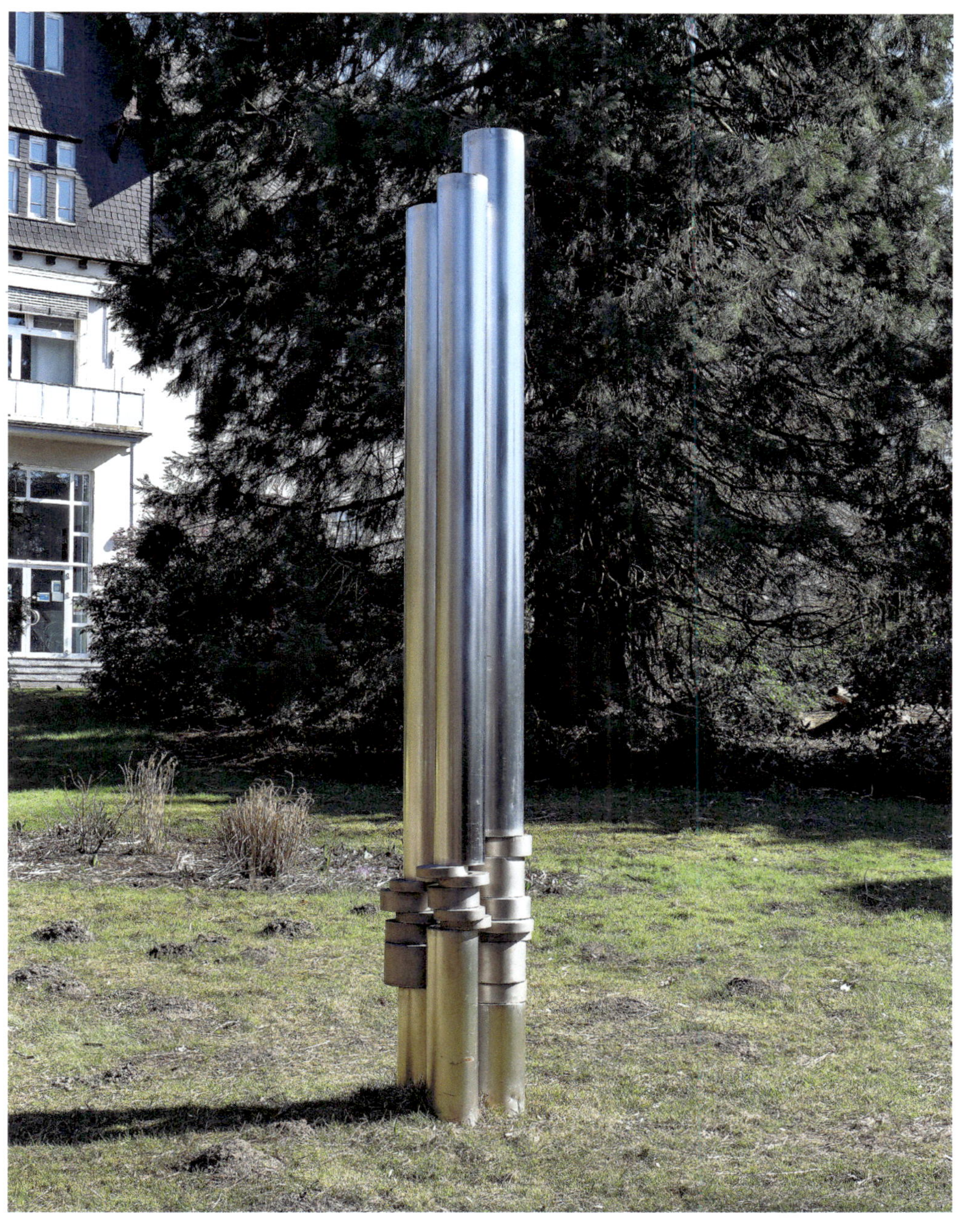

Nr. 19

Neuer Botanischer Garten, Lahnberge
»P01«
Ulrike Hagenkort
2017
Glasfaserverstärkter Kunststoff.
1,70 x 0,85 x 0,75 m

Wie eine fremde weiße Frucht hängt das Objekt von Ulrike Hagenkort in einem Baum des Neuen Botanischen Gartens der Marburger Philipps-Universität. Tatsächlich handelt es sich um den Wettbewerbsgewinn einer Kunstausschreibung der »Arnika Hessen«, einem Artenschutzprojekt zur Erhaltung der gefährdeten Heilpflanze Arnika unter dem Titel »Wunderwerke – Kunst trifft biologische Vielfalt«. Diesem Thema versucht Hagenkort zu entsprechen, indem sie der biologischen eine künstlerische Vielfalt gegenüberstellt. Dabei verwendet sie Formen, die sich selbst der Nachahmung natürlicher oder gar vegetabiler Vorbilder verdanken. So zeigt die Ansichtsseite eine geschlossene, gerippte Blütenkelchstruktur ähnlich einer Zucchiniblüte, in deren Mitte ein Auge eingelassen ist. Demgegenüber ist die offene Rückseite lediglich von vegetabilen Bändern umgeben, die eine Art Korb oder Gehäuse bilden, in das ein frei bewegliches Ei eingeschlossen ist. Wie ein breiter Gürtel umschließt diesen Teil der Figur zudem ein Band aus stilisierten Blütenknospen.
Dem Anspruch einer künstlerischen Antwort auf die biologische Vielfalt versucht die Künstlerin durch die Anwendung surrealistischer Gestaltungsmittel gerecht zu werden, indem sie scheinbar reale Objekte in irreale Kontexte stellt. So ist das Auge auf dem Blütenkelch an sich schon besonders markant. Die surrealistische Bildgestaltung reicht aber weiter, indem im Inneren des Augapfels Bienenwaben erscheinen, die nur dem aufmerksamen Betrachter im Nähertreten erkennbar werden. Ein weiteres Mittel der Beschwörung künstlerischer Vielfalt besteht in der Verwendung von Versatzstücken aus der Kunstgeschichte. So erinnert das Ei, dessen Schale an einer Stelle aufgepickt ist, an ikonographische Vorbilder in der Malerei des Hieronymus Bosch. (U.G.)

Ulrike Hagenkort
Geb. 1964 in Brühl. Malerische Ausbildung an der lokalen Malerschule. 1987–1995 Kunststudium an der Universität zu Köln bei Prof. Tönnis und Prof. Krämer. Lebt und arbeitet in Brühl/Rheinland; seit 1989 Einzel- und Gruppenausstellungen.

Weblink:
http://www.hagenkort.com/galerie.html

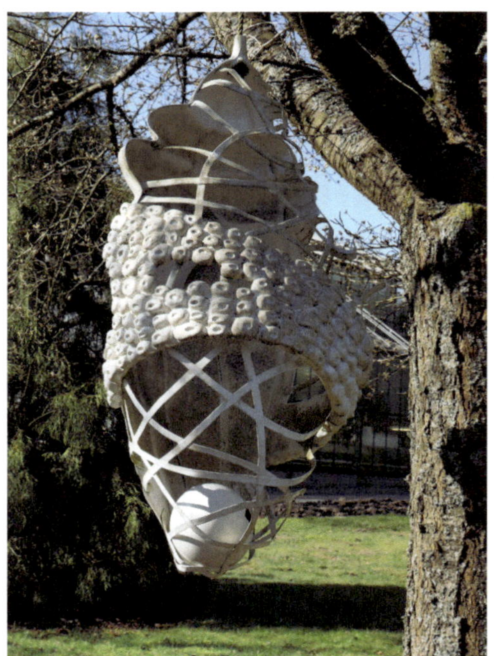

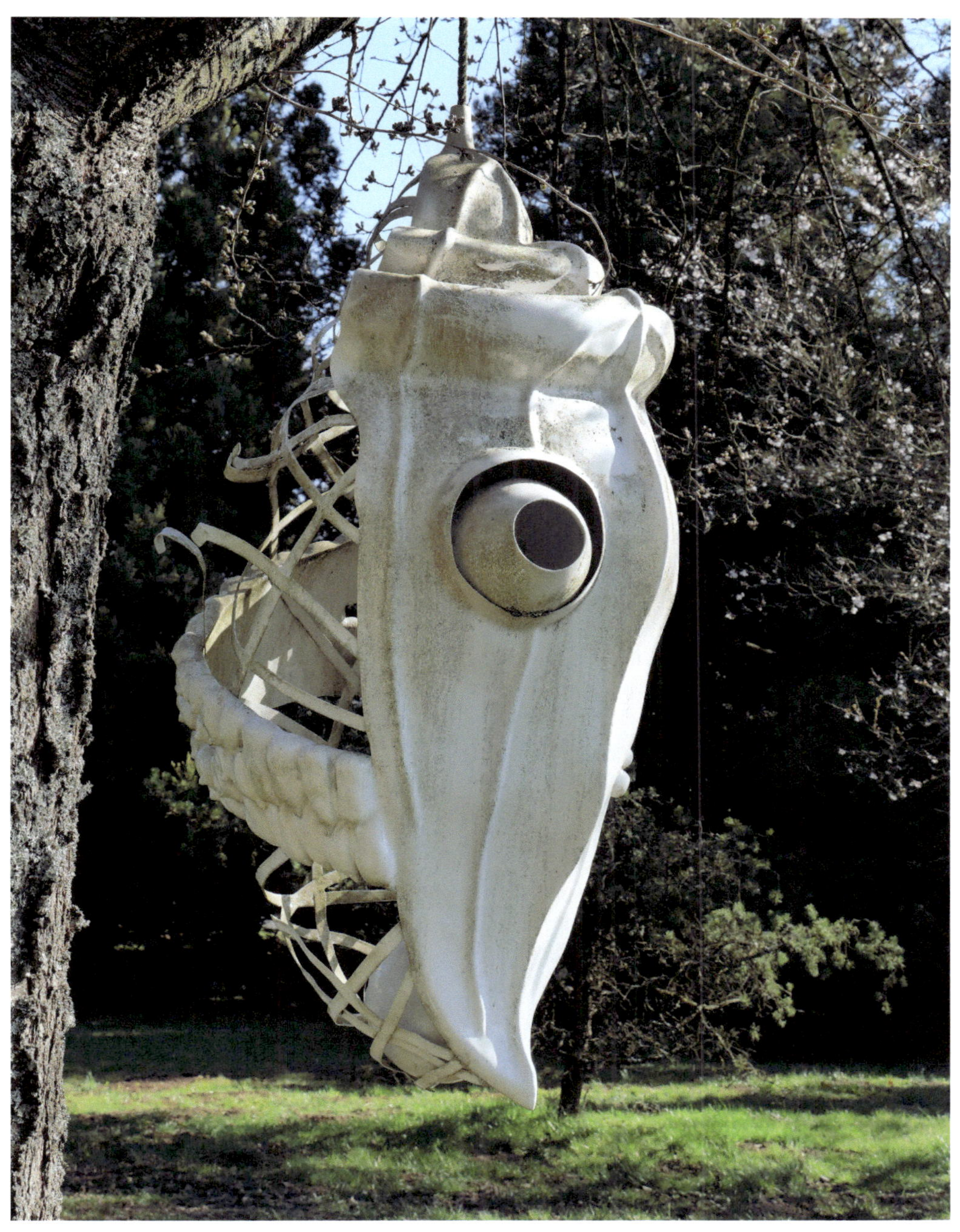

Nr. 20

Neuer Botanischer Garten, Lahnberge
»Samen«
Susanne Assum
2017
Eichenholz, Metall. 95 x 55 x 85 cm

Ohne Sockel oder Plinthe liegt das Holzbildwerk am Boden, lediglich etwas Kies markiert den Standort. Seine runde Form ist nach unten geschlossen, während die obere Seite halbseitig geöffnet ist. In dieser Öffnung verbirgt sich ein hölzerner Kern, aus dessen Spitze ein Pflanzenkeim wächst. Auf diese Weise verkörpert das Bildwerk ein sprießendes Samenkorn, das sich in das Programm zur Erhaltung der bedrohten Art Arnika einfügt. So entsteht Susanne Assums Bildwerk Samen im Zusammenhang mit dem 2017 von »Arnika Hessen« ausgeschriebenen Wettbewerb »Wunderwerke – Kunst trifft biologische Vielfalt«.
Susanne Assums Holzbildwerke zeichnen sich dadurch aus, dass sie die Struktur des gewachsenen Werkstoffs möglichst bewahren, ja sie – wie etwa Wachstumsfehler – gelegentlich selbst zum Thema machen. (U.G.)

Susanne Assum
Ausbildung zur Holzbildhauerin an der Fachschule für Holzgestaltung Garmisch/Partenkirchen, Studium an der Kunsthochschule »Lotja« in Barcelona/Spanien. Restaurationsarbeiten an denkmalgeschützten Gebäuden, 3D-Arbeiten für Werbung und Fernsehen. Aufträge für Großskulpturen im Außenbereich. Seit 2012 freischaffende Künstlerin und Kursangebote in einer Kreativwerkstatt. Lebt und arbeitet in Murnau am Staffelsee.

Weblink:
http://www.susanneassum.de/

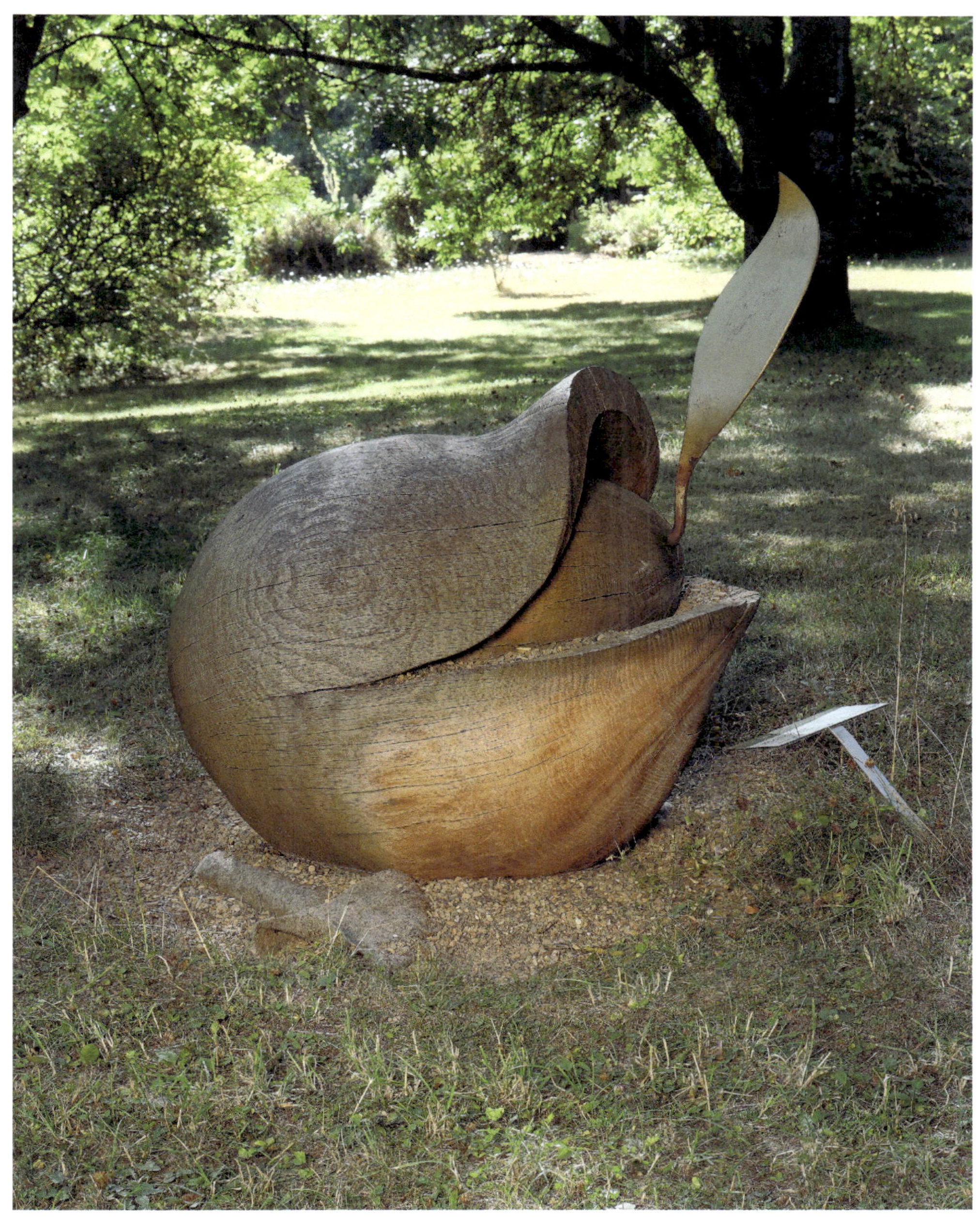

Nr. 21

Neuer Botanischer Garten, Lahnberge
»Signal«
Hanna Korflür
2022 (1973)
Eisenblech, lackiert. 2,30 x 0,85 x 0,75 m

Das für die Plastik erarbeitete Modell wurde aus schräg angeschnittenen Holzleisten gefertigt. Diese Arbeitsweise war Grundlage zur Formfindung. Vier solcher, an den oberen und unteren Enden gleichartig schräg gegenläufig geschnittener Elemente sind aneinandergesetzt. Die beiden Mittelteile, deren Verbindungsnähte die Achse der Plastik bilden, entsprechen einander, wogegen die jeweils anschließenden Elemente eine unterschiedliche Höhe aufweisen. So entsteht eine besondere Höhenrhythmik. Alle vier Elemente stehen nach vorne geneigt auf den Spitzen der unteren Schrägen und haben nur minimale Berührungsmomente mit der Basis.
Die fotografischen Aufnahmen der ausgeführten Metallplastik führen vor, dass sich je nach Betrachterstandort die Dynamik der Gesamtform auch anders präsentiert. Wir haben es mit einem gestaffelten Formenrhythmus zu tun, der zum einen das Ensemble der Formelemente in den Mittelpunkt stellt, zum anderen die in den Außenraum ragenden Spitzen hervorhebt.
Die Künstlerin hat dieser Plastik den Titel »Signal« gegeben und eine farbliche Fassung in Signalrot gewählt. Form und Farbe entsprechen der Eindringlichkeit eines optischen Signales, das als bedeutungshaftes Zeichen, um beispielsweise eine Warnung abzugeben, eingesetzt wird.
Nach Standorten an der Marburger Stadthalle, vor dem Kunstmuseum in der Biegenstraße, vor dem damaligen Arbeitsgericht in der Gutenbergstraße und im Garten der Familie Korflür in der Rentmeisterstraße fand die restaurierte Skulptur am 1.7.2022 im Botanischen Garten den endgültigen Platz. (U.G.)

Hanna Korflür
Siehe Nr. 18

Literatur:
Ausst.-Kat. Hanna Korflür. Plastische Arbeiten 1963–1993. Marburger Universitätsmuseum für Kunst und Kulturgeschichte 1997 • Faust, Renate: Hanna Korflür 1925–1993. In: Das andere Leben. Rückblick auf Marburger Künstlerinnen. Hg. v. Irene Ewinkel. Marburger Stadtschriften zur Geschichte und Kultur 105. Marburg 2015. S. 305–318 • Therre-Staal, Elke: Eine Künstlerin gestaltet den öffentlichen Raum: Hanna Korflür. In: 75 Frauenorte in Marburg. Entdeckerinnenbuch zu 800 Jahren Stadtgeschichte. Hg. v. Irene Ewinkel. Marburg 2022. S. 40–41

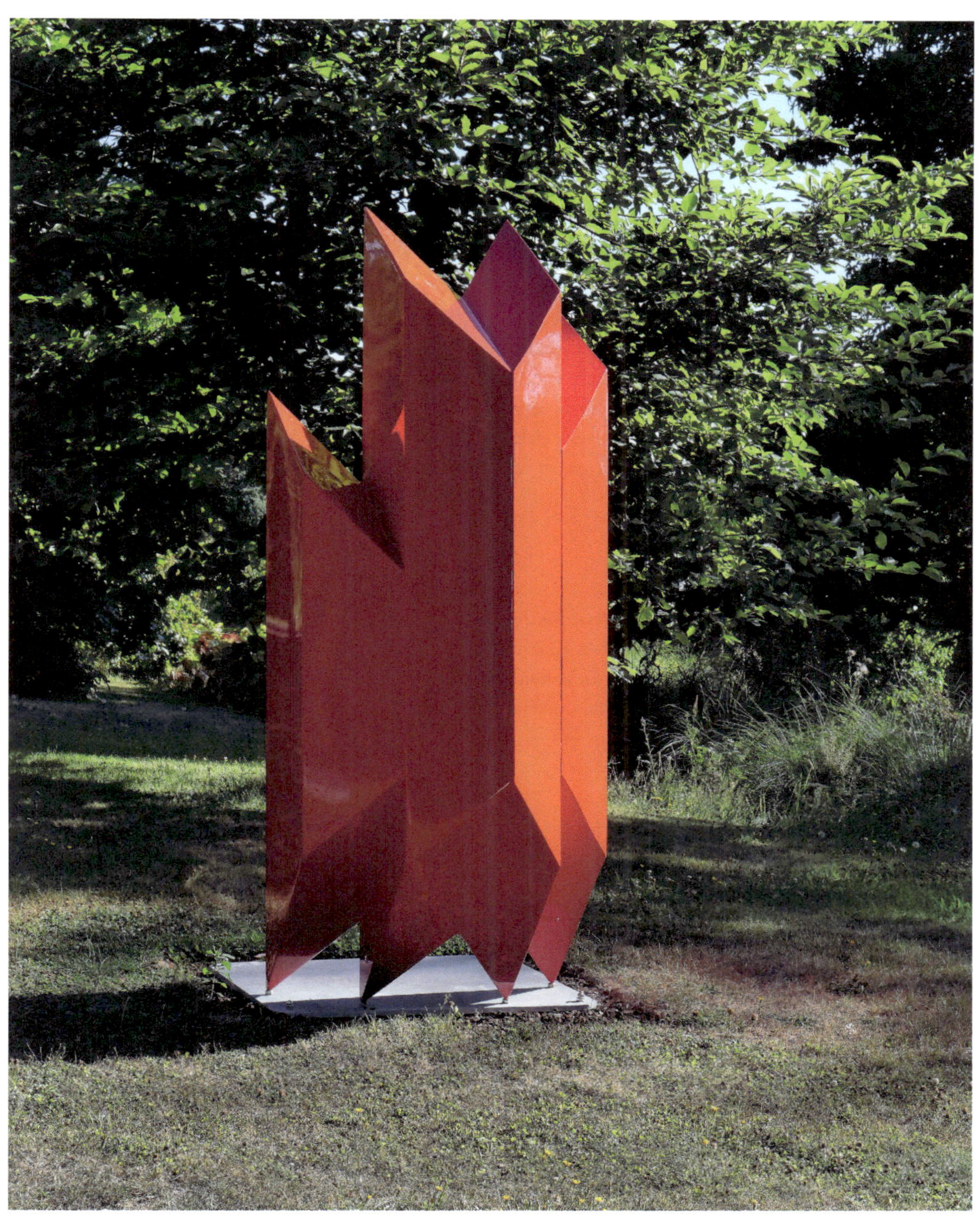

Nr. 22

Neuer Botanischer Garten, Lahnberge
»HULU«
Olaf Beck
2023 (2001)
Stahlblech. 90 x 23,5 x 15 cm

Auf einem rechteckigen Postament ist eine Stahlskulptur montiert, die selbst von einer rechteckigen Stahlplatte unterfangen wird. Sie besteht aus zwei parallel zueinander und schräg gestellten stählernen Planken, die sich mit zwei weiteren senkrecht aufgestellten Stahlplanken kreuzen. Auf diese Weise zeigt das Bildwerk eine konstruktivistische Formentwicklung mit systematischem Aufbau ohne weitere semantische Bezüge. (U.G.)

Olaf Beck
Geb. 1964 in Mühlhausen/Thüringen. Ab 1981 Kunstschmiedelehre in Gotha, ab 1988 Studium der Bildhauerei an der Hochschule für bildende Künste Kassel bei Eberhard Fiebig. Seit 1994 freischaffend mit zahlreichen Ausstellungen und Ausstellungsbeteiligungen.

Weblink:
https://medienprojekte.de/beck/index.html

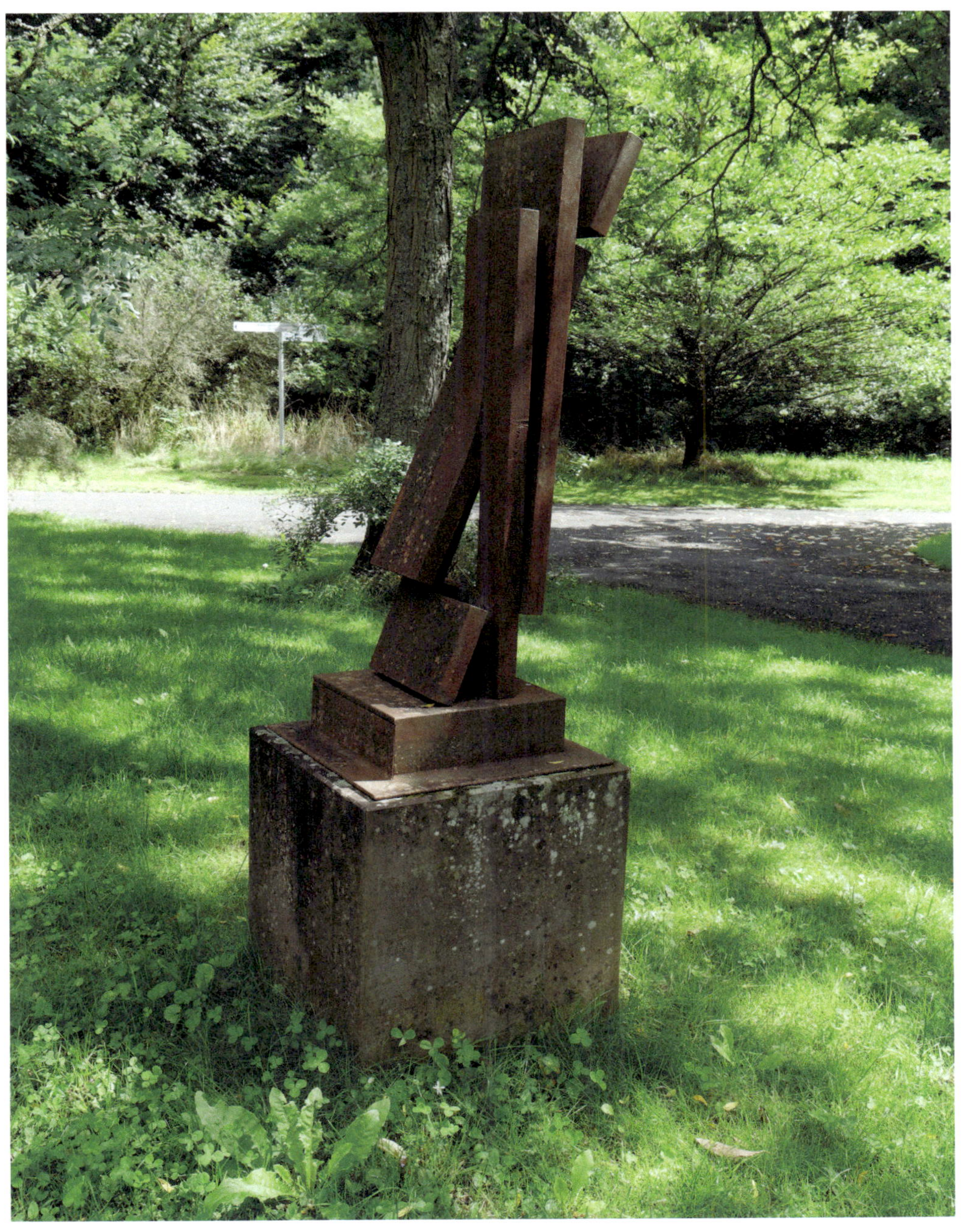

Nr. 23

Landratsamt Marburg-Biedenkopf, Im Lichtenholz 60, Cappel, Vorplatz
Joachim Spies
2024 (1971)
Beton. Höhe 2,30 m

Die Konstellation aus kubischen, miteinander verbundenen Betonelementen diente ursprünglich als Brunnenskulptur in einem runden, gepflasterten Becken, deren drei vertikale Elemente als Springbrunnen fungierten. Mit hoher symbolischer Bedeutung ausgestattet, ist die Skulptur gedacht als Sinnbild der politischen Gewaltenteilung und der gleichzeitigen unlöslichen Verbundenheit ihrer Bestandteile.
Für die Erweiterung des Kreisverwaltungsgebäudes wurde 2021 die Gesamtanlage abgebaut. Sie wird ohne Wasserführung vor dem Zugangsbereich des Landratsamtes als Freiplastik wieder errichtet. (H.K.)

Joachim Spies
Geb. 1930 in Berlin, gest. 1994 in Marburg. Seit 1945 in Marburg ansässig. 1951–1953 Studium am Institut für Malerei und Graphik an der Philipps-Universität Marburg, außerdem Kunstgeschichte und Jura. 1953–1955 Staatliche Akademie für bildende Künste Stuttgart, bis 1959 HfbK Berlin. Meisterschüler von Karl Schmidt-Rottluff. 1956 Stipendium des Kulturkreises im Bundesverband der Deutschen Industrie. Ab 1962 Lehrbeauftragter für Zeichnen und graphische Techniken am Institut für Kunsterziehung der Universität Gießen, ab 1976 Professor für künstlerische Grundlagen in Köln. Freischaffender Künstler ab 1955 in Marburg. Zahlreiche öffentliche Aufträge aus Wettbewerben für Kirchen und Kommunalbauten. Einzelausstellungen u. a. in Darmstadt, Berlin, München.

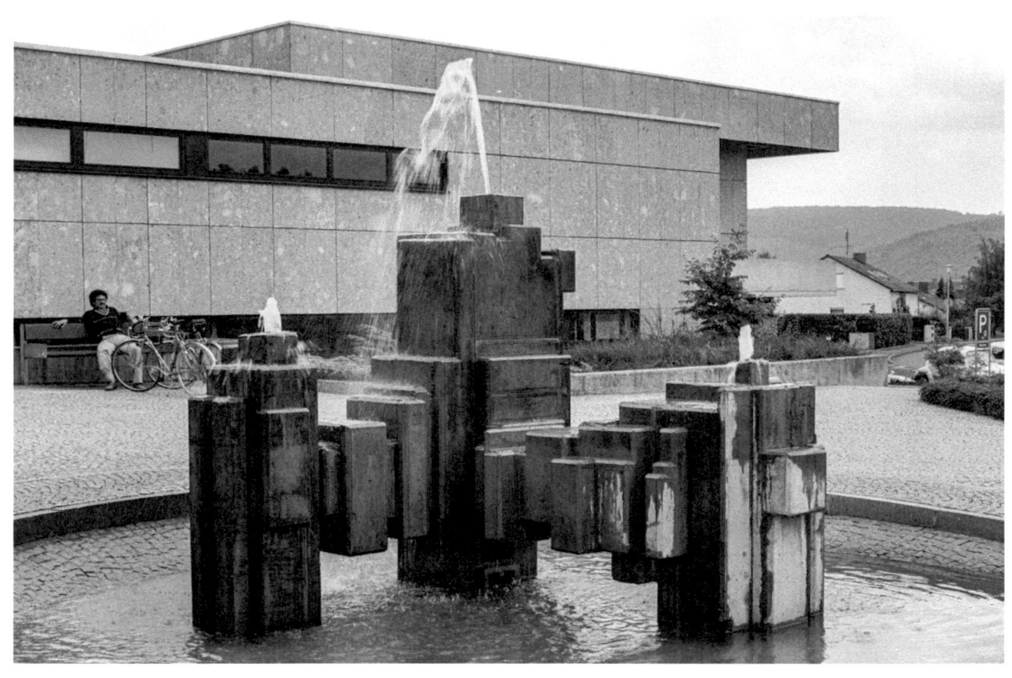

Zustand 1980

2. Architekturgebundene Werke

2.1. Außenbau

Nr. 24

Sophie-von-Brabant-Schule, Uferstraße 18
Hessische Trachten
Mathias Waldemar Paffrath
1906
Sandstein, Höhe je ca. 60 cm

Am Hauptportal und an den beiden Nebeneingängen der ehemaligen Bürgerschule Nord zeigen die Schlusssteine als halbplastische Büsten typische Bestandteile der Schwälmer Tracht. Die zentrale Stelle des Bildprogramms markiert über dem Haupteingang ein mütterlicher Typus in der Tracht einer verheirateten Frau. Flankierend zeigen die Verlängerungen der Pilaster in die Architravzone die Brustbilder eines Knaben und eines Mädchens. Die beiden Köpfe tragen den plastisch reich dekorierten Giebel, dessen Symbole (Schellen, Bienen, Fuchs, Hahn) auf die Schularchitektur als Ort emsiger Lerntätigkeit und aufgeweckter Klugheit verweisen sollen. Jedem der Köpfe ist als Hintergrundmotiv die Darstellung eines einheimischen Gewächses mit seinen Früchten zugeordnet.

Diese Würdigung einer Lokaltradition geschieht zu einem Zeitpunkt, zu dem das Tragen von Tracht im ländlichen Raum um Marburg noch zur verbreiteten Praxis gehört. An einem Gebäude mit pädagogischer Funktion vertreten die Trachtendarstellungen zur Zeit ihrer Anbringung das Bewusstsein einer verbindenden und verbindlichen regionalen Zugehörigkeit, wie es gleichzeitig auch Maler wie Carl Bantzer und Otto Ubbelohde formulieren. (H.K.)

Mathias Waldemar Paffrath
Die Firma Joseph Paffrath, Marburg, Ockershäuser Allee 13, Grabmalkunst, Bauplastik, Steinmetzarbeiten, wurde 1879 von Theodor Joseph Paffrath (1852–1917) gegründet. Als Bildhauer waren in der Firma tätig: sein Sohn Mathias Waldemar Paffrath (1879–1957), seine Enkel Waldemar Paffrath (1905–1996) und Reinhard Paffrath (1906–1987) sowie sein Urenkel Dieter Waldemar Paffrath (1936–2002). Die Bildhauerei wird heute unter dem Firmennamen Joseph Paffrath e. K. von Inhaber Wilderich Paffrath geführt.

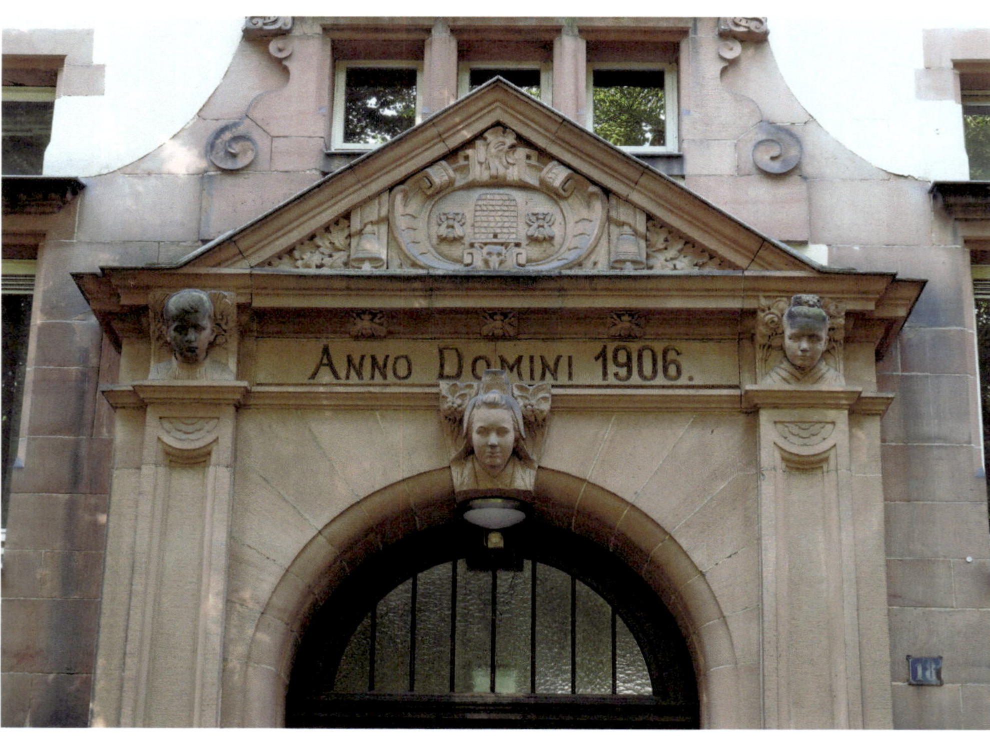

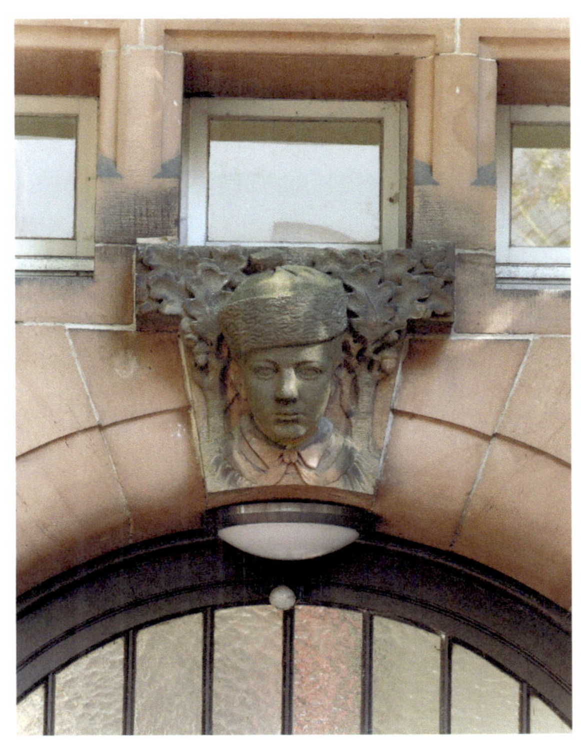

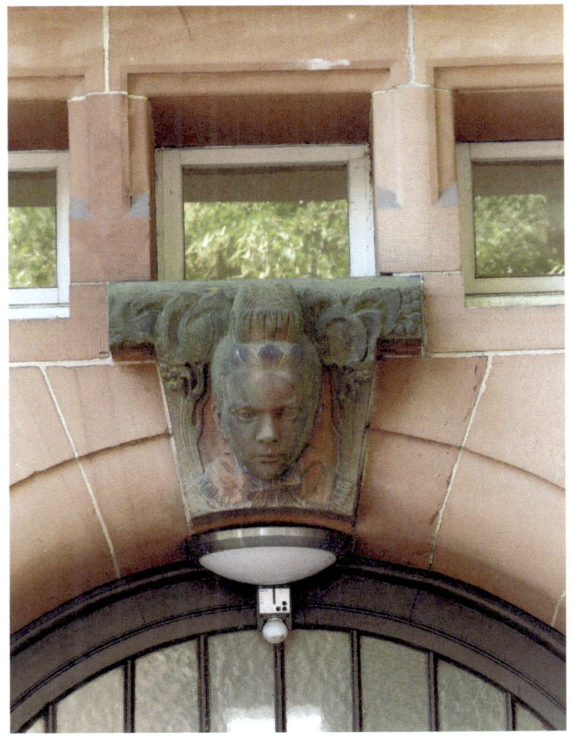

Nr. 25

Kunstgebäude Marburg, Biegenstraße 11
15 Fenster-Schlusssteine
Entwurf: Hubert Lütcke
Ausführung: Walter E. Lemcke
1927
Rotsandstein. Höhe je ca. 1 m

Die Schlusssteine der neun mittleren und sechs seitlichen Fenster sowie der Eingänge der Hauptfassade des Museumsbaus sollen an die Spendenfreudigkeit der hessen-nassauischen Bevölkerung erinnern, als deren Stiftung der Jubiläumsbau der Philipps-Universität 1927 errichtet wurde. »Im Juni 1925 begann«, wie die Festschrift des Universitätsbundes berichtet, »die Sammlung der nötigen Baumittel mit einem Aufruf an die gesamte Bevölkerung und alle öffentlich-rechtlichen und privatrechtlichen Körperschaften, Verbände und Vereine der Provinz Hessen-Nassau und Waldecks, insbesondere an die Bezirksverbände und Regierungsbezirke, sämtliche Landkreise, Städte und Gemeinden, sowie an alle ehemaligen Marburger Studenten und Angehörigen der Universität Marburg und an alle sonstigen Freunde und Förderer deutscher Wissenschaft innerhalb und außerhalb der Provinz zur Spendung von Gaben.«

Die Sandsteinskulpturen zeigen in stark vereinfachter und die Proportionen teilweise erheblich verändernder Form die architektonischen Wahrzeichen und Wappen hessischer Städte. Sie sollen als Dokument und Würdigung der Gemeinschaftsleistung der Baumittelbeschaffung gesehen werden, indem sie die Beteiligten – repräsentiert durch die Hauptbaudenkmäler ihrer Städte – am Schmuck der Museumsfassaden teilnehmen lassen. Die geographisch weit auseinanderliegenden Ortschaften werden um die zentrale Darstellung der Elisabethkirche über dem Haupteingang zusammengeführt.

Jede Architekturdarstellung wird eingefasst von einem geometrisierten Rankenornament, das im Gegensatz zu den plastisch stark hervortretenden Schlusssteinen als Sandsteinrelief flach auf der Wand liegt.

Folgende Städte sind aufgeführt (von links nach rechts):

Hauptfassade: Frankenberg/Eder, Rathaus. Homberg/Efze, Stadtkirche St. Marien. Alsfeld, Walpurgiskirche. Hessischer Löwe + Kasseler Stadtwappen. Marburg, Elisabethkirche. Nassauischer Löwe + Wiesbadener Stadtwappen. Frankfurt/M., Römer. Fulda, Dom St. Salvator. Limburg, Dom St. Georg. Nordfassade: Bad Hersfeld, Stiftskirche. Gelnhausen, Marienkirche. Schmalkalden, Stadtkirche St. Georg.

Südfassade: Weilburg, Schloss. Hadamar, Schloss. Fritzlar, Dom St. Peter. (H.K.)

Hubert Lütcke

Geb. 1887 in Kirchhain, gest. 1963 in Amöneburg. Nach Architekturstudium an der KTH Berlin-Charlottenburg Regierungsbaumeister in Niebüll. 1925–1933 preußischer Regierungsbaurat und Leiter des Hochbauamts I in Marburg für alle Bauangelegenheiten der Universität und des Stadtkreises Marburg/Landkreises Kirchhain, Architekt u.a. des Jubiläumskunstinstituts (Kunstgebäudes), von Kliniken, Verbindungshäusern, Sanierung der Elisabethkirche. 1934–1943 wieder in der Hochbauabteilung des preußischen Finanzministeriums Berlin, Erweiterungsbau der Preußischen Staatsbank, bis 1950 Vorsteher des Staatshochbauamts Schleswig. Anschließend in Amöneburg ansässig.

Literatur:

Kasseler Neueste Nachrichten, 25.9.1927 • Lütcke, Hubert: Der Jubiläumsbau des Kunstinstituts der Universität Marburg. In: Zeitschrift für Bauwesen. 80. 1/1930. S. 1–12. • Lütcke, Hubert: Der Jubiläumsbau der Universität Marburg. Festgabe des Universitätsbundes Marburg aus Anlaß seines zehnjährigen Bestehens. Marburg 1930 • Lütcke, Hubert: Das Kunstinstitut der Universität Marburg. Der Jubiläumsbau. Berlin 1930 • Lemcke, Walter E. In: Vollmer. Bd. 3. S. 209 • Jahn, Thomas: Das Jubiläums-Kunstinstitut der Universität Marburg. Magisterarbeit Universität Marburg 1980 • Warnke, Martin: Richard Hamann. In: Marburger Jahrbuch für Kunstwissenschaft. Bd. 20. 1981. S. 11–20 • Jahn, Thomas: Das Kunstinstitut (Ernst von Hülsen-Haus) der Philipps-Universität Marburg. In: Marburg-Bilder. Eine Ansichtssache. Zeugnisse aus fünf Jahrhunderten. Hg. v. Jörg Jochen Berns. Marburger Stadtschriften zur Geschichte und Kultur 53. Bd. 2, Marburg 1996. S. 321–356 • Krause, Katharina: Ein Kunstinstitut für Marburg. Konzeptionen und ihr architektonischer Ausdruck. In: alma mater philippina. Wintersemester 1998/1999. S. 12–18

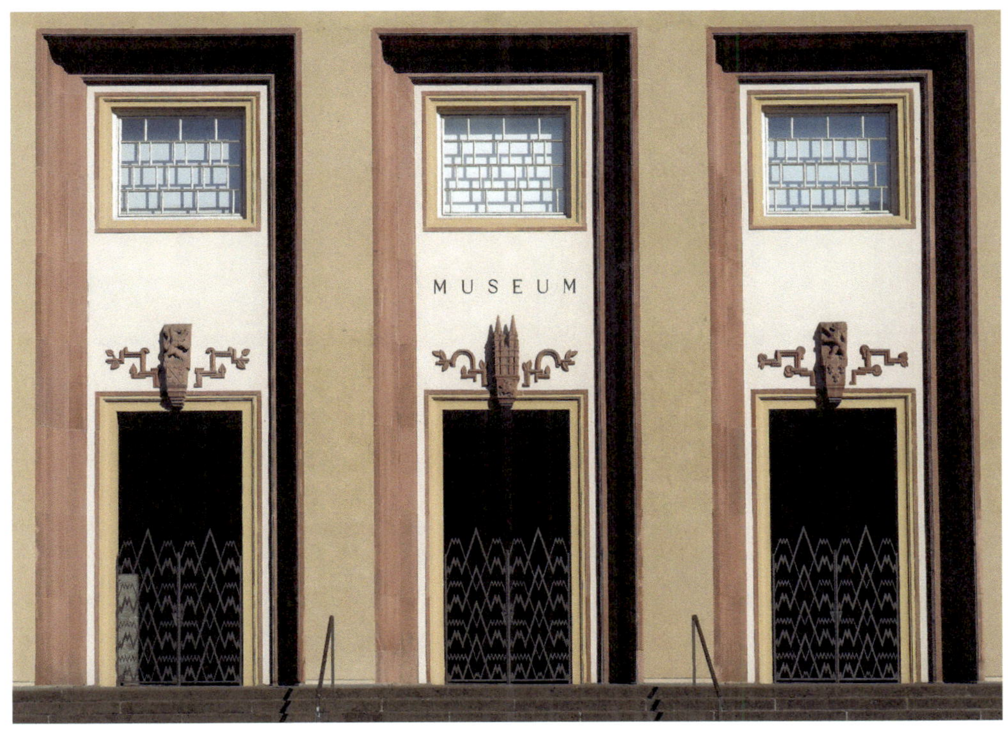

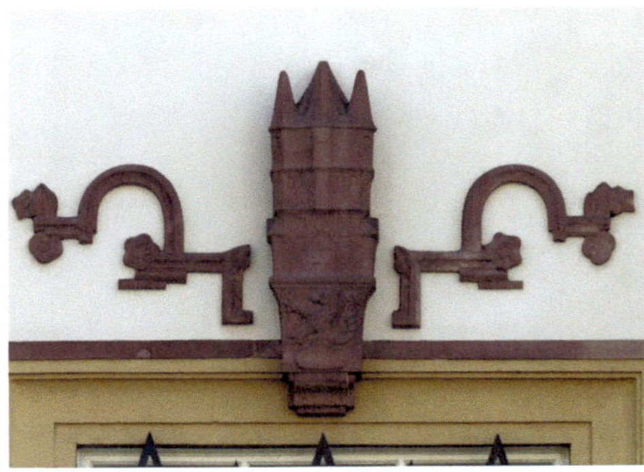

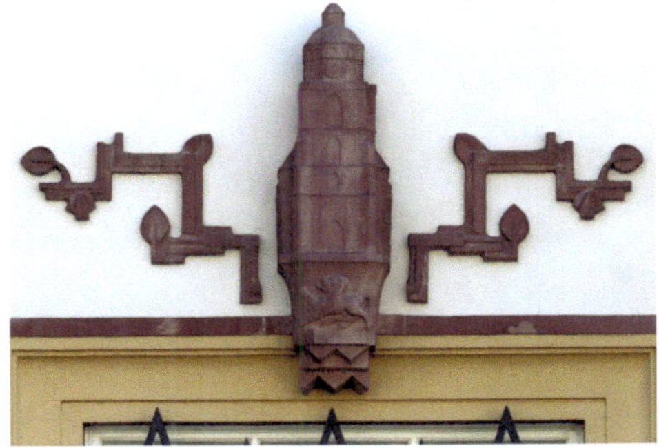

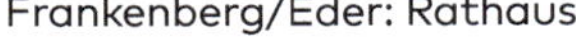
Frankenberg/Eder: Rathaus

Homberg/Efze: Ev. Stadtpfarrkirche

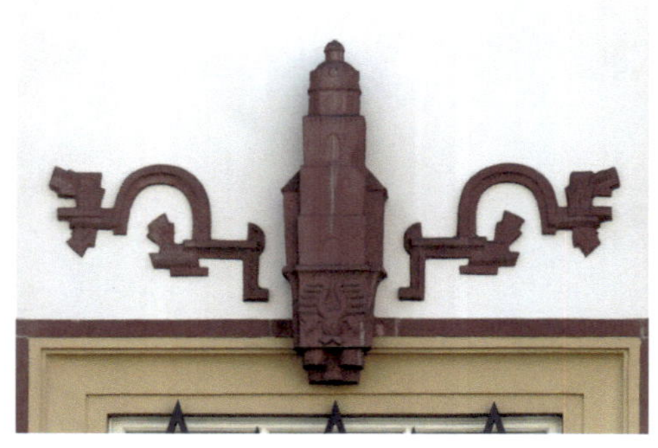

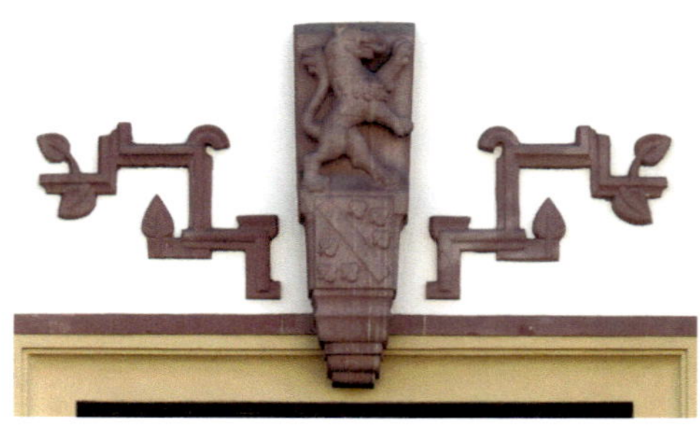

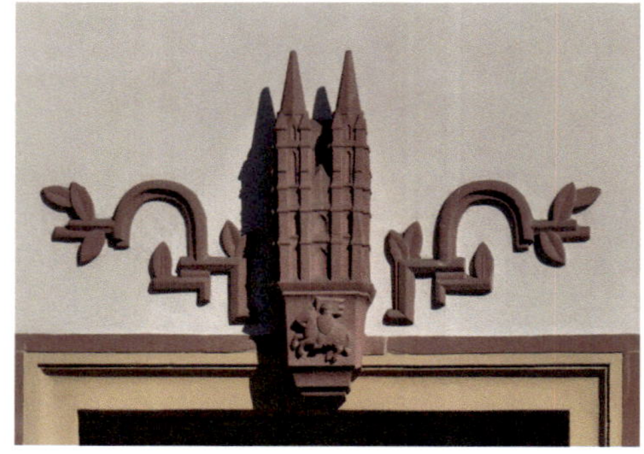

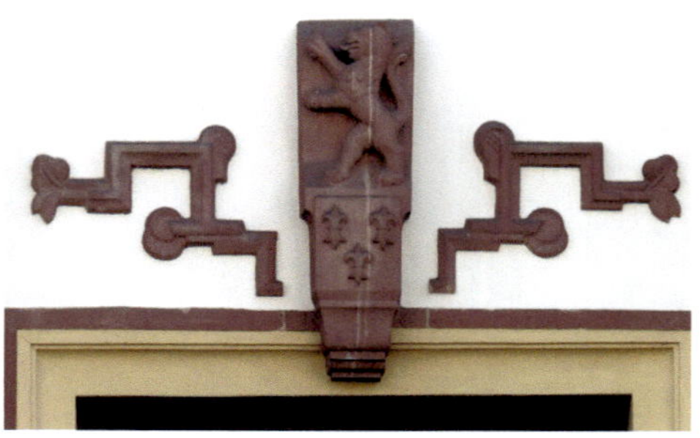

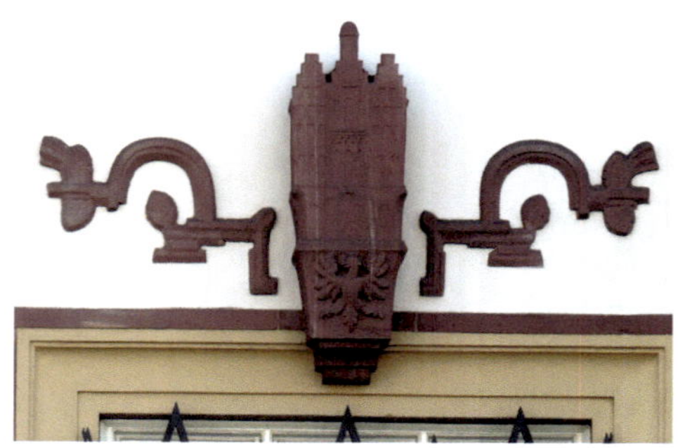

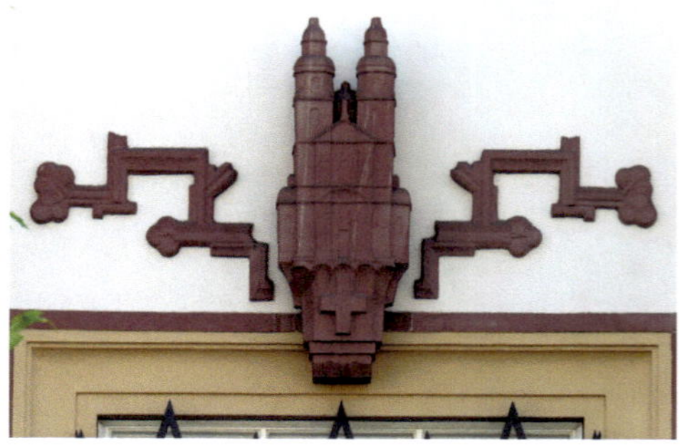

Von oben nach unten: Alsfeld: Walpurgiskirche, Marburg: Elisabethkirche, Frankfurt/M.: Römer

Von oben nach unten: Hessischer Löwe+Kasseler Stadtwappen, Nassauischer Löwe+Wiesbadener Stadtwappen, Fulda: Dom St. Salvator

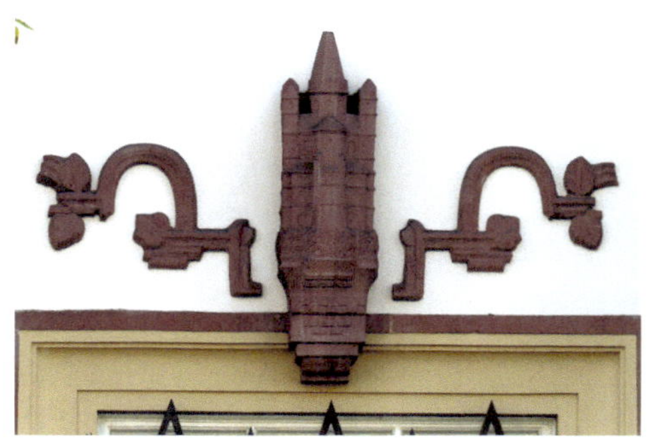

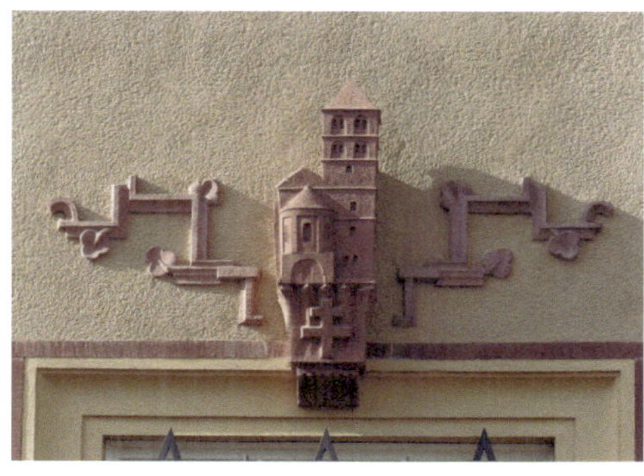

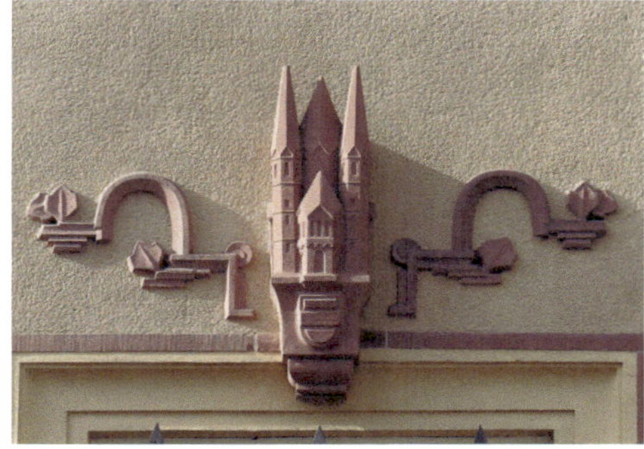

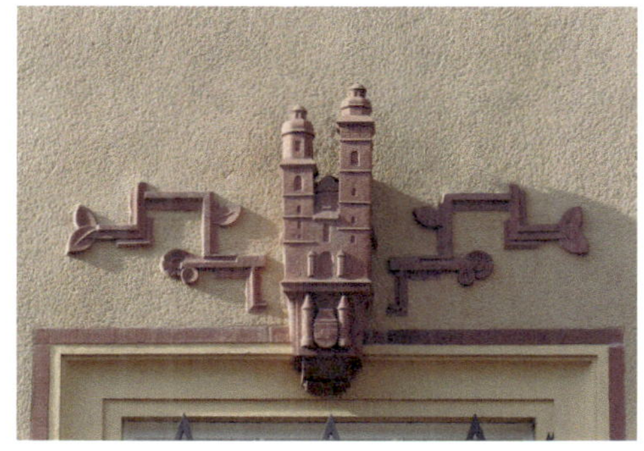

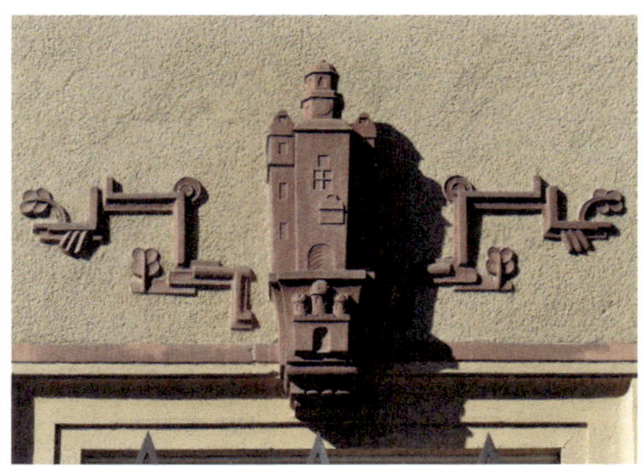

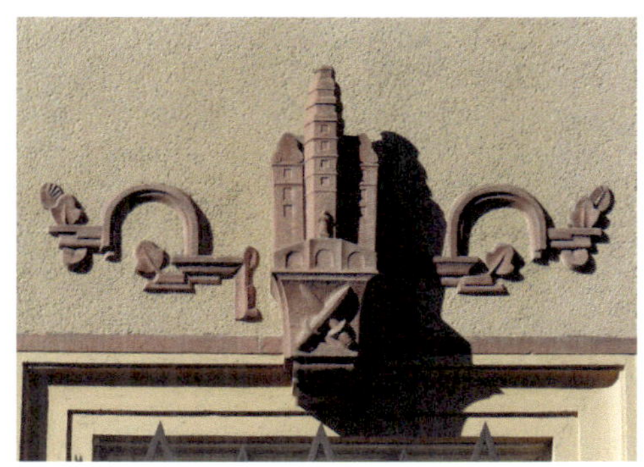

Linke Seite von oben nach unten: Limburg: Dom St. Georg, Gelnhausen: Marienkirche, Weilburg: Schloss

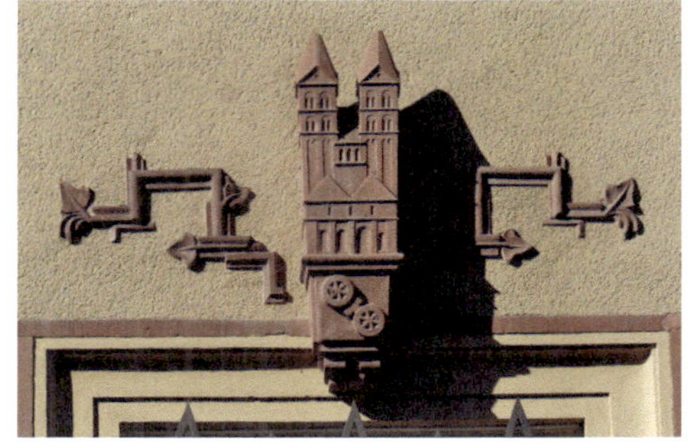

Rechte Seite von oben nach unten: Bad Hersfeld: Stiftskirche, Schmalkalden: Stadtkirche St. Georg, Hadamar: Schloss, Fritzlar: Dom St. Peter

Nr. 26

Kunstgebäude Marburg, Biegenstraße 11
Türplastiken am Haupteingang
Entwurf: Hubert Lütcke; Guss: Firma Heinze u. Barth
1927
Bronze. Höhe der Figuren je 50 cm
Inschrift linker: Flügel: »ALS ZEICHEN IHRER ANHÄNGLICHKEIT / STIFTETEN DIESE TÜRE«, rechter Flügel: »DIE ARBEITER UND ANGESTELLTEN DER / PHILIPPS-UNIVERSITÄT 1527–1927«, linker Flügel links unten: »GUSS HEINZE u. BARTH«

Die Bronzetür des Museums ist das Geschenk der Arbeiter und Angestellten der Universität als ihr Beitrag zum Jubiläumsbau von 1927. Die Beschaffung der erforderlichen Mittel erfolgt u.a. durch eine Art »Zwangsspende«, indem über einen längeren Zeitraum hinweg jedem Mitglied dieser Berufsgruppen monatlich 0,5 % des Lohnes einbehalten werden.
Die beiden Figuren sind vollplastisch gearbeitet und stehen auf Konsolen über den ringförmigen Türklopfern. In Bezug auf die als dekorierten Mittelpfosten gestaltete Schlagleiste weisen die Plastiken eine spiegelsymmetrische Körperhaltung auf, indem der jeweils zur Türmitte gelegene Arm angewinkelt ist, während der andere den Körper entlang nach unten geführt wird. Die Köpfe sind leicht nach innen gewendet. Wie in ihrer Körperhaltung sind die beiden Figuren auch in ihrer Physiognomie und in der schlichten Formreduzierung der Kleidung nahezu identisch; identifizierbar als Arbeiter und Angestellter werden sie lediglich durch ihre Attribute, die sie als Vertreter ihrer sozialen Gruppe ausweisen: Der Arbeiter hält in seiner Rechten als traditionelles Symbol der Handarbeit einen Hammer, die linke Hand ist fest auf die Hüfte gelegt, während der Angestellte in seiner Rechten ein Schreibgerät und in der Linken ein Buch oder Papierbögen hält. Aber auch Unterschiede in der Kleidung liefern Hinweise auf die Gruppenzugehörigkeit: vom Arbeiter, dessen Hemd die Arme unbedeckt lässt, hebt sich der Angestellte durch ein langärmeliges Hemd ab, dessen deutlich modellierter Kragen auf den »white collar« des nicht unmittelbar am materiellen Produktionsprozess Beteiligten verweist.

Mit dieser gleichberechtigten Darstellung neben dem Arbeiter liegt eine frühe Formulierung des Selbstverständnisses der Angestellten als einer eigenständigen sozialen Gruppe vor. Die Selbstdarstellung geschieht zu einem Zeitpunkt, zu dem die sozialgeschichtlich jüngere Gruppe der Angestellten noch nicht lange mit dem Selbstbewusstsein einer sozialen Eigenständigkeit und Geschlossenheit aufgetreten ist, sich zugleich aber auch das Bestreben einer Abgrenzung vom Lohnarbeiter durch das Bewusstsein einer eigenen besseren sozialen Position artikuliert. (H.K.)

Hubert Lütcke
Siehe Nr. 25

Literatur:
Lütcke, Hubert: Der Jubiläumsbau des Kunstinstituts der Universität Marburg. In: Zeitschrift für Bauwesen. 80. 1/1930. S. 1–12 • Jahn, Thomas: Das Jubiläums-Kunstinstitut der Universität Marburg. Magisterarbeit Universität Marburg 1980 • Jahn, Thomas: Das Kunstinstitut (Ernst von Hülsen-Haus) der Philipps-Universität Marburg. In: Marburg-Bilder. Eine Ansichtssache. Zeugnisse aus fünf Jahrhunderten. Hg. v. Jörg Jochen Berns. Marburger Stadtschriften zur Geschichte und Kultur 53. Bd. 2, Marburg 1996. S. 321–356

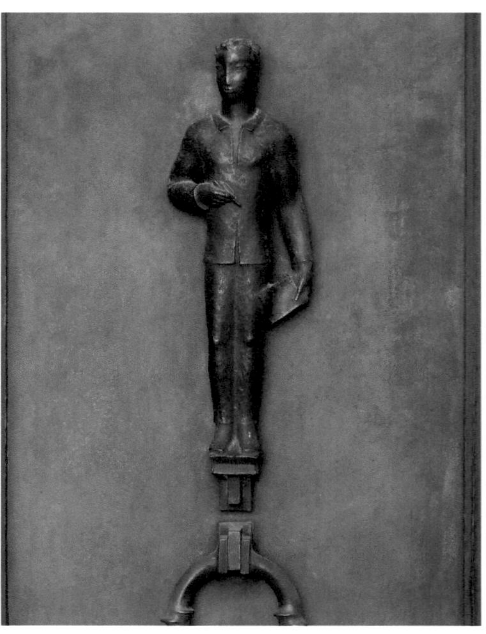

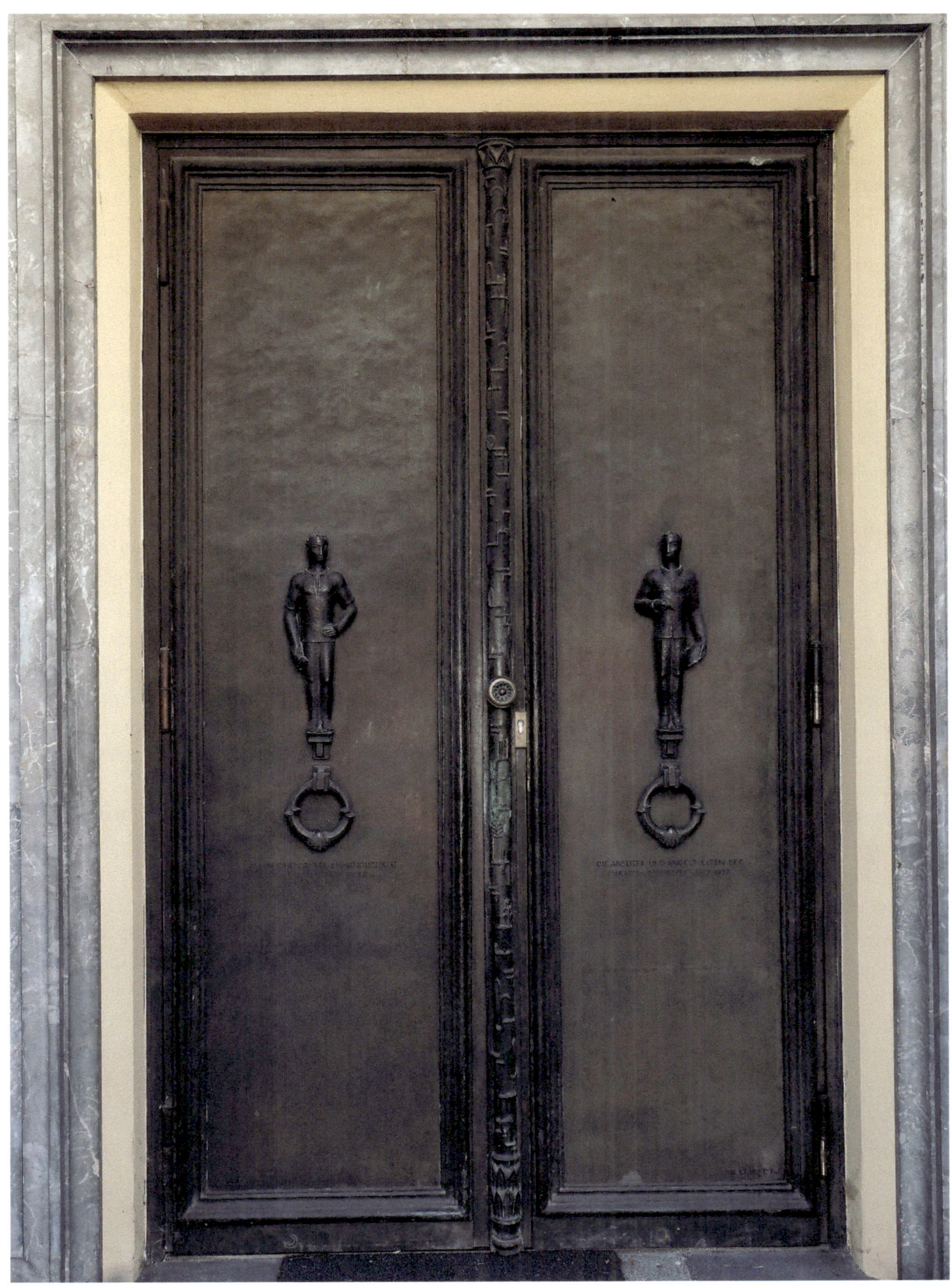

Nr. 27

Carl Duisberg-Haus, Gisonenweg 2, Terrasse
Fritz Klimsch
1927
1. »Kunst ist Freude«
Relief. Bronze. 0,80 x 2,40 m. Signiert: »F. Klimsch«
2. »Wissen ist Macht«
Relief. Bronze. 0,80 x 2,40 m. Signiert: »F. Klimsch«

Die beiden Reliefs sind in die Stützmauer zur Terrasse des 1927 errichteten ersten Studentenwohnheimes in Marburg eingelassen. Sie flankieren das Porträtrelief des Stifters Carl Duisberg.

Bei den dargestellten Figuren handelt es sich um Allegorien von Kunstgattungen (1) und Wissenschaften (2), die anhand von Gesten und Attributen identifiziert werden können. Das Kompositionsschema ist bei beiden Reliefs identisch: In gleichmäßiger Reihung staffeln sich die jeweils einzeln oder als Zweiergruppe einen Kunst- bzw. Wissenschaftszweig repräsentierenden Gestalten um eine Zentralfigur als Mittelachse, so dass auf diese von beiden Seiten her eine symmetrische Figurenanordnung orientiert ist. Der Künstler hat sich bemüht, bei Körperhaltungen und Gewanddrapierungen die Verarbeitung antiker Vorbilder deutlich werden zu lassen.

Im Relief »Kunst ist Freude« sind folgende Kunstgattungen personifiziert. Musik: ein stehender Flötenbläser und eine sitzende Lyraspielerin; Tanz: zwei in Bewegung dargestellte Frauen mit sich bauschenden und herabgleitenden Gewändern. Die linke der beiden Tänzerinnen ist als einzige Figur dieses Reliefs aus der strengen Profilansicht herausgewendet; Schauspielkunst: ein Mime, mit der linken Hand eine Maske vor das Gesicht haltend, die rechte zur Faust geballt und in die Hüfte gestemmt; Literatur: auf einem Stuhl sitzend, mit Tafel und Schreibgerät; Bildhauerei bzw. bildende Kunst: auf die Lehne des Stuhles gestützt, einen Hammer haltend, der »Literatur« über die Schulter blickend.

Im Relief »Wissen ist Macht« bildet die mit ausgebreiteten Armen je eine brennende Fackel haltende Allegorie der Weisheit, sich frontal dem Betrachter präsentierend, das Zentrum der symmetrischen Komposition.

Folgende Wissenschaftszweige sind personifiziert. Geometrie: ein stehender, bärtiger Alter, mit seinem linken Ellenbogen auf die Lehne des Stuhles gestützt, als Attribute Pergamentrolle und Zirkel haltend, außerdem ein Globus auf dreibeinigem Stativ; Philosophie: in Denkerpose sitzend, die Beine übereinandergeschlagen, den Kopf in die linke Hand gestützt, den rechten Arm über die Stuhllehne zurückgelegt, so dass der Oberkörper aus der Profilansicht gedreht und dem Betrachter zugewendet wird; Pädagogik: ein auf einem Hocker sitzender Knabe, nach rückwärts gewandt einem lebhaft gestikulierenden Alten lauschend. Die Darstellung des letzteren ist an den antiken Typus der Weisen, des blinden Sehers, angelehnt. (H.K.)

Fritz Klimsch

Geb. 1870 in Frankfurt/M., gest. 1960 in Freiburg/Br. 1886–1894 Studium an der Kunstakademie Berlin. 1895 Rompreis. Bei Studienaufenthalten in Italien und Griechenland unmittelbarer Kontakt mit antiker Kunst, in der er das Vorbild für seine plastischen Arbeiten sieht und an die er sich bei der Entwicklung einer menschlichen Idealgestalt in seinen frühen Bronzen und Marmorskulpturen thematisch wie stilistisch anlehnt. 1898 Gründer und Vorstandsmitglied der Berliner Sezession. 1912 Mitglied der Akademie der Künste Berlin. Seit 1921 Professor an der Hochschule für bildende Künste Berlin. Zusammen mit dem Werk Georg Kolbes und Richard Scheibes repräsentiert Klimsch eine Tradition, die in den 1930er-Jahren als Bindeglied zur Plastik des späten 19. und beginnenden 20. Jahrhunderts (Rodin, Maillol) vom Nationalsozialismus in Anspruch genommen und dessen Kulturpolitik entsprechend modifiziert werden kann. Als großzügigster Mäzen des Bildhauers tritt der Leverkusener Kunstsammler Carl Duisberg auf.

Literatur:
Hermelink, Heinrich: Dr. Carl Duisberg-Haus. Studentenwohnheim zu Marburg an der Lahn. Leverkusen 1930 • Hellwag, Fritz: Fritz Klimsch. Neuere Werke. In: Die Kunst für alle. 52. 1936/37. S. 116–119 • Klimsch, Fritz. In: Allgemeines Lexikon der bildenden Künstler des XX. Jahrhunderts. Hg. v. Hans Vollmer. Bd. 6. Leipzig 1962. S. 146–147 • Braun, Hermann: Fritz Klimsch. Werke. Ausstellung Galerie Koch, Hannover 1980 • Braun, Hermann: Fritz Klimsch.

Eine Dokumentation. Köln 1991 • Die Bildhauer August Gaul und Fritz Klimsch. Hg. v. Museum Giersch Frankfurt/M. Petersberg 2010 • Christoph Otterbeck: Huldigung der Kunst und der Wissenschaft. Die beiden Reliefs von Fritz Klimsch am Dr. Carl Duisberg-Haus in Marburg. In: Ausst.-Kat. Museum Giersch: August Gaul – Fritz Klimsch, Frankfurt/M. 2010

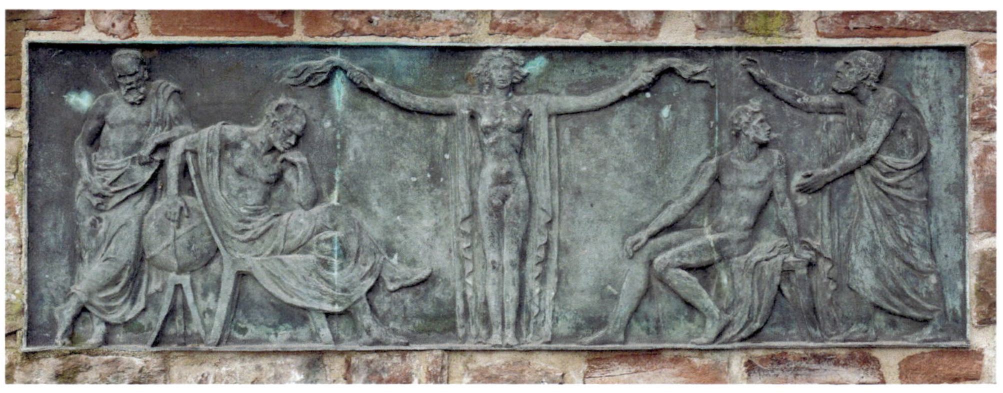

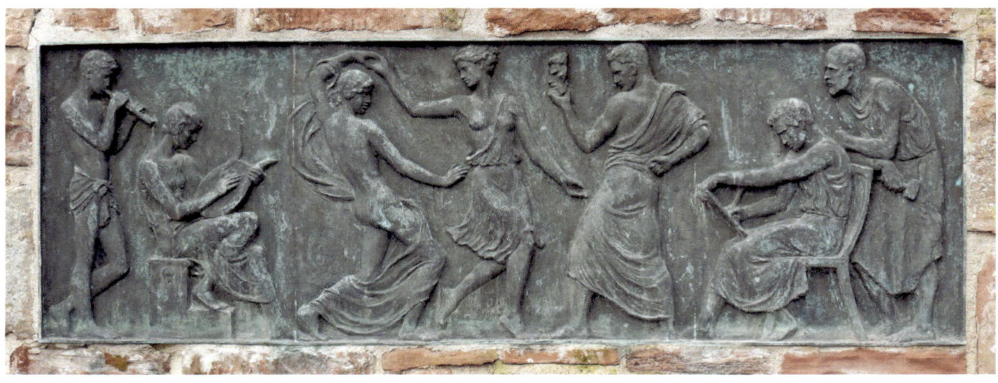

Nr. 28

Software-Center (ehem. Jägerkaserne), Frankfurter Straße
3 Supraporten-Reliefs über den Eingangsbereichen
Künstler unbekannt
1930er-Jahre
Reliefplatten Sandstein.
Unterschiedliche Maße

Software-Center 1
Relief aus drei Platten mit jeweils zwei Personen. Im Zentrum eine sog. Gulaschkanone, aus der der Koch das Essen einem Soldaten in sein Geschirr schöpft. Hinter dem Soldaten stehen zwei weitere mit ihren Kochgeschirren. Von der rechten Seite her nähern sich zwei weitere Soldaten mit ihren Kochgeschirren, sie befinden sich in einem Gespräch.

Software-Center 8
Gruppe von drei Soldaten in einer Gefechtspause. Rechts einer sitzend, in der Bildmitte einer liegend, links einer hockend und mit dem rechten Arm auf ein Maschinengewehr gestützt, alle nach links orientiert.

Software-Center 10
Gruppe von drei Soldaten in Kampfsituation. Im Vordergrund ein Soldat liegend, dahinter einer ein Maschinengewehr bedienend, links einer kniend durch ein Fernglas schauend, alle nach rechts orientiert.

Als Supraporten sind die Reliefs auf die Breite der Türöffnungen ausgerichtet. Ebenso verweisen die Darstellungen auf die Funktion der Gebäude, die sie schmücken. So wird von Relief 1 angezeigt, dass es sich am Gebäude für die Truppenversorgung mit Küche und Kantine befindet, wofür das Portal größer ist als die für die anderen Eingänge. Demgegenüber weisen die beiden anderen Reliefs auf die Mannschaftsunterkünfte hin.
Wenngleich der Künstler unbekannt ist, so lässt sich doch erkennen, dass er seine Reliefs nach der künstlerischen Ideologie des Nationalsozialismus gefertigt hat. Dazu gehört, dass derartige Supraporten in materialgerechter Monochromie ausgeführt und in die Architektur integriert werden. Die stereotype Darstellungsweise der Figuren lässt vermuten, dass die Reliefs in serieller Fertigung auch für andere Kasernenbauten hergestellt sind. (U.G.)

Literatur:
Geese, Uwe: Der Deutungsstreit um das Relief am Marburger Zollamt. Marburg 2021. S. 43

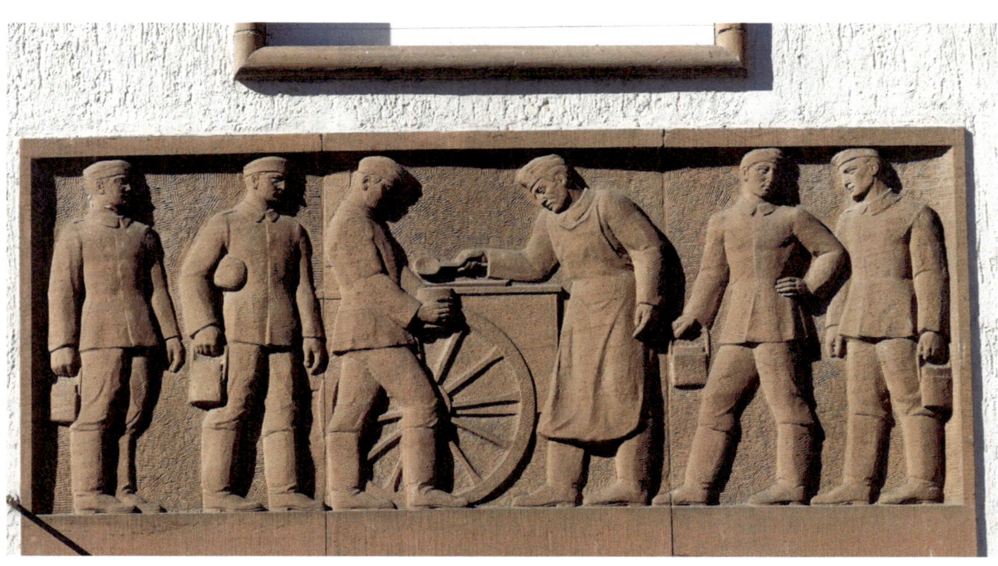

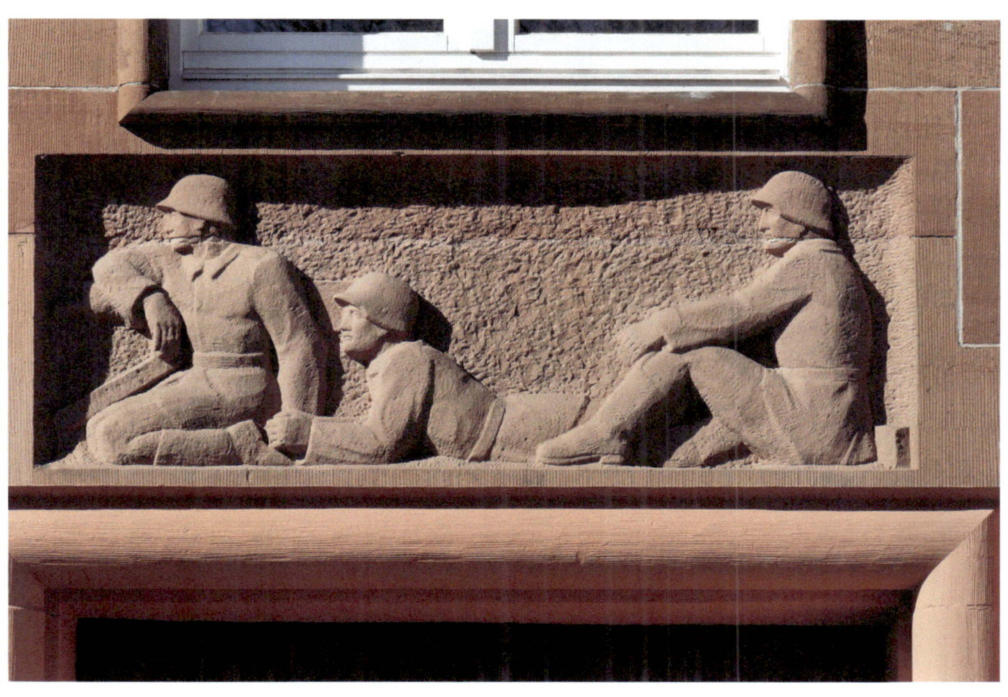

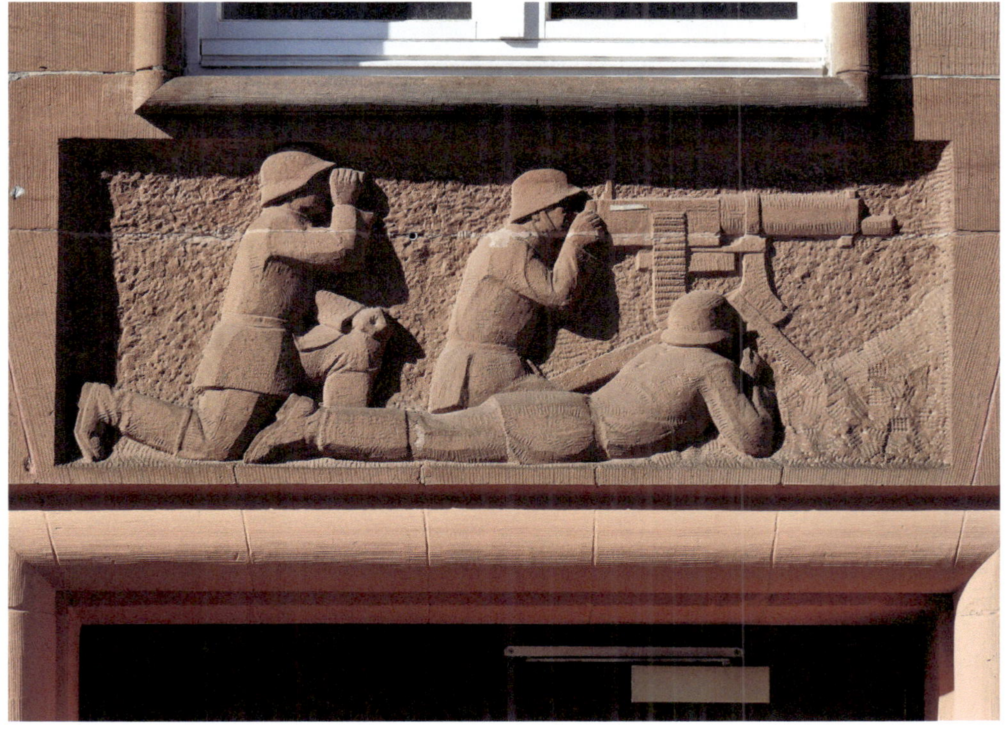

Nr. 29

Gymnasium Philippinum,
Leopold-Lucas-Straße 18, Innenhof
»Der Jüngling«
Kurt Lehmann
1935
Miltenberger Sandstein. Höhe 2,10 m

Die überlebensgroße Skulptur eines nackten Jünglings diente ursprünglich als Schmuck der fensterlosen Südwand der am 15.2.1935 eingeweihten Turnhalle des Gymnasium Philippinum an der Untergasse. Nach der Verlegung der Schule und nach Abbruch aller Schulgebäude wird die Skulptur 1974 in der Leopold-Lukas-Straße an einer zum Pausenhof gewendeten Außenwand der neuen Sporthalle wieder angebracht.
Im Zuge vom Sanierungsarbeiten 2010 wurde die Skulptur erneut abgenommen, von der Firma Paffrath saniert und wetterfest gemacht. Danach fand sie im Innenhof der Schule an einem schmalen Wandstück einen neuen Platz. (H.K.)

»Die Körperhaltung ist kerzengerade, die Haltung des Kopfes aufrecht. Die starr geradeaus blickenden Augen und die ›versteinerte‹, ausdruckslose Mimik lassen das Gesicht leblos erscheinen. Der Kurzhaarschnitt mit Seitenscheitel ist nur angedeutet. Das rechte Bein ist unter Anwinkelung des Knies etwas nach vorne versetzt. Der rechte, eng am Körper liegende Arm ist ab dem Ellbogen bis zu der hohl gekrümmten Faust, mit der Handinnenfläche zum rechten Oberschenkel weisend, gleich der Stellung des rechten Beines, etwas nach vorne verschoben. Das linke Bein wird durch das durchgedrückte Knie als Standbein gekennzeichnet. Die Hüfte ist durch den Kraftschwerpunkt linksseitig etwas abgeknickt. Der Arm ist eng an den Leib geschmiegt, die geschlossene Hand mit dem Handrücken dem Betrachter zugewandt, wird größtenteils durch den linken Oberschenkel verdeckt. Die anatomischen Vorgaben des menschlichen Körpers werden nicht streng mimetisch befolgt. Der Künstler unterzieht den knabenhaften Körperbau einer Stilisierung und formt einen athletischen Idealtypus. Die archaische Statik folgt einer inneren, streng architektonischen Konzeption, die auf Gebärdensprache und Muskelspiel gänzlich verzichtet.« (Julia Seidel)

Kurt Lehmann
Geb. 1905 in Koblenz, gest. 2000 in Koblenz. 1923 Malerlehre in Kassel. 1923–1929 Kunstakademie Kassel. 1930 Rom-Stipendium. 1931–1933 als Bildhauer in Berlin, bis 1940 erneut in Kassel. Nach dem 2. Weltkrieg (Zerstörung von Atelier und sämtlichen Arbeiten) Wiederaufnahme der Bildhauertätigkeit in Kassel. Lehmann gehört zu den ersten Künstlern, die unmittelbar nach Kriegsende wieder mit Ausstellungen in die Öffentlichkeit treten. Seitdem zahlreiche nationale und internationale Kunstpreise. Ab 1949 Professor für Bildhauerei an der Technischen Hochschule Hannover. Wichtige Großaufträge für »Kunst am Bau«-Projekte während des Wiederaufbaus der Stadt. Beschäftigung mit Problemen des Verhältnisses von Skulptur und Architektur.

Literatur:
Chronika ehemaliger Marburger Gymnasiasten. 18/1935 • Lange, Rudolf: Kurt Lehmann. Göttingen 1968 • Gymnasium Philippinum 1527–1977. Festschrift zur 450-Jahrfeier. Hg. v. Albrecht H. Danneberg. Marburg 1977 • Seidel, Julia: Der Jüngling an der Turnhalle des Gymnasium Philippinum. Eine Steinplastik von Kurt Lehmann. In: Chronika ehemaliger Marburger Gymnasiasten. Bd. 5. 21/1992. S. 478–480 • Lange, Rudolf: Kurt Lehmann. Ein Bildhauerleben. Hannover 1995 • Bury, Karin: Der Bildhauer Kurt Lehmann. Das plastische Werk. Ein Beitrag zur Bildhauerkunst des 20. Jahrhunderts. Engelsbach 1995

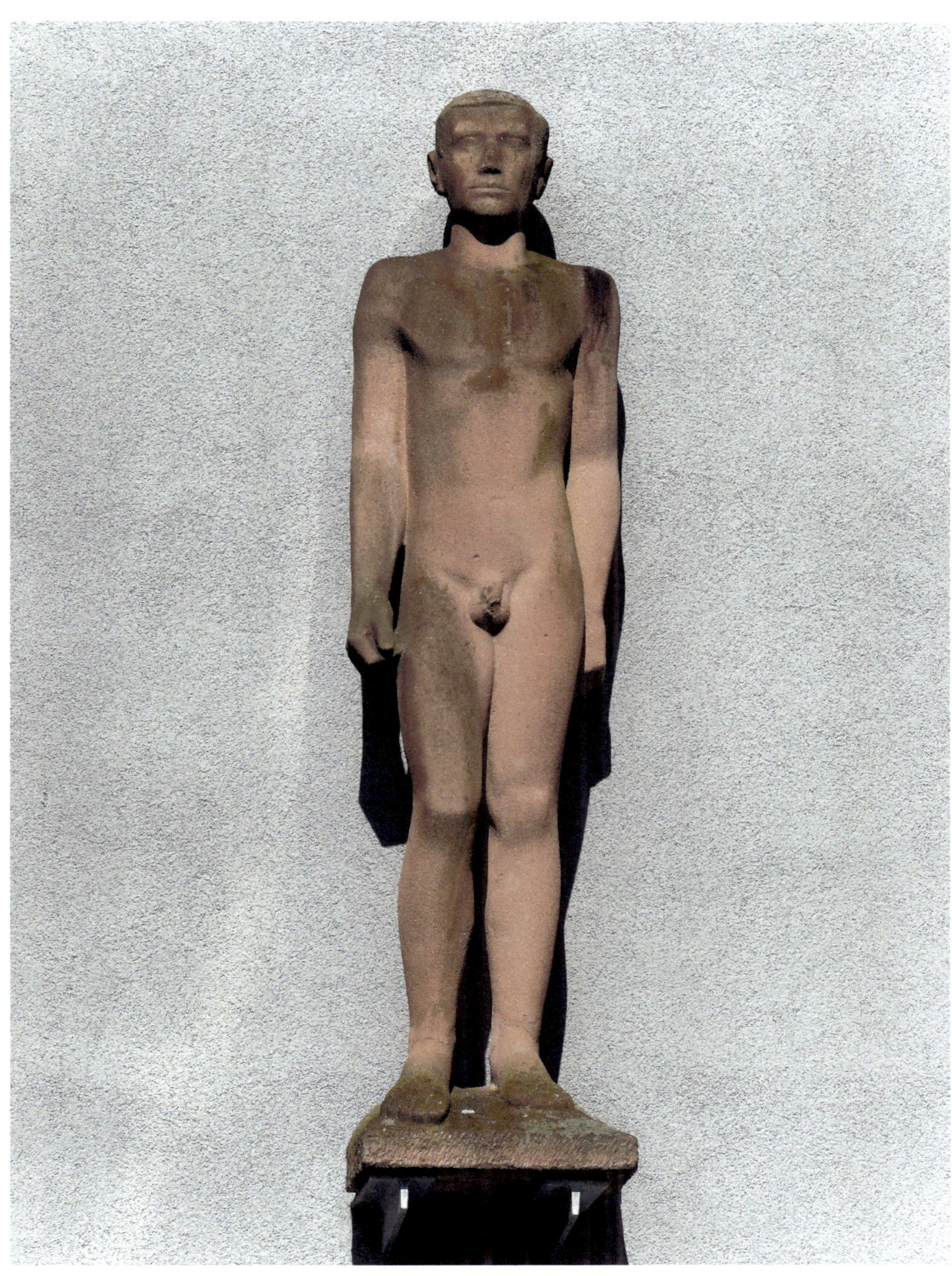

Nr. 30

Zollamt Marburg, Ernst-Giller-Straße 2, Fassade
Rolf Weber
1950
Relief. Farbige Keramik. Ca. 1,00 x 1,80 m

Vier Figuren unterschiedlicher Herkunft stehen aufrecht nebeneinander. Ihre Kleidung und ihre Attribute verweisen sowohl auf ihre Herkunft als auch auf ihre Tätigkeiten. Auf der linken Seite ist ein Chinese mit Hut und Zopf zu sehen, hinter dem chinesisches Porzellan aufgereiht ist. Neben ihm steht, etwas zurückgesetzt, ein Afrikaner mit freiem Oberkörper. Er hat eine Schale mit Obst und eine Bananenstaude vor sich platziert. Am rechten Rand ist ein Chemiker zu sehen, der mit Laborgefäßen hantiert. Seine Fliege weist ihn als Akademiker aus. Neben ihm steht ein Stahlarbeiter in Arbeitskleidung und mit seinem Arbeitsgerät. Die beiden Figurenpaare werden getrennt von einem Warenstapel, den eine Tabakpflanze bekrönt. Unmittelbar und ohne Rahmen in den Putz eingelassen, ist das Relief von dem Wort »Zollamt« unterfangen.
Das Relief schmückt eine Fassade, die durch die spezifische Anordnung verschiedener Architekturelemente eine Kodierung im Sinne der nationalsozialistischen Führerideologie erfahren hat. So sind beispielweise die das Portal flankierenden Parterrefenster zu massiven Blöcken zusammengezogen, so dass sie wie angetretene Truppen erscheinen. Auf andere ursprünglich geplante Elemente wie ein Altan oder doppelte Leuchten zu Seiten des Portals ist im Zuge der Bauausführung verzichtet worden, was den NS-ideologischen Charakter indes kaum zu mildern vermag.
Zu dieser hierarchisch geschlossenen Fassade steht das Relief in einem auffälligen Widerspruch. Die parallel aufgestellten, nur leicht ponderierten Figuren sind so ausgerichtet, dass sie ihre Blicke gleichsam aus der Wand heraus auf den Betrachter auf der Straße richten. Dadurch entsteht ein Beziehungsgefüge, in dem die Dargestellten unterschiedlicher Ethnien, die dargestellten Einheimischen und die Betrachter auf der Straße einander gleich sind. Insofern setzt sich das Relief in Material, Farbe und Inhalt von der dem Gebäude noch innewohnenden Ideologie des Nationalsozialismus ab und entwirft fünf Jahre nach dem Ende der Nazidiktatur eine republikanische Antwort auf die nationalsozialistische Fassade. (U.G.)

Rolf Weber
Geb. 1907 in Görlitz, gest. 1985 in Simmershausen. Nach einer Töpferlehre ab 1926 Studium der Bildhauerei in Berlin. 1930 Diplom als Gewerbelehrer in Jena und Heirat, ab 1931 Lehrtätigkeit an der Kasseler Kunstgewerbeschule. Im Frühjahr 1937 Kauf eines Hauses in Simmershausen bei Kassel, in dem Weber eine Keramikwerkstatt mit drei Beschäftigten einrichtete. 1939 Einziehung zur Wehrmacht und Kriegsdienst, schwere Verwundung. Nach dem Krieg Fortführung der Arbeit als Keramiker, Konzentration auf baukeramische Wandgestaltung. Berufspolitische Funktionen, 1951 Gründung des Bundes Hessischer Kunsthandwerker und Leitung bis 1973. 1981 Bundesverdienstkreuz 1. Klasse. Sein künstlerischer Nachlass befindet sich im Stadtmuseum Hofgeismar.

Literatur:
Geese, Uwe: Something to declare. Bemerkungen zum Relief am Marburger Zollamt. Marburg 2018 • Conrad, Till: Kritik an kolonialen Denkstrukturen. In: Oberhessische Presse, 2.2.2018 • Geese, Uwe: Der Deutungsstreit um das Relief am Marburger Zollamt. Marburg 2021

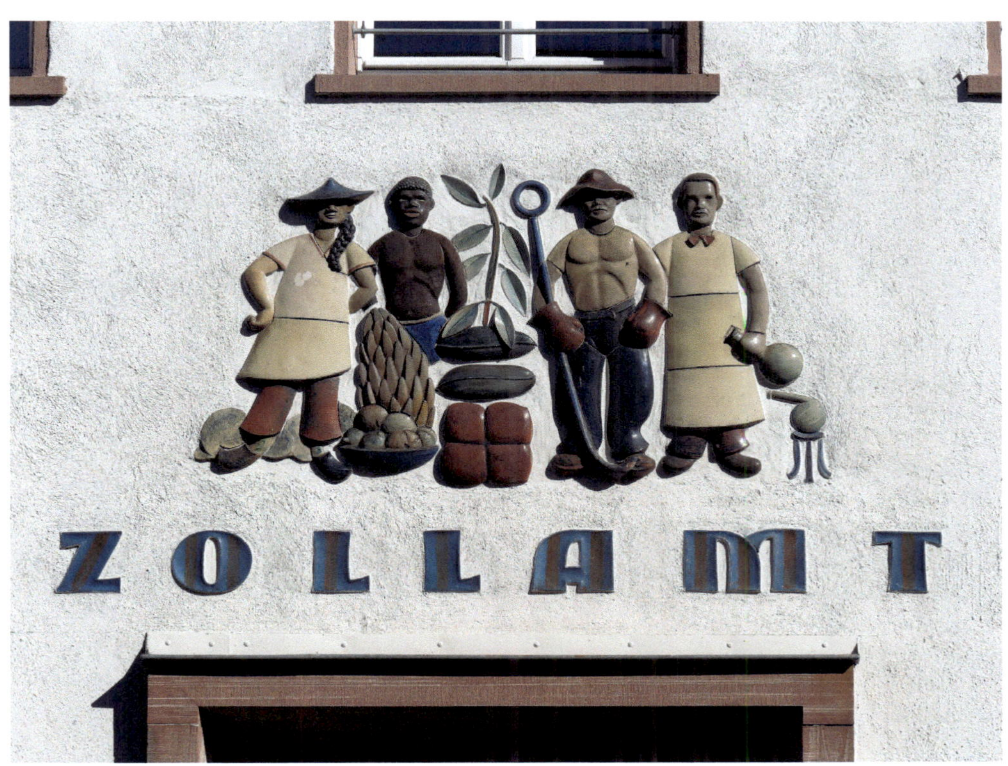
ZOLLAMT

Nr. 31

Waldschule Wehrda, Lärchenweg 29
Joachim Spies
2 Reliefs. Beton, bemalt: schwarz, weiß, hellgrau, dunkelgrau, blau
Erdgeschoß 1. Bauabschnitt
1959
2,20 x 7,90 m
Stützmauer des Schulhofes 2. Bauabschnitt
1968
2,80 x 19,50 m

Das Relief des 1. Bauabschnittes bricht mit drei geradlinig begrenzten Einziehungen die Wandfläche nach hinten auf und lässt eine augenscheinlich dahinterliegende zweite Ebene sichtbar werden.
Die komplexere Gestaltung der Stützmauer des 2. Bauabschnitts löst geometrische Grundelemente aus einer kontinuierlich durchlaufenden Rückwand heraus. Durch das Vor- und Zurücktreten der dekorativen dreidimensionalen Ornamentik wird die Mauer zu einer mehrschichtigen vertikalen Landschaft, deren Ebenen farbig voneinander abgesetzt sind. Das bei beiden Reliefs dominierende Blau entspricht der Farbgestaltung einiger Architekturelemente der umgebenden Schulgebäude. (H.K.)

Joachim Spies
Siehe Nr. 23

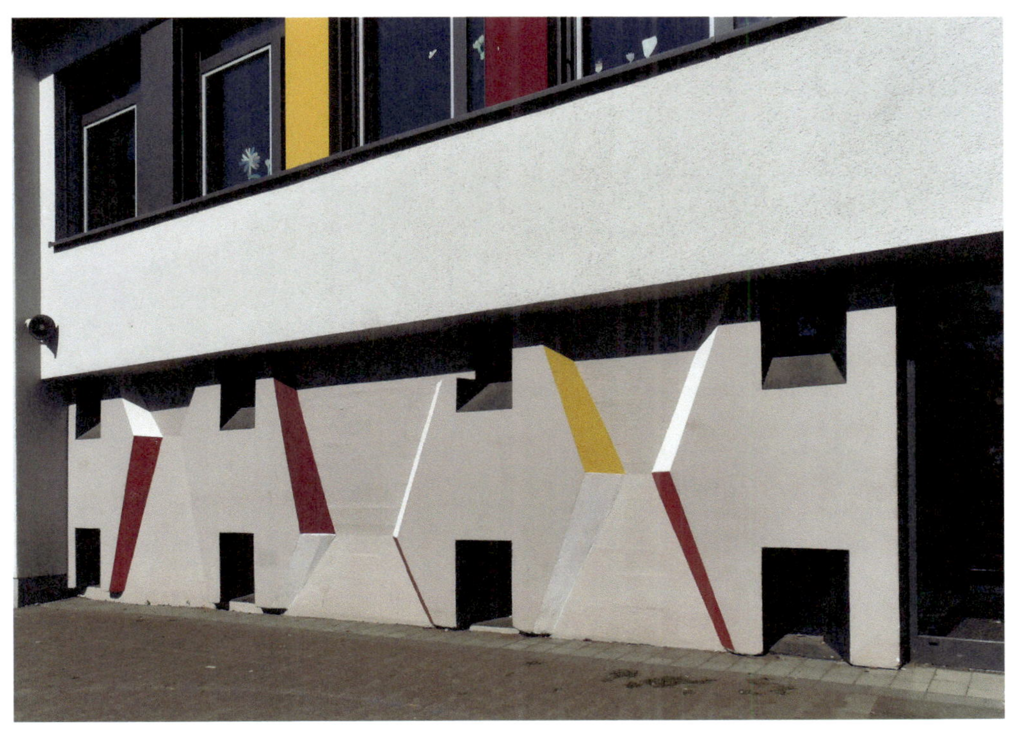

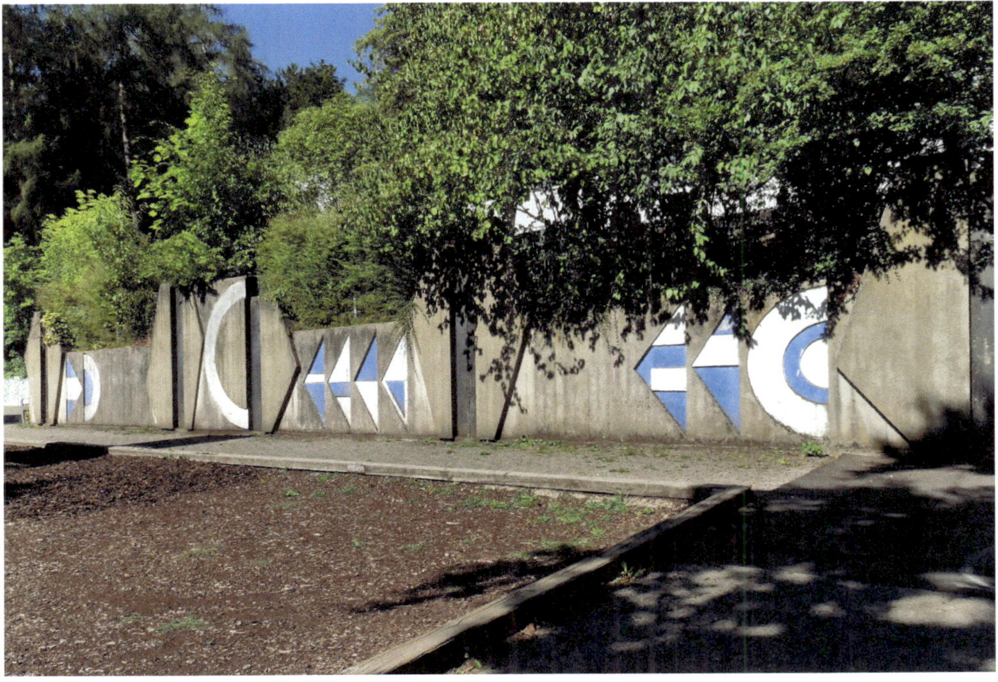

Nr. 32

Justizgebäude, Universitätsstraße 48
Günther Berger
1961
Relief. Beton. Höhe 0,80 m, Gesamtlänge 11,70 m

Das Tiefrelief als Ergebnis eines Wettbewerbs zur künstlerischen Ausgestaltung des Neubaus nach dem »Kunst am Bau«-Gesetz läuft als Ornamentstreifen in 1,20 m Höhe über die halbe Länge der rechten Wand der Durchfahrt im Unterbau des Schwurgerichtssaales und biegt mit einem 3,70 m langen Teilstück auf die Stirnwand um. Hier sind die traditionellen Justizsymbole Waage und Schwert in den formalen Ablauf des Ornaments einbezogen. Die Vertiefungen des Reliefs sind unmittelbar aus der grau durchgefärbten Betonwand herausgearbeitet und nicht – wie allgemein üblich – als Negativformen im Gussverfahren hergestellt. (H.K.)

Günther Berger
Geb. 1929 in Theresienfeld (Tschechien), gest. 2014 in Frankfurt/M. 1946–1950 Fachschule für Holzschnitzen in Bischofsheim. 1950 Werkkunstschule Würzburg. 1950–1957 Städelschule, Frankfurt/M. Eisenplastiken ab 1960. 1974–1979 Dozent an der Städelschule. Tätig in Frankfurt/M. Zahlreiche Arbeiten im öffentlichen Raum, vor allem in Hessen.

Literatur:
Staatlicher Hochbau in Hessen. Hg. v. Erhard Persicke. Wiesbaden 1962

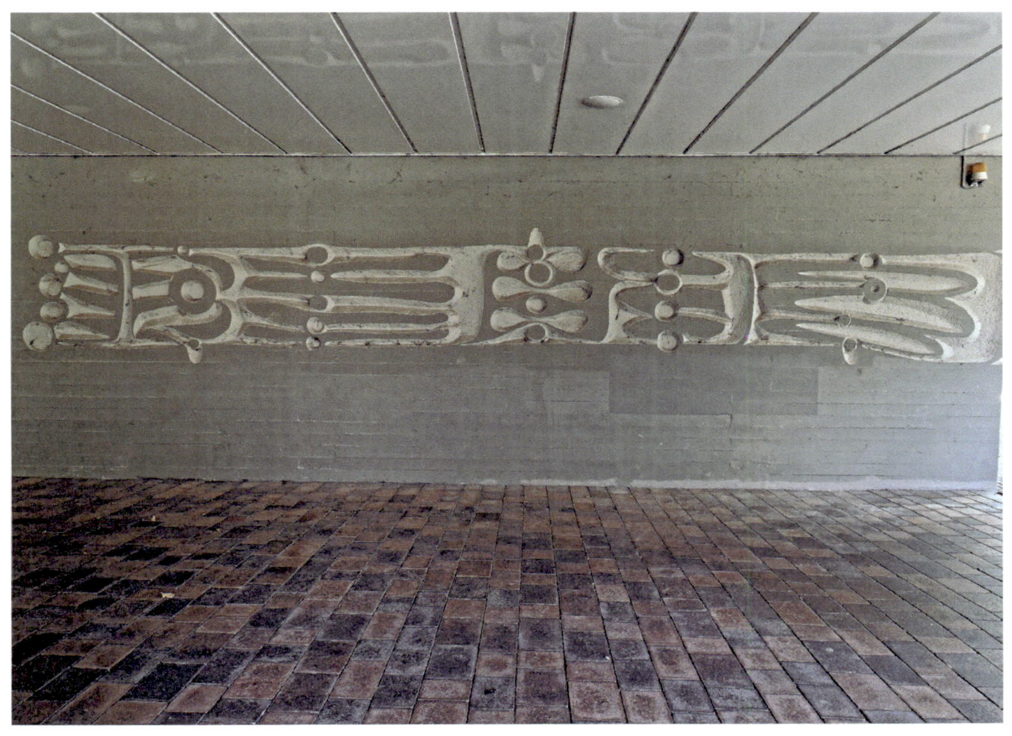

Nr. 33

Studentenhaus Marburg (Mensa),
Haupteingang
Hermann Tomada
1963
Relief. Eisenbeton. 6,80 x 5,60 m

Der Auftrag an den Künstler bestand darin, die Wand über dem Haupteingang der Mensa dynamisch zu gestalten, um den Blick von dem Knick in der Fluchtlinie der beiden Brücken abzulenken, der grundstücksbedingt nicht vermieden werden konnte. (H.K.)

Hermann Tomada
Geb. 1907 in Höchst/Odenwald, gest. 1990 in Darmstadt. Ab 1911 in Köln ansässig. 1938–1944 Studium Malerei und Bildhauerei an der Werkkunstschule Köln. 1945–1949 freiberuflich tätig als Maler und Bildhauer. 1949–1956 Assistent an der Technischen Hochschule Darmstadt, Lehrstuhl für Freihandzeichnen und angewandte Plastik. Ab 1956 freier Maler und Bildhauer in Darmstadt. U. a. Mitglied der Neuen Darmstädter Sezession. Mehrere internationale Auszeichnungen und Preise. Seit 1945 Einzel- und Gruppenausstellungen im In- und Ausland.

Literatur:
Oberhessische Presse, 22.10.1963 • Maass, Max Peter: Hermann Tomada. Darmstadt 1973 • Runge, Wolfgang H.: Hermann Tomada – Plastiken und Reliefs. Kunsthalle Darmstadt 1988 • Tomada, Herrmann: Ich wünschte ich könnte nachts auf ein Tonband denken. Darmstadt 1989

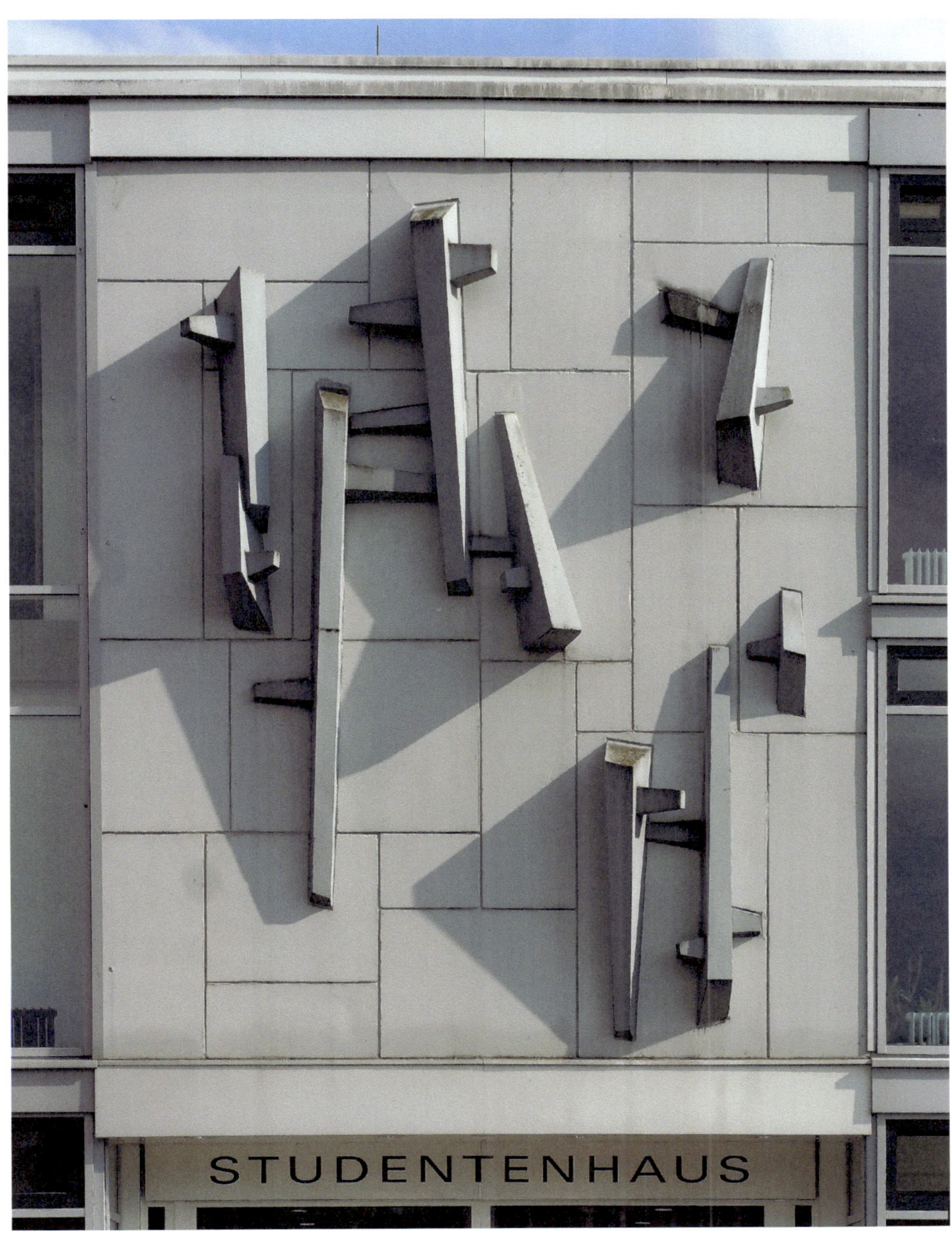
STUDENTENHAUS

Nr. 34

Schubertstraße 16
Pferd und Mann
Joachim Spies
1964
Relief. Sandstein. 1,22 x 1,49 m

Vor rauem, nicht weiter differenziertem Reliefgrund ist im Profil nach links ein Pferd dargestellt. Ihm gegenüber steht im Gegenprofil ein Mann, der sich mit dem rechten angewinkelten Unterarm dem Pferd zuwendet. Sie stehen auf einer das ganze Querformat ausfüllenden Konsole, die die Jahreszahl 1964 trägt. Beide Häupter sind so erhoben, dass sie sich auf gleicher Höhe gegenüberstehen und beide sich anblicken.
In dem stark archaischen Duktus sind kaum anatomische Merkmale aufgeführt, so wirkt der angewinkelte Unterarm des Mannes mit seinen langen, schmalen Fingern eher geometrisch denn naturalistisch. Ähnlich zeigen sich der Hals des Pferdes mit Kopf und Mähne. Dem stehen die mit Ansätzen zur anatomischen Differenzierung ausgeführten Beine des Pferdes entgegen, so dass sich hier eine widersprüchliche künstlerische Haltung offenbart. (U.G.)

Joachim Spies
Siehe Nr. 23

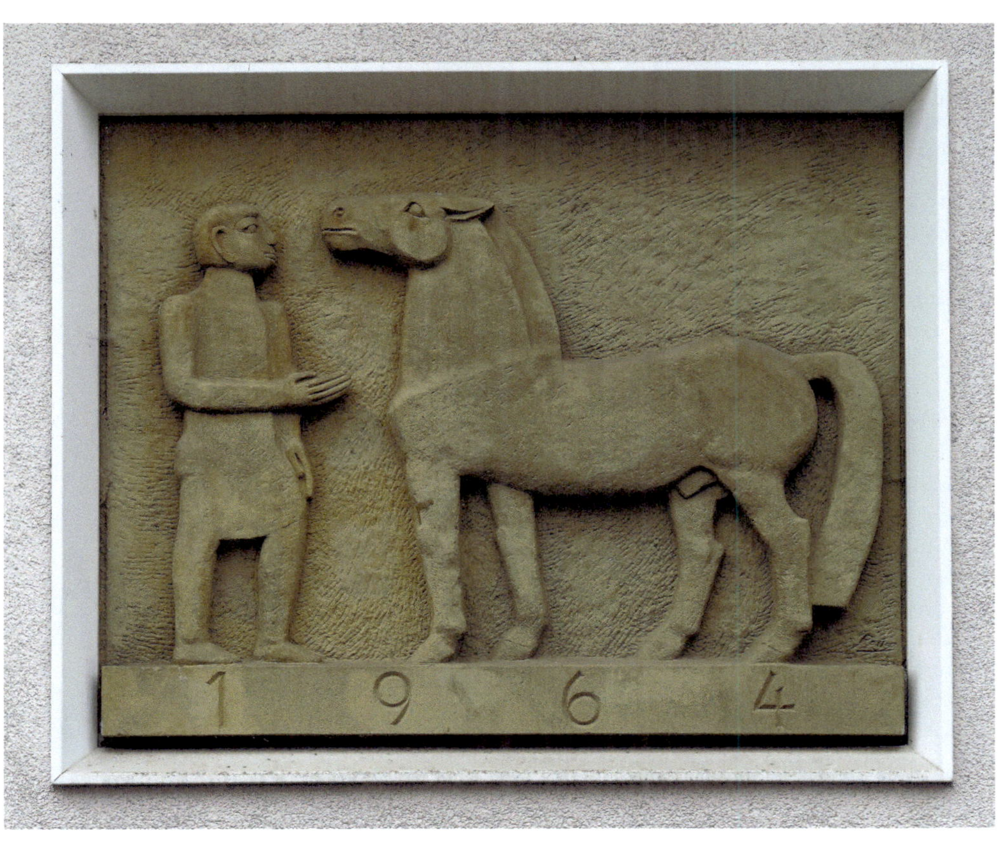
1 9 6 4

Nr. 35

Wohnheim UKGM Marburg,
Wilhelm-Röpke-Straße 8
Ernst Dostal
1966
Relief. Beton. Höhe 2 m, Gesamtlänge 17,50 m

Das Wandrelief umgreift an drei Seiten den Vorbau des Erdgeschosses. Es besteht aus einzeln gegossenen, unregelmäßig geformten Leichtbetonelementen, die als Hochrelief vor die Rückwand gesetzt sind.
Der Wettbewerbsauftrag von 1965 sieht vor, nur die Stirnwand des Vorbaus künstlerisch zu gestalten. Zu diesem Zweck plant Dostal eine Reliefverkleidung mit 10 cm starken Travertinplatten. Der Grund zwischen den hohen Reliefformen soll mit dem Spitzeisen streifig herausgespitzt werden. Nachdem das Preisgericht dem Entwurf grundsätzlich zustimmt, wird jedoch die Ausführung davon abhängig gemacht, dass auch die Seitenwände des Vorbaus in die Gestaltung einbezogen werden, ohne dass gleichzeitig die finanziellen Mittel für die Realisation erhöht werden. So wählt man als weniger kostspieligen Werkstoff Leichtbeton. Der Auftrag lautet nun auf Erstellung von »Betonreliefs, die in einzelnen Teilen mit Abstand vor der Sichtbetonwand zu montieren sind, ein Relief, das praktisch in einer zweiten Ebene vor der Wand sitzt.«
Anfang Dezember 1966 werden die Betonteile der Stirn- und linken Seitenwand montiert, im April des folgenden Jahres die Verkleidung der rechten Seitenwand. (H.K.)

Ernst Dostal
Geb. 1921 in Brünn, gest. 1973 in Altenbach. 1941 Lehrerbildungsanstalt in Brünn. 1945 Kriegsdienst. 1946/47 Arbeit bei einem Holzbildhauer in Tauberbischofsheim. 1947/48 Kunstgewerbeschule Wiesbaden. 1948–1955 Staatliche Hochschule für bildende Künste (Städelschule) in Frankfurt/M. 1954 Stipendium des Kulturkreises im BDI. 1955 Rom-Stipendium des DAAD. 1956 Rom-Stipendium des italienischen Staates. 1957 Stipendium der Villa Massimo. Gruppen- und Einzelausstellungen. Öffentliche Auftragsarbeiten in Hessen. In Wiesbaden als Kunsterzieher und Bildhauer tätig.

Literatur:
Ausst.-Kat. Rückschau Villa Massimo Rom 1957–1974. Staatliche Kunsthalle Baden-Baden 1978

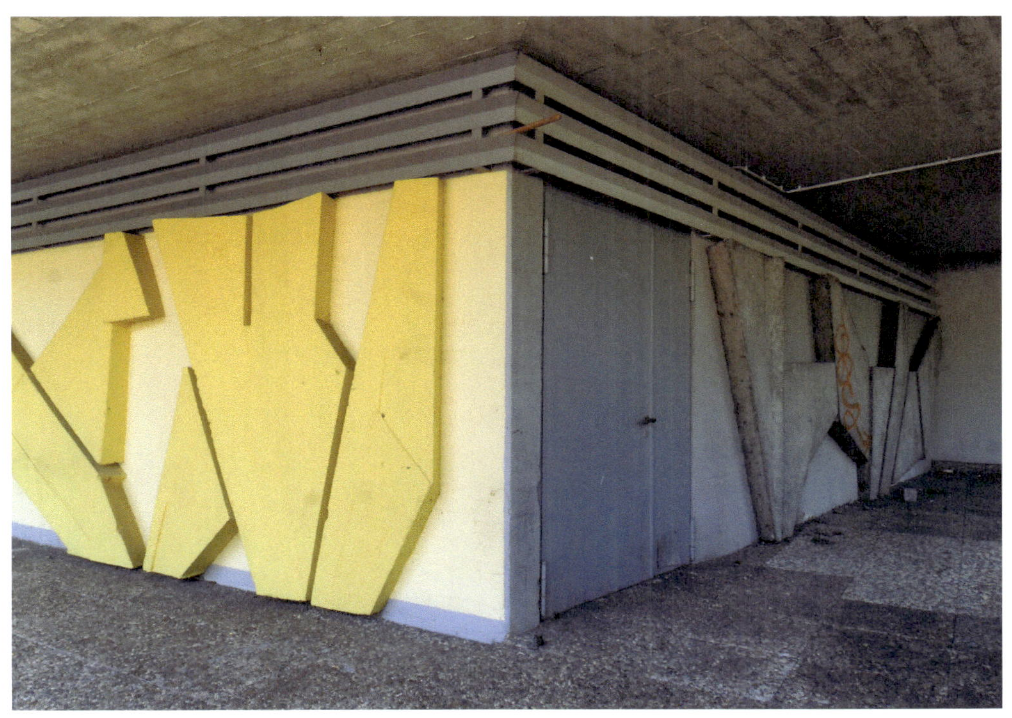

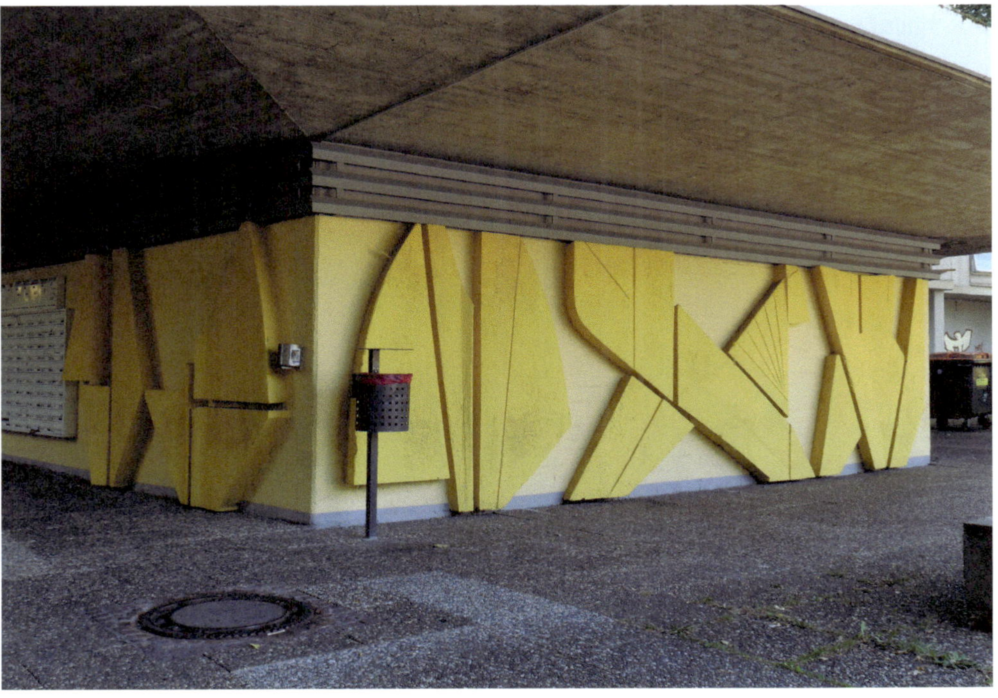

Nr. 36

Bundesvereinigung Lebenshilfe e.V.,
Institut in*Form*, Raiffeisenstraße 18
»Tag-Nacht-Derwisch«
Holger Frischkorn
2004
Eisenblech, 6 mm, gehämmert, schwarz gefärbt. 2,75 x 1,25 m. Plakette: »Holger Frischkorn / Atelier Goldstein der Lebenshilfe Frankfurt / Tag-Nacht-Derwisch / (September 2004) / Ein Geburtstagsgeschenk für Dr. Bernhard Conrads«

Das Geburtstagsgeschenk für den Bundesgeschäftsführer der Bundesvereinigung Lebenshilfe zeigt eine scheinbar vor der Wand schwebende Gestalt, die sich mit den Mitteln der klassischen Figurenbetrachtung wie Standmotiv, Kontrapost oder Ponderation nicht erfassen lassen will. Es fehlen die Füße, die Arme zeigen sich eher formlos und ungestalt, die Beine disproportional. Der Körper wird beherrscht von einem überdimensionierten Haupt mit einer Kappe, deren Schild nach hinten gedreht ist. Das Inkarnat ist durch ein Gitternetz dargestellt.
Dem Fehlen kunstgeschichtlicher Kategorien entspricht, dass die Figur der Art Brut angehört, einer Gruppe von Kunstwerken, deren Bezeichnung 1945 durch den französischen Künstler, Philosophen und Kunsttheoretiker Jean Dubuffet gefundenen wurde. Sie verweist darauf, dass es sich um eine Kunst handelt, die ursprünglich und unverfälscht ist, die roh ist und ohne Voraussetzungen. Sie stammt von Menschen mit kognitiver oder psychischer Beeinträchtigung.
Der beigefügten Beschriftung lässt sich entnehmen, dass das Bildwerk in der Werkstatt des Ateliers Goldstein der Frankfurter Lebenshilfe entstanden ist. Hier arbeitet eine Gruppe von Künstlern, unter denen Holger Frischkorn hauptsächlich eine großflächig augenfällige Malerei auf Leinen oder Baumwolle fertigte. Heute gehört er dem Atelier nicht mehr an. Die Arbeiten des Ateliers Goldstein sind so qualifiziert, dass einige von ihnen 2022 zur documenta 15 in Kassel gezeigt wurden. (U.G.)

Holger Frischkorn
Geb. 1974 in Frankfurt/M., wo er auch heute lebt. Seit 2005 Teilnahme an mehreren Ausstellungen in Deutschland, China, England, Belgien und in den Niederlanden.

Weblink:
https://www.atelier-goldstein.de/kuenstler/holger-frischkorn/

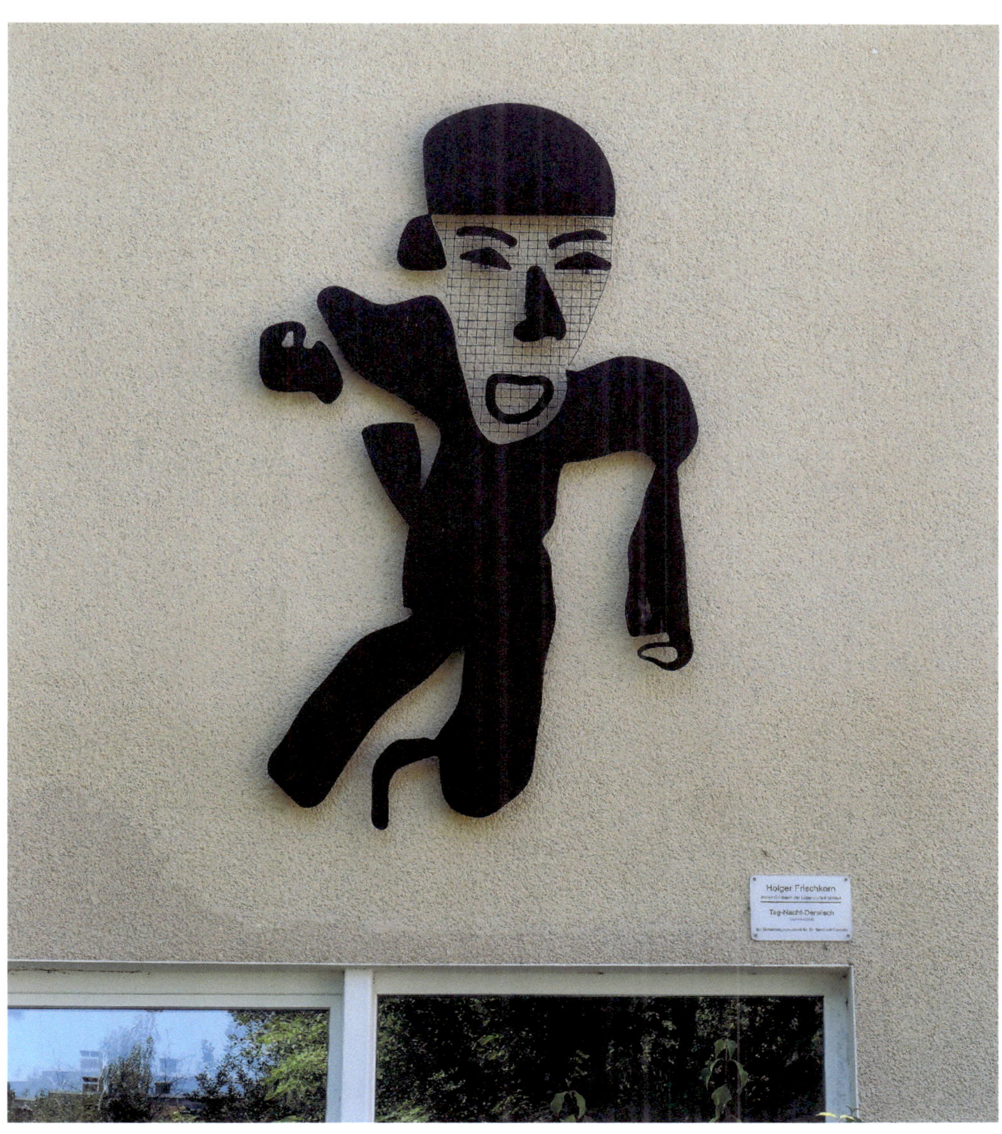
Holger Frischkorn
Tag-Nacht-Derwisch

Nr. 37

Kaiser-Wilhelm-Turm, Lahnberge
»Siebensiebenzwölfnullsieben«
Helmi Ohlhagen
2007
Neon. 8 x 8 m

Siebensiebenzwölfnullsieben verweist auf das wahrscheinliche Geburtsdatum der Heiligen Elisabeth am 7. Juli 1207. Zu ihrem 800. Geburtstag im Jahr 2007 projektiert die Universitätsstadt Marburg ein Lichtkunstkunstwerk, welches das ganze Jubiläumsjahr hindurch per Telefonanruf zum Leuchten gebracht werden solle. Das Groß-Neon ist künstlerisch von den schmiedeeisernen Ornamenten des Portals der gotischen Elisabethkirche in Marburg inspiriert. Im Jubiläumsjahr leuchten die äußeren Neonsysteme durch einen Anruf bei der kostenpflichtigen Telefonnummer 09005.771207 auf. Die Nettoeinnahmen durch die Gebühren kommen zu 100 Prozent gemeinnützigen Einrichtungen zugute. Anders als geplant, wurde Siebensiebenzwölfnullsieben auf Wunsch der Bürgerinnen und Bürger nicht demontiert und kann noch heute über eine Telefonnummer aktiviert werden. (U.G.)

»Helmi Ohlhagens (...) Lichtobjekt erforderte in der Herstellung äußerste Präzision, wobei die Firma biber-neon aus Bebra ihr Bestes gab. Die mit dem Mund geblasenen Lichtrohre liegen in unterschiedlicher Höhe und Stärke jeweils auf Aluwannen auf, die ihrerseits von einem Stahlgerüst getragen werden. Im Falle der aufrecht stehenden Pflanzenranke wurde die Wanne violett lackiert. Bei der aus gelben Lichtrohren bestehenden Herzform wurde sie tiefrot lackiert mit dem Effekt, dass hier ein zinnoberrotes Leuchten entsteht. Diese Farbe und dieses Licht verändern sich je nach Distanz des Betrachters. In der Nahsicht stellt sich ein warmer Lichteindruck ein. Auf größere Entfernung gesehen, zum Beispiel auf 2 Kilometer Luftlinie hinüber zur Stadt, dominiert eher ein kühleres Rot, da das gelbe Licht nicht so weit durch die Luftschichten hindurch dringt. Im bewussten Gegensatz zu der aufgerichteten violetten Blattranke, die immer strahlt, kommt das Herz nur bei Anruf zum Leuchten, strahlt allmählich ›wie ein langer Atemzug‹ (Helmi Ohlhagen im Gespräch), um dann nach dem Ende des Telefonats ebenso langsam wieder zu verglimmen. Diese Verzeitlichung des Lichtes *ist Helmi Ohlhagen wichtig und sie ist es auch, die eine erste Brücke zu ihren Bildern schlägt.«* (Christa Lichtenstern)

Helmi Ohlhagen
Geb. 1967 in Hannover. 1986–1987 Praktikum bei der Behrens GmbH Bilderrahmen und Buchwerkstatt, Hannover. 1987–1995 Studium Kunstgeschichte, Grafik und Malerei sowie Medienwissenschaft in Marburg. 1997–2007 Lehrbeauftragte an der Philipps-Universität Marburg. 1998–2005 Lehrbeauftragte an der Justus-Liebig-Universität Gießen. 2002–2006 Werkstattleiterin für Druckgrafik am Fachgebiet Grafik und Malerei der Philipps-Universität Marburg. 2004 Kunstpreis der Stadt Limburg für Malerei. Seit 2007 wissenschaftliche Angestellte und seit 2019 außerplanmäßige Professorin am Institut für Bildende Kunst der Philipps-Universität Marburg.

Literatur:
Das Marburger Lichtkunstwerk Siebensiebenzwölfnullsieben von Helmi Ohlhagen. Mit Texten von Susanna Kolbe und Christa Lichtenstern. Marburg 2007 • Gimbel, Karl Heinz: Der Marburger Kaiser-Wilhelm-Turm. Marburg 2012

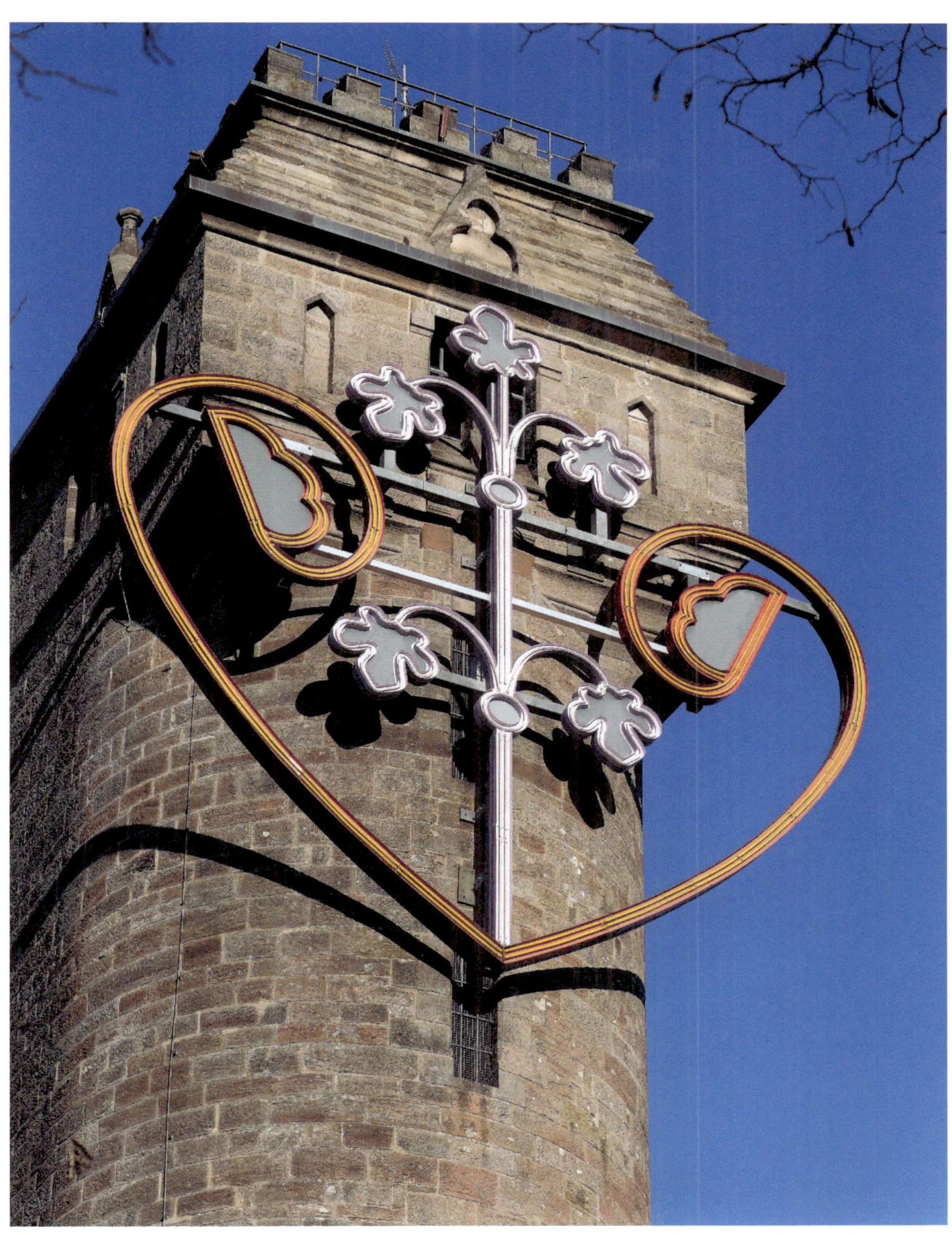

Nr. 38

Schlossberg, nördliche Bastion
»Tor zum Wachterker«
Entwurf: Erhardt Jakobus Klonk
2011
Verzinktes Stahlblech
Ausführung: Alexander Ahlberg,
Bauschlosserei Böckler

Auf Initiative von Baudirektor Elmar Brohl begann 1975 in Marburg die Wiederfreilegung der Mauern und Kasematten rund um das Landgrafenschloss. So wurde auch die nördliche Bastion unterhalb des Hexenturms weitgehend wieder aufgebaut, restauriert und sichtbar gemacht. Der Künstler Erhardt Jakobus Klonk aus Wetter/Oberrosphe entwickelte 2010 in Absprache mit Landeskonservator Udo Baumann das Konzept für eine künstlerische Gestaltung. Es sah ein »Tor zum Wachterker« vor, eine »Plattform als Ausguck nach beiden Seiten« und auf deren Spitze eine »hochragende flache Plastik, die als flatternde Fahne oder aufsteigende Flamme« gesehen werden kann. (G.P.)

Erhardt Jakobus Klonk
Geb. 1932 in Marburg, gest. 2024. 1950–1958 Ausbildung als Maler und Glasmaler an der Kunstakademie Düsseldorf und Abschluss mit der Meisterprüfung. 1954 erste Aufträge als freier Maler. 1959–1970 Zusammenarbeit mit seinem Vater, dem Glasmaler Erhardt Klonk (1898–1984), in der gemeinsamen Werkstatt in Marburg. Seit 1970 eigenes Atelier in Wetter/Oberrosphe. Schwerpunkt seiner Arbeit ist die Glasmalerei für Kirchen und öffentliche Gebäude im In- und Ausland. Neben der Glasmalerei schuf er auch Holzschnitte, Zeichnungen, Gemälde und Wandmalerei.

Literatur:
Neuer Ausguck vom Hexenturm. Künstler Klonk entwarf Gestaltung. Plattform als »Tor zum Wachterker«. In: Oberhessische Presse, 28.12.2011.

Weblink:
https://www.das-marburger.de/2011/12/neugestalteter-ausguck-auf-die-spitze-der-halbbastion-am-hexenturm

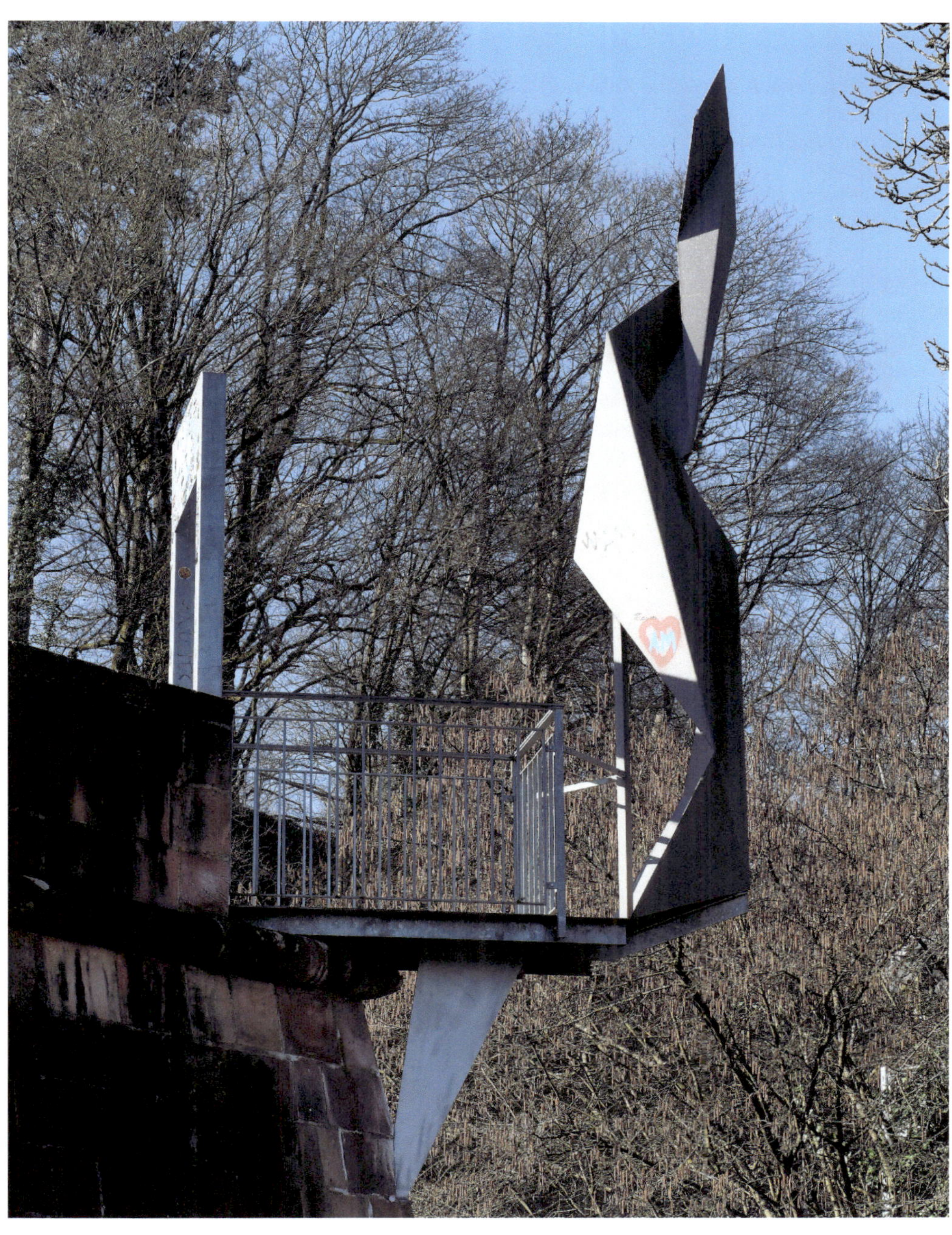

Nr. 39

Universitätskirche, Außenwand Kornmarkt
»Sterntaler«
Doris Conrads, Florian Conrads
2012
Lichtkunstwerk. Metall, Glas, Kunststoff, LED-Lichtleiste. 3,50 x 2,33 m

Im Jahr 2012, dem 200-jährigen Jubiläum der Kinder- und Hausmärchen der Brüder Grimm, wurde das Lichtkunstwerk nach einer Illustration von Otto Ubbelohde an der Außenwand der Universitätskirche installiert. In hochwertiges Glas wurde mit Sandstrahltechnik das Sterntaler-Mädchen gefräst. Eine animierte LED-Lichtleiste und gesteuerte Elektronik bringen auf Knopfdruck das Sternbild »Sieben Schwestern« (NASA-Fotografie) zum Strahlen und zeigen den Fall einer Sternschnuppe in das hochgehaltene Hemdchen des Sterntaler-Mädchens.
Das Lichtkunstwerk ist Teil des 2009 eröffneten »Grimm-Dich-Pfads« in der Marburger Altstadt. (G.P.)

Doris Conrads
Geb. 1949 in Würzburg. 1973–1979 Studium bei Raimer Jochims an der HSBK Frankfurt/M. (Städelschule). Seit 1983 Lehrbeauftragte am Institut für Bildende Kunst der Philipps-Universität Marburg. Als freie Künstlerin mit Atelier in Marburg beschäftigt sie sich durchweg mit Himmelsphänomenen. Teilnahme an zahlreichen Ausstellungen im In- und Ausland.

Florian Conrads
Geb. 1978 in Frankfurt/M. Studium an der University of Portsmouth. Lebt als Kommunikationsdesigner in Berlin und ist auch durch seine künstlerischen Fotoarbeiten bekannt.

Literatur:
Doris Conrads. Himmelslandschaften. Malerei, Zeichnung, Fotografie 2003–2013. Marburg 2013

Weblinks:
https://www.dorisconrads.de/ • Florian Conrads: https://www.fc-fotografie.de/

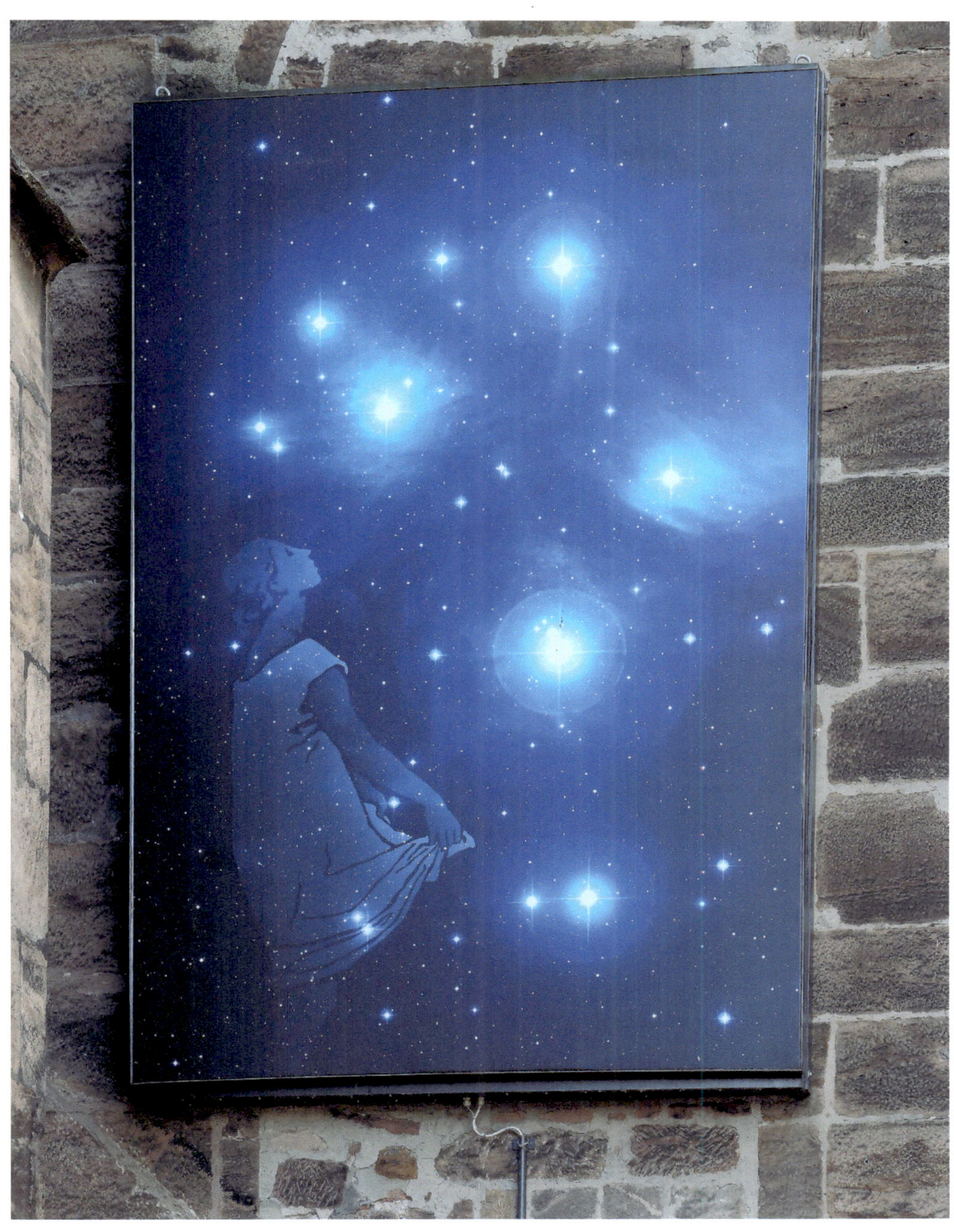

Nr. 40

AOK, Rollwiesenweg 1, Eingangsbereich
Künstler und Entstehungsjahr unbekannt
Relief, 8-teilig. Gips.
Rechte Seite: 4 Bildreliefs, je 55 x 66 cm + 4 Zwischenstücke; linke Seite: 2 Bildreliefs, 55 x 60 cm, 55 x 78 cm

Passend zum Gebäude der »Gesundheitskasse« formieren sich vier figürliche Reliefplatten, unterbrochen von ornamentalen Zwischenstücken, beiderseits der Eingangszone zu einem Fries mit Szenen aus dem krankenpflegerischen Alltag. Dargestellt sind ein Patient, von einer Pflegerin im Rollstuhl gefahren, das Abwiegen und Austeilen von Arzneimitteln sowie die Behandlung eines Patienten durch einen Arzt und zwei Pflegerinnen. Besonders letztere Szene, die mit ihrer personalintensiven Zuwendung inzwischen wenig mit der aktuellen Realität im Pflegewesen zu tun hat, macht den Fries zu einer nostalgischen Reminiszenz an vergangene Tage der Krankenversorgung. (H.K.)

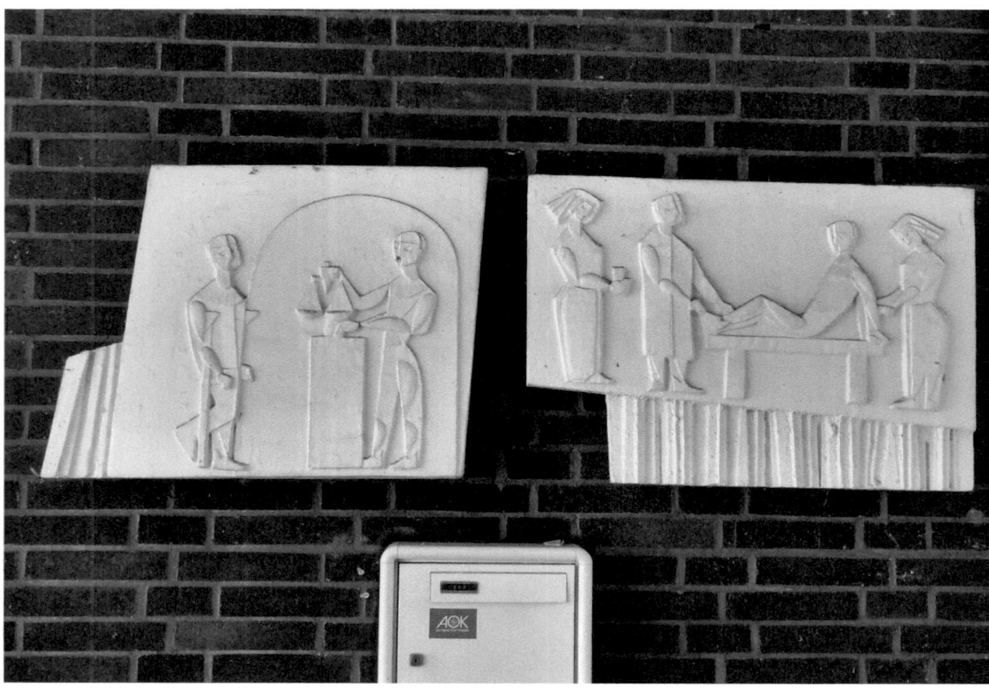

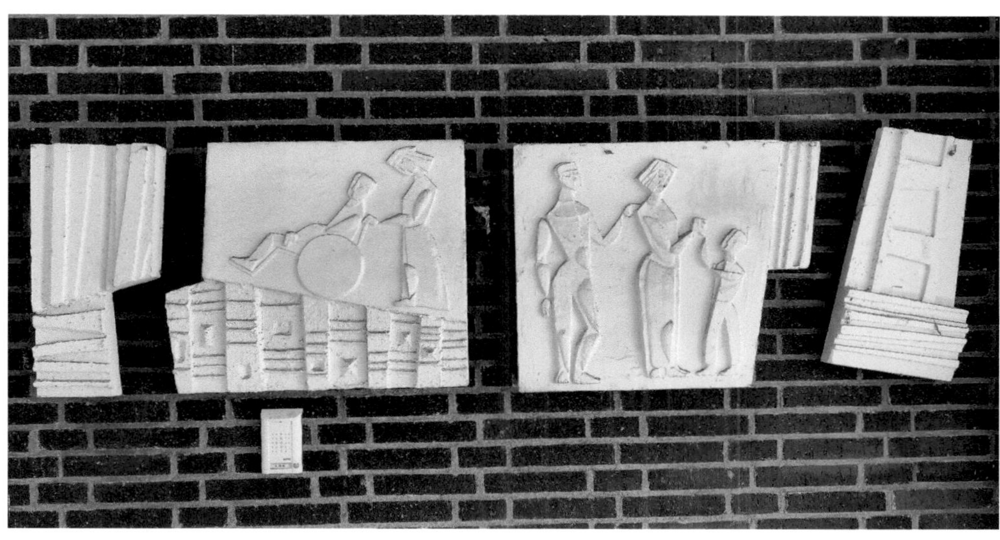

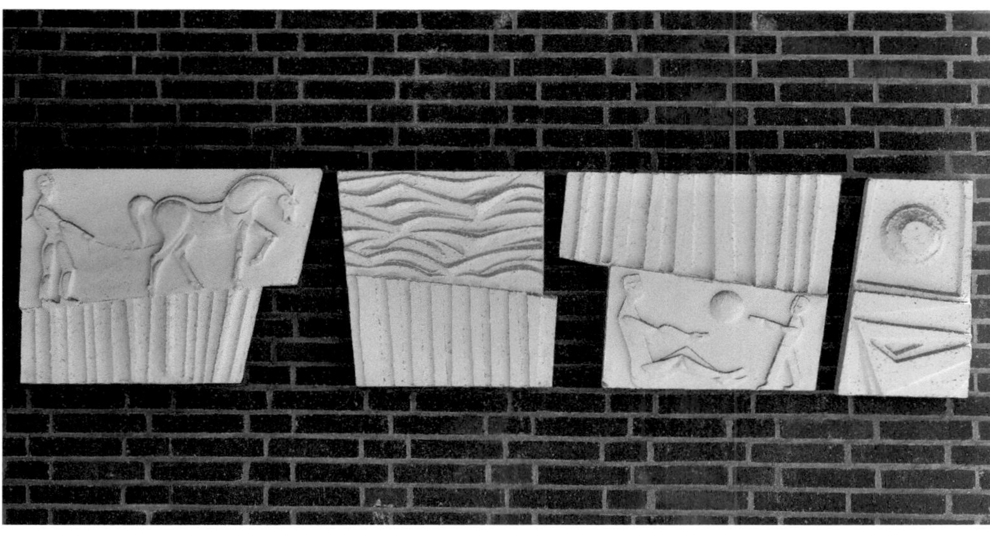

2. Architekturgebundene Werke

2.2. Innenbau

Nr. 41

Elisabethschule, Leopold-Lucas-Straße 5,
Treppenhaus 1. Obergeschoss
Heilige Elisabeth
Kurt Lehmann
1934
Bronze. Höhe 92 cm. Sign. Standplatte
hinten links: »Kurt Lehmann 1934«

Kurt Lehmann zeigt die Heilige in langem, bis zum Boden reichendem Gewand und mit Kopftuch. Er nimmt einige Motive mittelalterlicher Kleidung auf, ohne die Mode der Zeit adaptieren zu wollen. Die Schlichtheit der Kleidung soll vielmehr auf die Bettlertracht hinweisen, die die Landgrafenwitwe nach ihrer Trennung vom Hofe und dem sozialen Abstieg zur karitativen Hilfeleistung getragen hat. In ihrer linken Hand trägt Elisabeth ein als Bibel zu deutendes Buch, ihre rechte ist im Spendengestus, eine Gabe darreichend, den Betrachtenden zugewandt. Die Plastik wurde vom damaligen Direktor Willy Hoernecke zum 50-jährigen Jubiläum der Schule gestiftet. Geschaffen für die 1934 renovierte Aula des Elisabeth-Lyzeums in der Universitätsstraße, wird sie 1957 in den Neubau der Schule übernommen. (H.K.)

Kurt Lehmann
Siehe Nr. 29

Literatur:
Festschrift 1879–1979 Elisabeth Schule Marburg. Marburg 1979 • Kasseler Presse, 7.10.1934

Weblink:
https://elisabethschule.de/index.php?id=298

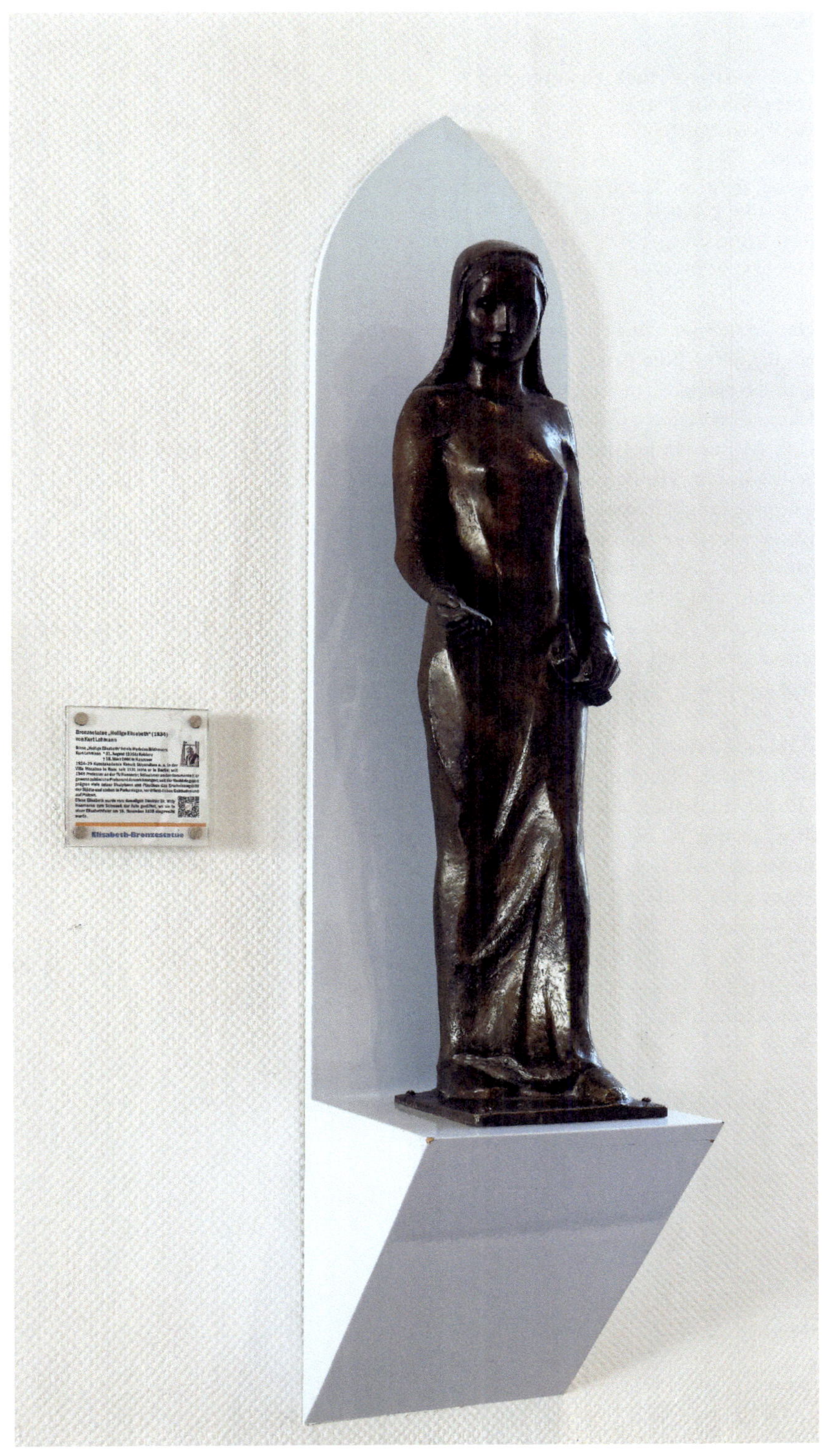
Bronzestatue „Heilige Elisabeth“
von Kurt Lehmann
Elisabeth-Bronzestatue

Nr. 42

Carl Duisberg-Haus, Gisonenweg 2,
Treppenhaus West
Walther Wolff
1936
Relief. Bronze. 84 x 126 cm. Inschrift: »FEST-STEHEN IMMER – STILLSTEHEN NIMMER«.
Bez. Rand links: »GUSS Heinze u. Barth«.
Sign. rechts: »WALTHER WOLFF 1936«

Die Szene verherrlicht als ein antiquiertes Symbol die körperliche Arbeit zu einem Zeitpunkt, an dem die dargestellten Tätigkeiten längst durch Maschineneinsatz weitgehend abgelöst worden sind: Fünf Männer in heroischer Nacktheit sind damit beschäftigt, in Handarbeit ein Gebäude zu errichten. Als einziges Hilfsmittel stört eine Maurerkelle die werkzeuglose Baustelle. Nach rechts wird eine Mauer aus Hausteinen errichtet, während sich im Zentrum drei Personen mit der Aufstellung eines kannelierten Säulenschaftes abmühen. Die aufmunternde Überschrift zitiert eine populäre Devise des Schriftstellers Johannes Trojan (1837–1915). (H.K.)

Walther Wolff
Geb. 1887 in Elberfeld, gest. 1966 in Ossiach (A). Ab 1907 Studium Malerei an der Akademie München, ab 1912 Bildhauerei an der Akademie Berlin als Schüler von Georg Kolbe und Louis Tuallion. Ab 1912 als Bildhauer in Berlin tätig. Zahlreiche Denkmäler und Porträts. Seine Büsten und Reliefs prägen das Erscheinungsbild führender Repräsentanten des Nationalsozialismus. 1945 Übersiedelung nach Ossiach, 1947 österreichische Staatsbürgerschaft.

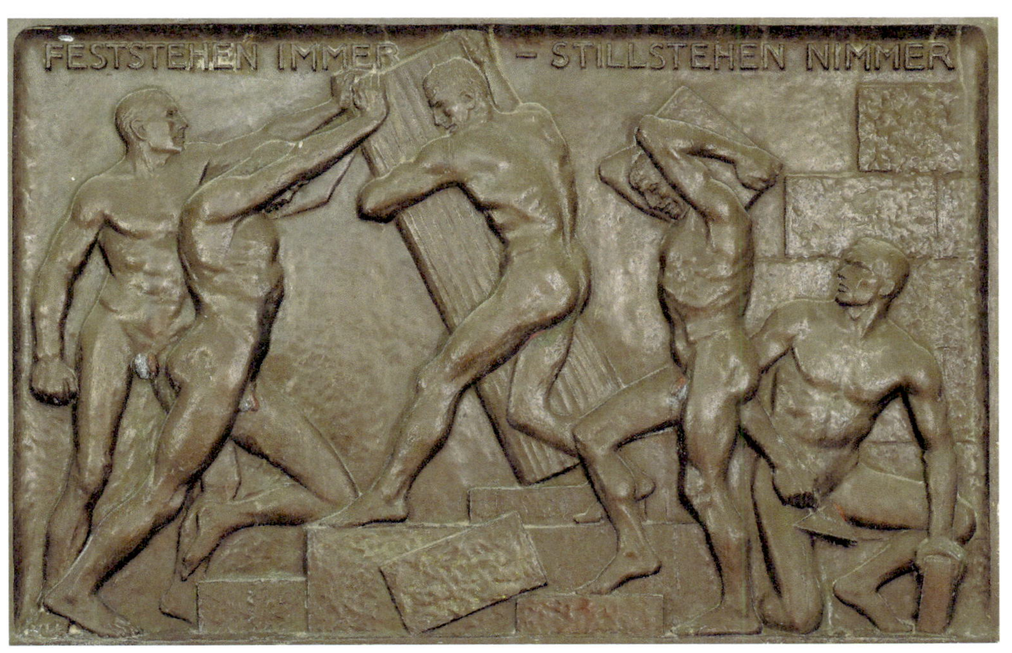
FESTSTEHEN IMMER – STILLSTEHEN NIMMER

Nr. 43

Philipps-Universität Marburg, Verwaltungsgebäude, Biegenstraße 10
Helmut Brinckmann
1958
Relief. Stahl. 3,50 x 6,50 x 0,30 m. Sign. rechts unten: »Bri«

Das mehrteilige Relief stellt zwei Formprinzipien mit gegensätzlicher visueller Stoßrichtung einander gegenüber: Eine Schichtung hochrechteckiger, vertikal orientierter Platten auf der linken Seite ist – getrennt durch ein lineares Element – mit einer Schichtung dreier rechteckiger Platten konfrontiert, die von rechts mit ihren Spitzen gegen die Trennlinie vordringen. (H.K.)

Helmut Brinckmann
Geb. 1912 in Berlin, gest. 1994 in Darmstadt. 1928–1931 Lehre als Stahlgraveur in Berlin-Adlershof. Besuch der Kunstgewerbeschule. 1931–1937 Stipendium der Stadt Berlin und Studium an der Hochschule für bildende Künste. 1938 drohendes Ausstellungsverbot der Reichskulturkammer. 1939 Übersiedlung nach Danzig und Rehabilitierung durch Gerichtsbeschluss. Nach Kriegsdienst, schwerer Verwundung und Gefangenschaft tätig als Holzbildhauer in Oberammergau. 1951–1972 künstlerischer Berater der Hessischen Staatsbauverwaltung. 1954 Übersiedelung nach Darmstadt. Ab 1958 Mitglied der Frankfurter und ab 1963 der Neuen Darmstädter Sezession. Ab 1929 Einzel- und Gruppenausstellungen im In- und Ausland. 1972 Johann-Heinrich-Merck-Ehrung der Stadt Darmstadt. Ab 1959 Arbeit vorwiegend mit Kunststoff.

Literatur:
Ausst.-Kat. Helmut Brinckmann. Plastiken im Freien. Neue Darmstädter Sezession. Darmstadt 1977

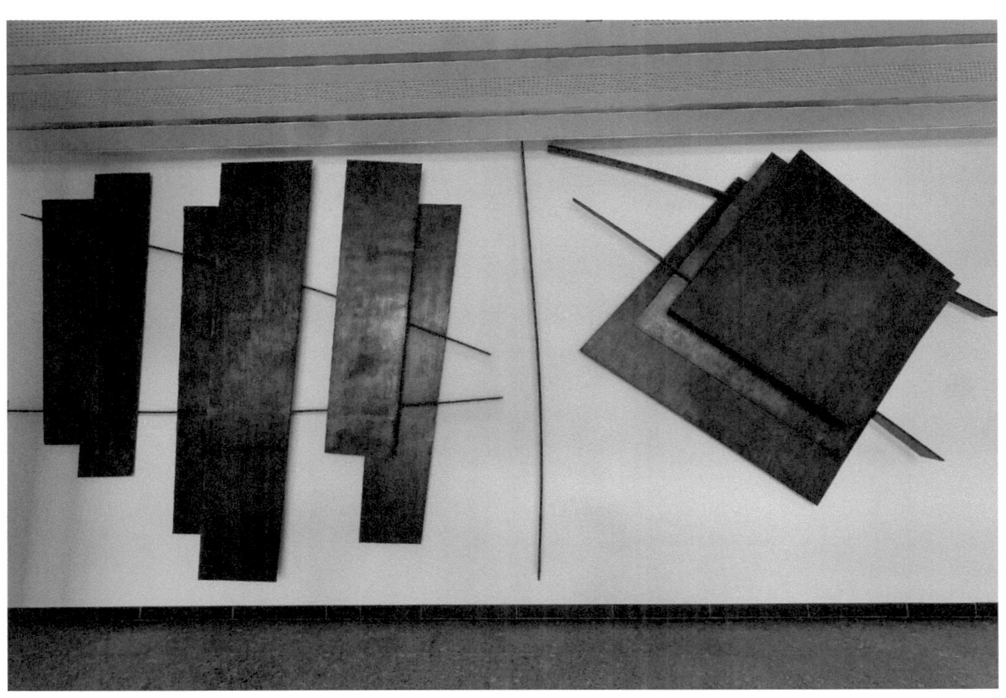

Nr. 44

Bettenhaus Marburg, Eingangshalle,
Robert-Koch-Straße 6
Hermann Tomada
1958
Relief. Schiefer. 3 x 3 m. Sign. rechts unten:
»H.T.«
(Zurzeit verstellt)

Das Wandrelief ist kombiniert aus unterschiedlich großen rechteckigen Platten, die in verschiedenen Ebenen zueinander versetzt sind. Jedes Teilstück trägt in leichtem Hoch- oder Tiefrelief die Darstellung eines Motivs aus der Unterwasserwelt: Fische, Muscheln, Seepferdchen, Algenformen u.ä. Der verwendete Schiefer wurde im Raum Nuttlar in 200–300 m Tiefe gebrochen und weist eine besondere Dichte auf.
Vom Bildhauer wird dem Werk im spezifischen Funktionszusammenhang eines Krankenhauses ein therapeutischer Effekt zugewiesen, der über die traditionelle Rolle einer »Kunst am Bau«-Dekoration hinausgeht. Beabsichtigt ist der unmittelbare haptische Umgang der Patienten mit dem Schiefer: Durch Betrachten und Betasten des Urmaterials und der Urformen soll etwas von der Kraft der Natur vermittelt werden, um so den Genesungsprozess positiv zu beeinflussen. (H.K.)

Hermann Tomada
Siehe Nr. 33

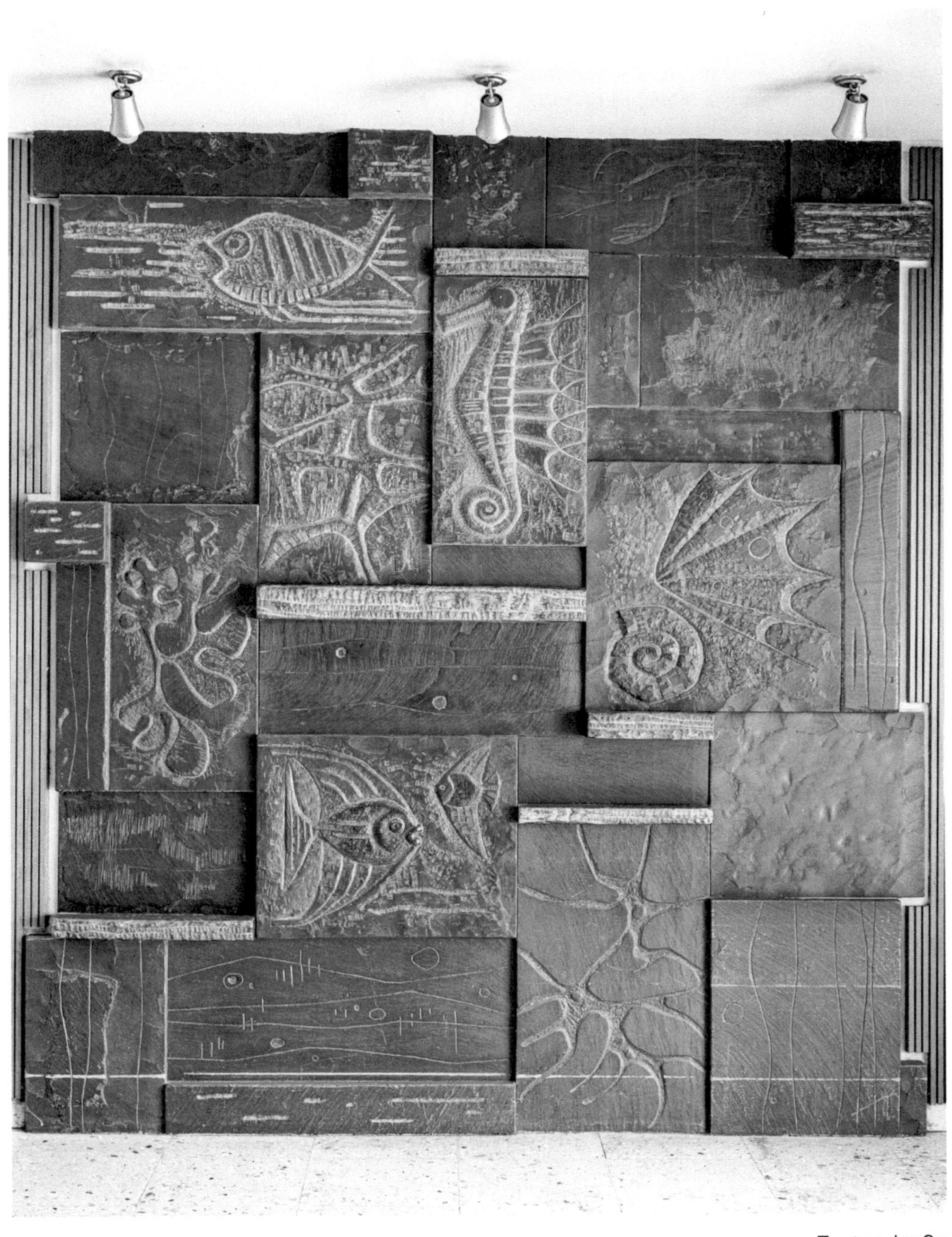

Zustand 1980

Nr. 45

Philipps-Universität Marburg, Verwaltungsgebäude, Eingangshalle, Biegenstraße 10
Drache
Heinz Hemrich
1960
Relief. Roter Michelnauer Tuffstein. 0,80 x 3,70 x 0,15 m

Das Relief besteht aus drei ohne Fugen aneinandergesetzten Teilstücken. Aus demselben Material wie die Plattenverkleidungen des Treppenhauses gefertigt, stehen sie 3 cm von der Rückwand ab und passen sich nach Höhe und Breite in das von der Plattenbelegung der Treppenhauswände vorgegebene Raster ein. Das Ornament mit geraden Linien und Kanten und einer gleichmäßigen Relieftiefe ist in den Stein gefräst.
Der Bildhauer will nach eigener Aussage seine Darstellung eines Drachen als Symbol des Geistes verstanden wissen. (H.K.)

Heinz Hemrich
Geb. 1923 in Schwäbisch Hall, gest. 2009. 1946–1951 Studium Bildhauerei an der Staatl. Bau-und Kunstgewerbeschule Mainz, der Werkkunstschule Darmstadt und der Staatl. Kunstakademie Stuttgart. 1952–1973 freischaffender Bildhauer. 1963–1973 Lehrbeauftragter an der Staatl. Hochschule für Kunst- und Werkerziehung Mainz. Ab 1973 Dozent an der Johann-Gutenberg-Universität Mainz, Fachbereich Kunsterziehung.

Literatur:
Persicke, Erhard (Hg.): Staatlicher Hochbau in Hessen. Wiesbaden 1962

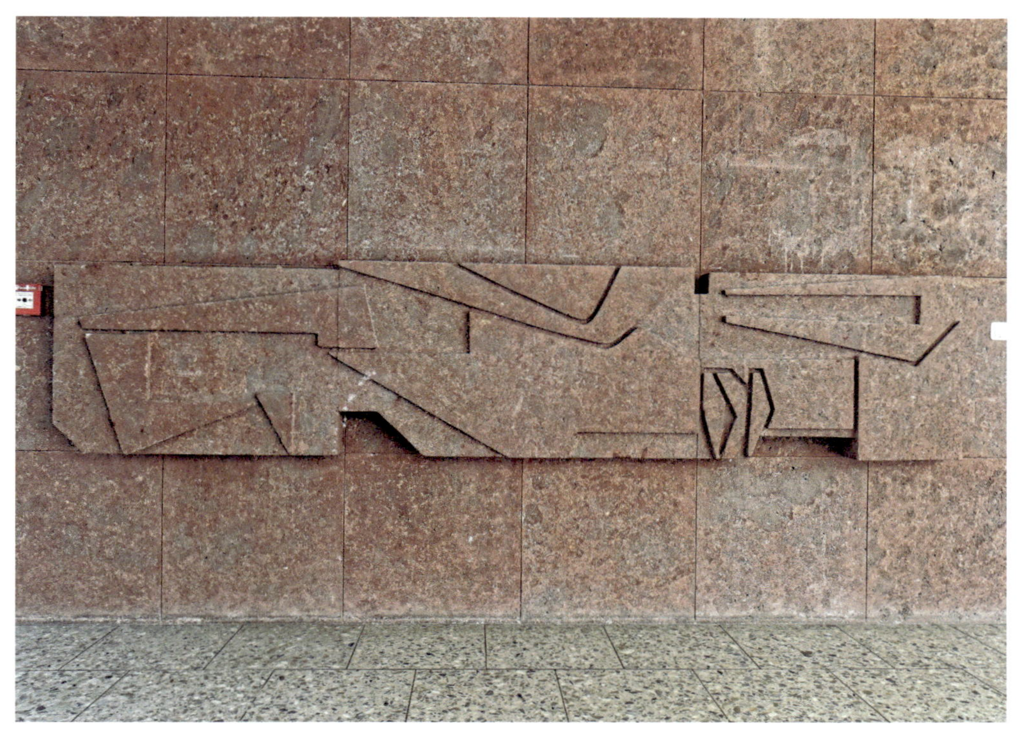

Nr. 46

Philipps-Universität Marburg,
Hörsaalgebäude, Biegenstraße 10
Fritz Wotruba
1965
Relief. Mannersdorfer Kalkstein. 3,40 x 32 m.
Bez. rechts unten: »WOTRUBA WIEN 1964«

Das Relief gehört zu den bedeutendsten Kunstwerken im Marburger Stadtraum. Finanziert nach dem »Kunst am Bau«-Gesetz, gestaltet es die gesamte äußere Rückwand des Auditorium maximum auf der Seite der nördlichen Treppenaufgänge. Durch eine symmetrische Anordnung schmaler, vertikaler Einzelskulpturen wird die langgestreckte Fläche strukturiert und rhythmisch unterteilt. Dreizehn Figuren bzw. Figurengruppen als senkrechte Gliederungselemente zeigen die Auflösung der menschlichen Gestalt in eine Komposition ineinander verschachtelter und einander durchdringender Kuben. Die drei bzw. vier Teilstücke einer jeden Einzelfigur passen sich in das Fugenraster des Reliefgrundes ein. Die Oberfläche der Skulpturen ist wie der Reliefgrund teilweise maschinell geglättet, teilweise zeigt sie rohe Bearbeitungsspuren des Meißels.

Die Reliefwand gilt als eines der wichtigsten Werke des Wiener Bildhauers. Hinsichtlich der Abmessungen ist sie sein größter Auftrag, in dessen Ausmaßen er einen »alten Traum« verwirklicht sieht. »Nachdem zuerst die Beauftragung Henry Moores erwogen worden war, konnten die Vertretung Fritz Wotrubas an der zweiten Kasseler documenta-Ausstellung und das nachdrückliche Eintreten des Kulturphilosophen Theodor W. Adorno bewirken, daß dieses Projekt außer Konkurrenz an den Wiener Künstler vergeben wurde« (Breicha: Fritz Wotrubas Relief). Nach eigenen Angaben kamen für den Bildhauer angesichts der zu bewältigenden Proportionen grundsätzlich nur zwei extreme, einander ausschließende Lösungsmöglichkeiten in Betracht: entweder die Füllung der Fläche durch ein »ungeheueres Chaos«, durch Formenvielfalt mit einigen »Inseln der Ruhe, der Harmonie, vielleicht der Schönheit« (Wotruba: Mein Relief für Marburg), oder der Einsatz spärlicher Gestaltungsmittel, eines reduzierten Formenaufwandes mit der Möglichkeit der Beeindruckung durch Zurückhaltung und strenges Maß. Wotrubas Entscheidung für die letztere Konzeption wird unterstützt durch seine negative Bewertung der zeitgenössischen Kunst. In ihr sieht er eine Flucht vor der präzisen Gestaltung in Gigantomanie und sinnlose Deformation als Ausdruck künstlerischen Unvermögens. Solcher Maßlosigkeit entgegenzuwirken durch die Formulierung eines Gegenbildes aus klarer Ordnung und konstruktivem Formenaufbau ist für Wotruba die eigentliche Aufgabe seines Marburger Reliefs. Sie steht im Einklang mit seinem kunsttheoretischen Bekenntnis: »Der letzte große und simple Sinn der Kunst ist immer im Geformten, im Klaren, Überzeitlichen und Einfachen zu finden« (Wotruba: Zum Relief in der Marburger Universität).

Es ist verständlich, dass bei dieser Auffassung von der Funktion künstlerischer Arbeit eine Plastik entstehen musste, die zugunsten einer »überzeitlichen« Aussage den unmittelbaren Bezug zum besonderen Ort ihrer Aufstellung außer Acht lässt. Bewusst wird jede Thematisierung der Universitätssituation oder ein Eingehen auf die vielgestaltigen Probleme einer modernen Hochschule – wie es an einer solch zentralen Stelle des Lehr- und Lernbetriebes denkbar wäre – vermieden. Da auch seitens der Auftraggeber keinerlei thematische Einschränkungen vorgenommen werden, kann Wotruba zugeben, dass er sich nicht verpflichtet fühlte, eine eindeutige Beziehung zur Universität herzustellen. Während der Bildhauer über die Erläuterung seiner formalen Gestaltungsabsicht hinaus keine inhaltlichen Deutungen anbietet, sondern das Werk für sich selbst sprechen lassen will, fallen die von Kunsthistoriker- und Kritikerseite herangetragenen Interpretationen umso intensiver aus. Unter den Deutungsversuchen, die nach der Einweihung in einem Festakt am 18. Juni 1965 einsetzen, ist der wohl meistbeachtete der von Eduard Trier. Er sieht in dem Relief die optimale Visualisierung einer Äußerung Friedrich Nietzsches über die antike Philosophengruppe der Vorsokratiker. Die Identität von Nietzsches Auffassung über die Art der bei den Vorsokratikern als einer »Genialen-Republik« bestehenden Beziehung von konventions- und geschichtslosen Individuen untereinander und dem in Wotrubas Relief zum Ausdruck kommenden Menschenbild lässt ihm die Benennung als »Wand der Vorsokratiker« gerechtfertigt erscheinen.

Die mit diesem Figurenrelief oft als vorbildlich gelöst beschriebene Funktionszuweisung an die Skulptur als eine Vermittlungsinstanz zwischen Architektur und Öffentlichkeit kann jedoch auch als eine Architekturisierung der menschlichen Gestalt gesehen werden. Demonstriert wird die vollzogene Angleichung des Publikums an den Formenapparat des Gebäudes: das Einpassen des Menschen in die Architektur über die Plastik. (H.K.)

Fritz Wotruba
Geb. 1907 in Wien, gest. 1975 in Wien. 1921–1924 Lehre als Stanzengraveur und Besuch der Wiener Kunstgewerbeschule. Ab 1926 erste bildhauerische Arbeiten. 1938–1945 als Emigrant in der Schweiz. 1945 Rückkehr nach Wien und Beginn der Lehrtätigkeit an der Akademie. 1931 erste Einzelausstellung in Essen. Seitdem zahlreiche Gruppen- und Einzelausstellungen in Europa und den USA. Seit 1932 regelmäßig auf der Biennale Venedig, 1959 und 1964 documenta Kassel. Seit 1959 auch als Bühnenbildner tätig.

Literatur:
Breicha, Otto: Wotruba, sein Marburger Relief und der Weg dorthin. In: Protokolle 66. Wiener Jahresschrift für Literatur, bildende Kunst und Musik. Wien 1966 • Breicha, Otto: Fritz Wotrubas Relief in Marburg an der Lahn. In: Werk. 52. 5/1965. S. 188–191 • Trier, Eduard: Die Wand der Vorsokratiker. In: Jahrbuch Marburger Universitätsbund. Marburg 1965 • Trier, Eduard: Die Wand der Vorsokratiker. Aus der Rede zur Einweihung von Fritz Wotrubas Marburger Reliefwand. In: Alma mater philippina. WS 1965/66. S. 15 • Schmied, Wieland: Fritz Wotruba. Zeichnungen 1925 bis 1972. Frankfurt/M. 1973 • Wotruba, Fritz: Zum Relief in der Marburger Universität. In: Kontur. 1965. Nr. 26. S. 1–2 • Wotruba, Fritz: Mein Relief für Marburg. In: Protokolle 66. Wien 1966 • Das Kunstwerk. 6/1964. S. 13 • Kontur. 25/1965. S. 25 • Ausst.-Kat. Fritz Wotruba. Galerie im Erker. St. Gallen 1969 • Ausst.-Kat. Fritz Wotruba. Kestner-Gesellschaft Hannover 1967 • Oberhessische Presse, 21.6.1965; 22.6.1965 • Buskies, Reinhard: Einfachheit – Harmonie – Struktur. Neue Beobachtungen zu Wotrubas Reliefwand im Marburger Universitätsgebäude. In: Marburger Jahrbuch für Kunstwissenschaft. Bd. 23. 1993. S. 143–155

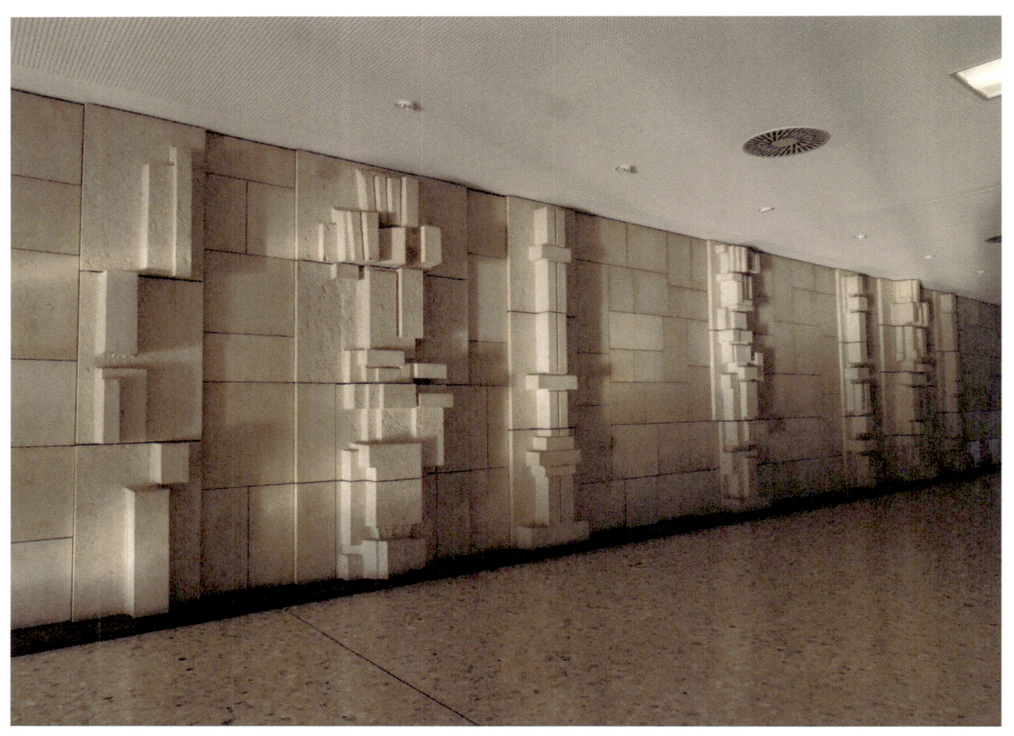

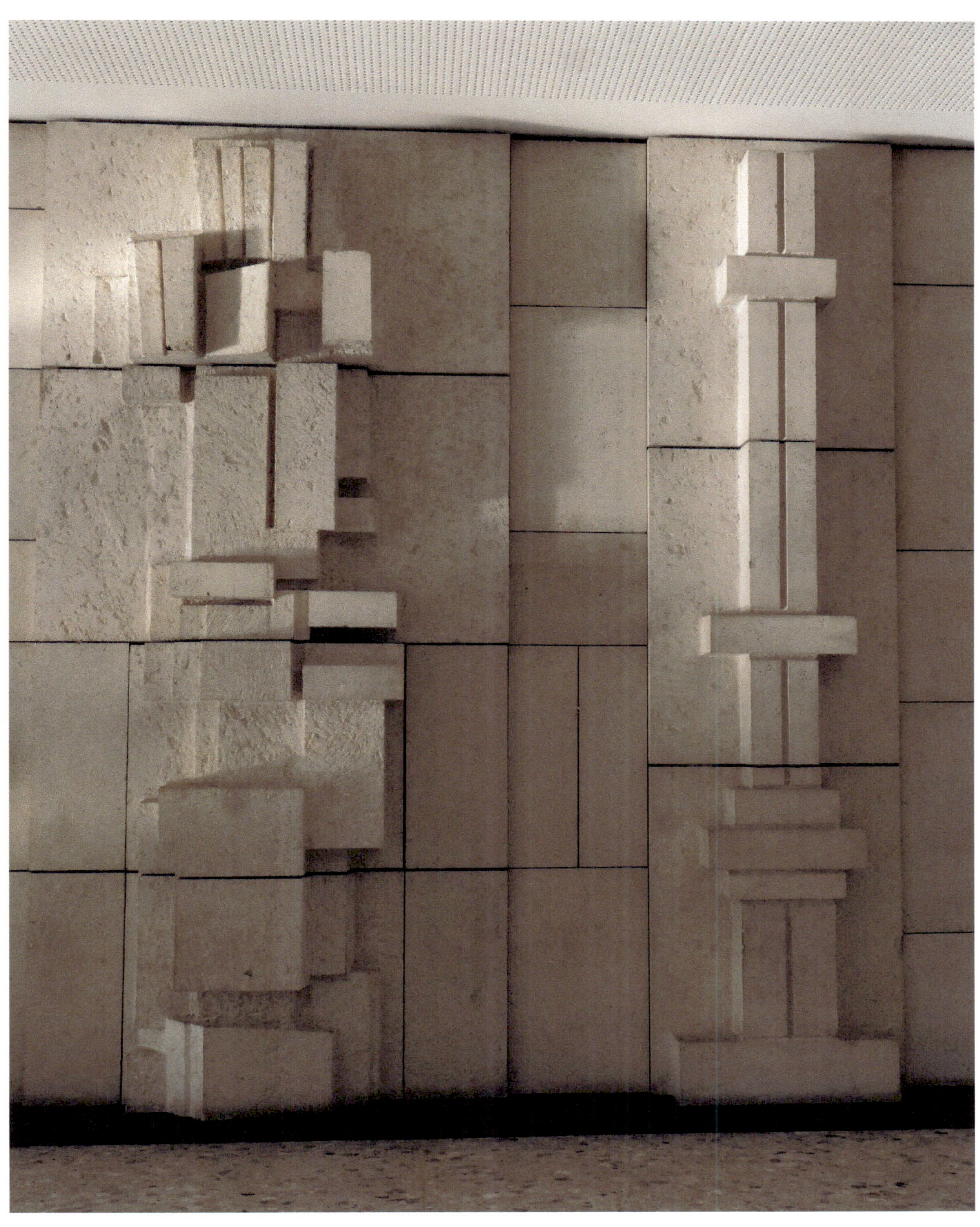

Nr. 47

Kindergarten Marbach, Höhenweg 43,
Eingangshalle
»Bremer Stadtmusikanten«
Joachim Spies
1967
Relief. Beton. 2,50 x 0,90 m

Das über die gesamte Wandhöhe reichende Hochrelief kombiniert drei Teilstücke: eine Bildplatte (1,60 x 0,90 m) sowie je ein Ornamentstreifen darunter und darüber als Anschlussstücke zum Boden und zur Decke der Vorhalle. (H.K.)

Joachim Spies
Siehe Nr. 23

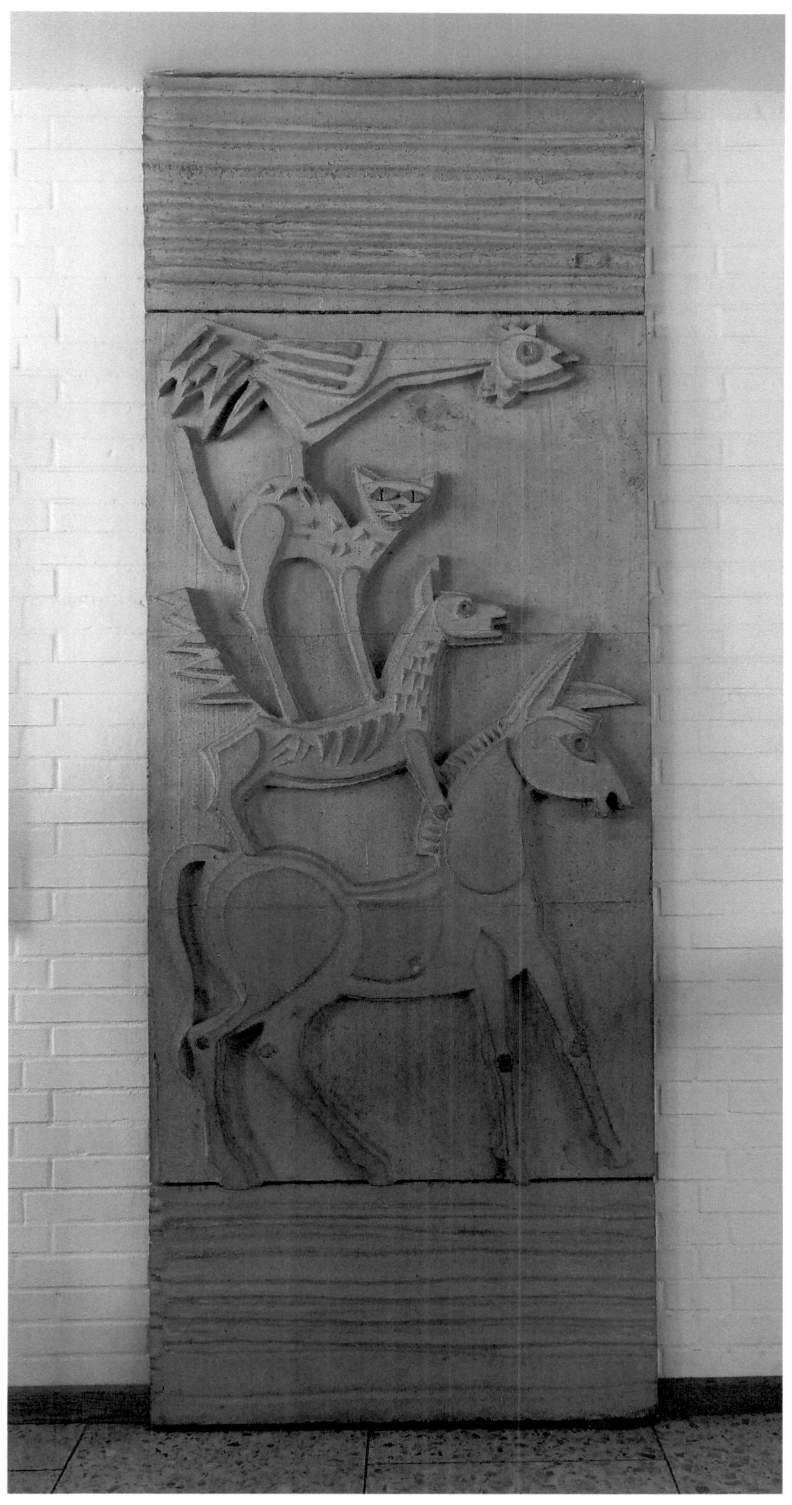

Nr. 48

Elisabethschule, Leopold-Lucas-Straße 5,
Treppenhaus 1. Obergeschoss
»Heilige Elisabeth«
Heinz Lilienthal
1979
Relief. Marmor. 3 x 4 m

Seit dem im September 1979 gefeierten 100-jährigen Jubiläum der Schule schmückt das Treppenhaus im 1. Obergeschoss neben der Elisabeth-Skulptur von Kurt Lehmann (Nr. 41) auch ein repräsentatives Marmorrelief. Es ist ein Geschenk der Eltern zum Schuljubiläum. Dargestellt wird der Weg der ungarischen Königstochter und Witwe des Landgrafen von Thüringen vom Schloss in die Stadt: der Vorgang der Emanzipation aus dem höfischen Kontext und die Hinwendung zur selbstgewählten sozialen Lebensaufgabe. Das Zentrum der Komposition zeigt Elisabeth umringt von Armen und Kranken, an die sie ihren Besitz verteilt. Die zentrale Szene ist kompositionell eingebunden in ein flach reliefiertes Linienschema, dessen Struktur, die gesamte Bildfläche verklammernd, sich zur Form eines Kreuzes zusammenschließt. Hinter den beiden gegensätzlichen gesellschaftlichen Handlungsbereichen Schloss und Stadt ist der Reliefgrund goldgelb eingefärbt. Zwischen beiden Sphären scheint die Verbindung gerissen. Das Abbrechen des Weges aus dem Feudalbereich in die Stadt verdeutlicht Radikalität und Endgültigkeit des Bruches mit der höfischen Vergangenheit und den damit verbundenen gesellschaftlichen Abstieg durch eine – gegen die Widerstände der etablierten sozialen Ordnung – nur dem eigenen Gewissen verpflichtete Handlungsweise, mit der die Gestalt der Hl. Elisabeth noch immer als Vorbild und Namenspatronin der Schule in Anspruch genommen werden kann. (H.K.)

Heinz Lilienthal
Geb. 1927 in Neidenburg, gest. 2006 in Javea, Spanien. 1946–1949 Studium an der Staatlichen Kunstschule in Bremen. Dort 1949 erste eigene Werkstatt. Ab 1950 zahlreiche Einzel- und Gruppenausstellungen. 1952 Gründung des »Atelier für kirchliche Kunst« in Bremen Lesum. 1956 Kino-Vorfilm »Glas und Blei« aus eigener Werkstatt. 1964 Internationale Sonderschau »Das beste Glasbild« in Darmstadt. 1965 Bayerischer Staatspreis und Goldmedaille. 1970 Preis der Sparkasse Bremen; Studienreisen nach Frankreich und Italien. 1982 Erweiterung der »Werkstätten Heinz Lilienthal« in Bremen Lesum.

Literatur:
Oberhessische Presse, 18.9.1979 • Elisabethschule Marburg 1879–1979. Festschrift. Hg. v. H.-J. Schmelz u. K. Prätorius. Marburg 1979 • Mommsen, Friedrich Jens: 100 Jahre Elisabethschule Marburg. Vortrag bei der Übergabe des Elterngeschenkes. Marburg 1979 • Kloos, Werner: Heinz Lilienthal. Werdegang und Werk. Gestaltung in Glas, Stein und Metall. Bremen 1985

Weblink:
https://de.wikipedia.org/wiki/Heinz_Lilienthal

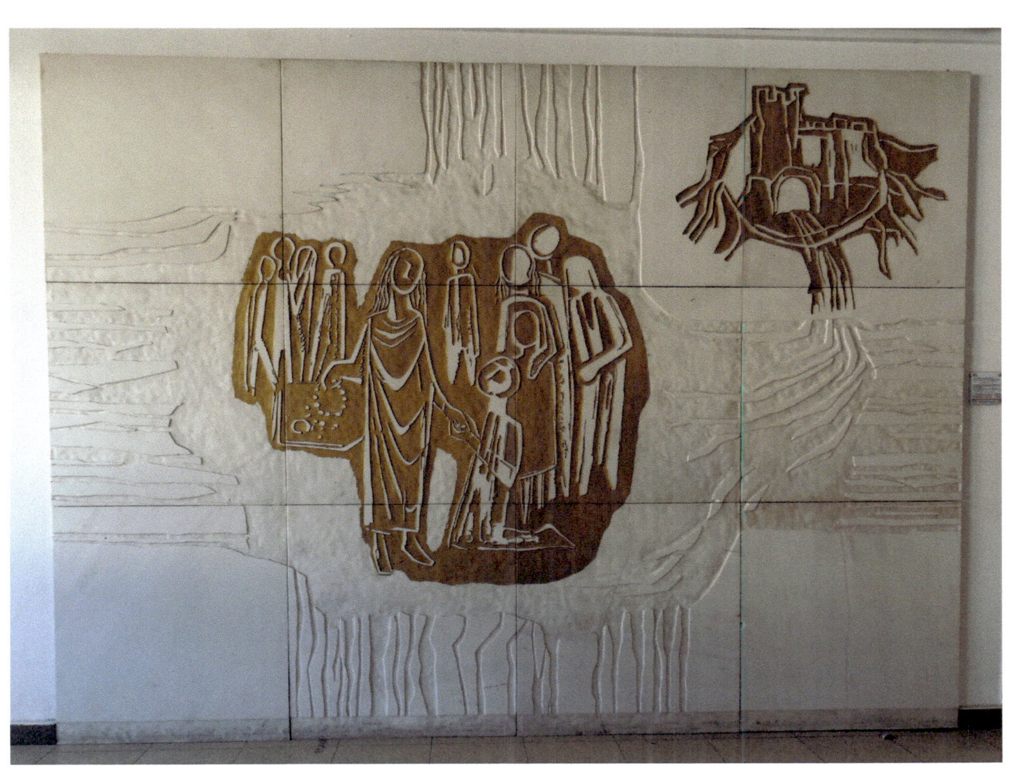

Nr. 49

Polizeistation Marburg, Raiffeisenstraße 1
Wandbild
Rolf Weber
1984
Keramik. 2,60 x 4,30 m

Abstrakte farbige Flächen sind so miteinander verbunden und zugleich gegeneinander gesetzt, dass sie ein organisch anmutendes Gebilde formen. Dabei sind die Flächen, der Herstellungstechnik der Keramik folgend, scharf gegeneinander abgesetzt, die Farben behaupten eine starke eigene Wertigkeit. Zudem fällt auf, dass es sich bei den verwendeten Farben Grün, Braun, Beige und Weiß um solche handelt, die auch in den Uniformen oder an den Fahrzeugen der Polizei Verwendung finden.
Im Bildaufbau und in der Gesamtgestalt wirken sowohl kubistische als auch konstruktivistische Ansätze der 1950er- und 60er-Jahre nach. Aus dieser Zeit sind im Nachlass des Künstlers im Stadtmuseum Hofgeismar einige Entwürfe für abstrakte Wandgestaltungen überliefert. Weber hat für seine keramischen Wandarbeiten meist gebrannte Keraion-Steinzeugplatten der Buchtal-Werke in der Oberpfalz verwendet. Nachdem sich die aus den eigenen Tongruben gefertigten Tontafeln beim Brennen zu oft verworfen hatten, war Weber 1972 zu dieser Technik übergegangen, wodurch es ihm möglich wurde, ganze Wände einheitlich zu gestalten. In Kassel und Umgebung haben sich einige dieser Keramikwände erhalten. Es dürfte sich um eine der letzten Arbeiten des Künstlers handeln. (U.G.)

Rolf Weber
Siehe Nr. 30

Literatur:
Geese, Uwe: Der Deutungsstreit um das Relief am Marburger Zollamt. Marburg 2021

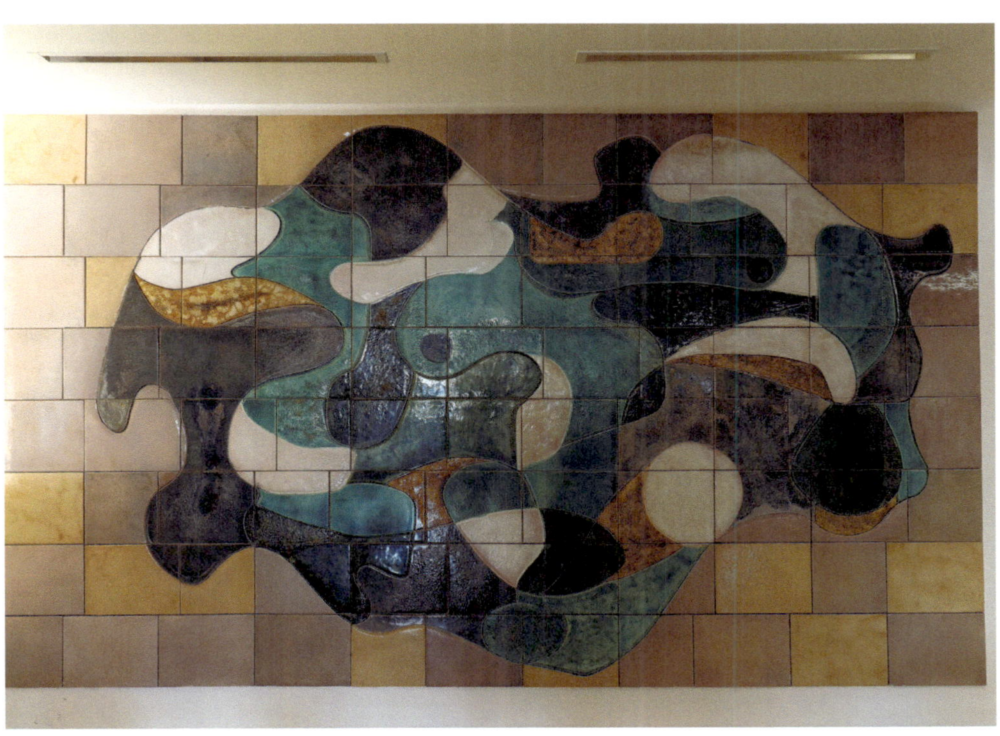

Nr. 50

Großsporthalle, Georg-Gassmann-Stadion
Werner Krieglstein
1989
Plexiglas-Säulen. Ausführende Firma: Schlosserei und Kunststoffverarbeitung D. Wege, Cölbe. Gesamthöhe 3 m, Sockel 1 m, Säulen 2 m. Breite Mittelteil 12 m, Seitenteile je 7,20 m

Die künstlerische Gestaltung der oberen Etage des Eingangsbereichs der Großsporthalle wurde einem Marburger Repräsentanten der Konkreten Kunst und Kinetik übertragen. Zu gestalten waren ein 12 m breiter Mittelteil sowie die beiden je 7,20 m breiten, flankieren Wandstücke.
Krieglstein wählte eine Gruppe von Plexiglassäulen, die er zu jeder Seite in 5 Einheiten zu jeweils 5 Säulen auftreten ließ, so dass insgesamt 25 Säulen Platz fanden. Dabei setzte er die Säulen so vor die Wand, dass sie je nach Blickwinkel entweder als Relief, als »Transparente Wand vor dem Hintergrund« erscheinen können oder auch als plastische Einzelfiguren.
Die Säulen sind durch Schnitte unterteilt, wobei jede Säule einem bestimmten Teilungsprinzip unterliegt. Die Winkel der Schnitte sind präzise berechnet und gegeneinander ausgerichtet. Dabei bilden sich Abschnitte, die durch drei Komponenten bestimmt werden, wie Krieglstein in einem Handout beschreibt: »1. durch eine Zahlenreihe, die eine Drehung um die Mittelachse festlegt, 2. durch eine Zahlenfolge, die den Neigungswinkel zur Waagerechten bestimmt, 3. durch die Länge der Säulenabschnitte.«
Die Parameter wie die Länge der Abschnitte, die Größe der Drehung oder die Neigungswinkel verändern sich ebenso von Säule zu Säule wie von Einheit zu Einheit, so dass eine variationsreiche Lichtbrechung entsteht. Dadurch erscheinen zahlreiche Spiegelungen und Brechungen im transparenten Werkstoff Plexiglas, wobei sich für die Vorübergehenden »Veränderungen der Wirklichkeit, Irritationen« ergeben. (U.G.)

Werner Krieglstein
Geb. 1937 in Böhmen. 1958–1963 Studium Bildhauerei und Kunstpädagogik an der Hochschule für bildende Künste Kassel. 1965–2000 Kunsterzieher am Gymnasium Philippinum in Marburg, seit 1978 zusätzlich Lehrbeauftragter am Institut für Malerei und Grafik der Philipps-Universität Marburg. Seit 1967 zahlreichen Einzel- und Gruppenausstellungen im In- und Ausland. Lebt in Schweinsberg bei Marburg.

Literatur:
Ausst.-Kat. Werner Krieglstein. Plexiglasobjekte und Zeichnungen. Marburger Kunstverein 2004 • Ausst.-Kat. Werner Krieglstein. Konkrete Skulptur und Zeichnung. Mit Werkverzeichnis der plastischen Arbeiten. Hg. v. Angela Weber. Köln 2023

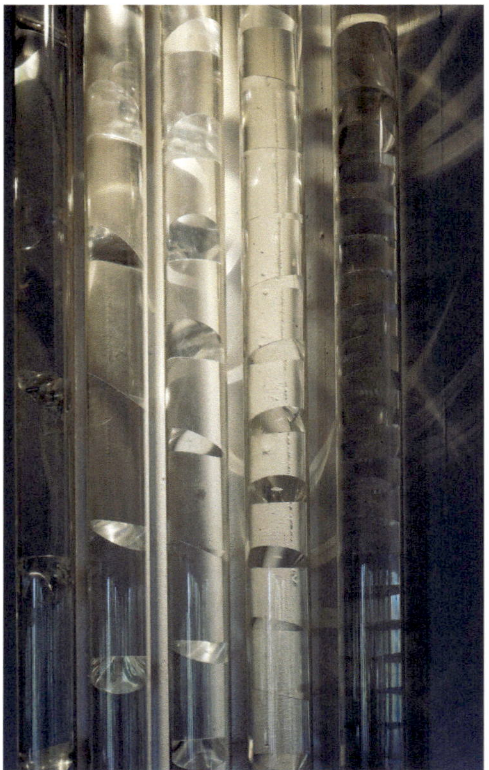

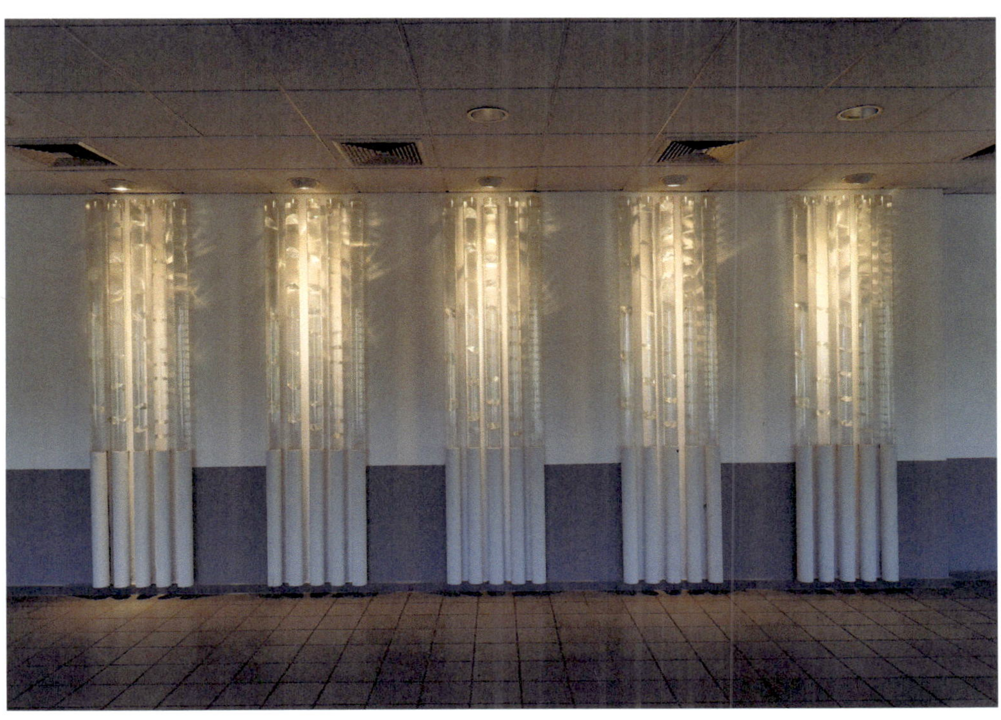

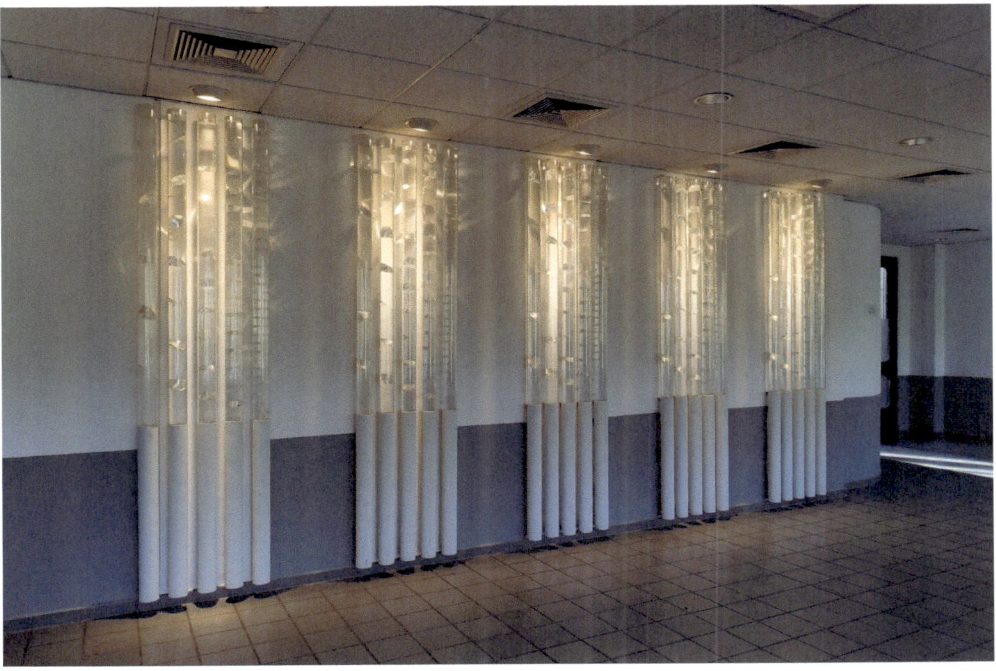

Nr. 51

Philipps-Universität Marburg, Max-Planck-Institut für terrestrische Mikrobiologie, Karl-von-Frisch-Straße 10, Foyer
»Buch der Näherung«
Michael Witlatschil
1996
Stahl, Kupfer, Glas. 2,40 x 1,39 m

»Die Skulptur besteht aus einem Stahlbarren 100 x 100 mm und einem Kupferstab 100 x 100 mm, beide Vollmaterial, sowie 16 Glasplatten, 19 mm stark, die als ›Wächter‹ um die stehenden Stäbe in den Boden eingelassen sind.« (M. Witlatschil)
Ein Stahlbarren und ein Kupferstab, beide in einem rechteckigen Profil und Vollmaterial, stehen leicht gegeneinander geneigt. Sechzehn schwere Glasplatten sind ihnen wie Buchseiten anmontiert. Sie stehen in einem Winkel von etwa 45° zueinander, so dass die Elemente wie zwei aufgeschlagene Bücher erscheinen. In den Arbeiten von Michael Witlatschil wird oft thematisiert, wie die Objekte am Boden stehen, wie sie ihren Stand organisieren. Hier ist es so, dass beide buchartigen Elemente nicht parallel aufeinander ausgerichtet sind. Dadurch entsteht eine Irritation, eine Art Distanz.
Jeweils drei der Glasscheiben sind zu beiden Seiten in unmittelbarem Kontakt montiert, so dass aus 19 mm Glasstärke das Dreifache, nämlich 57 mm entstehen. Auf diese Weise erinnert die Installation an ähnliche Arbeiten von Gerhard Richter in Dresden, in denen die Vervielfachung der Glasscheiben in den gestaffelten Spiegelungen zu Richters Kernthema, dem der Unschärfe führt. Hier entsteht indes durch die mehrfache Hintereinandersetzung der Glasscheiben eher eine Instabilität, wo eigentlich innere Festigkeit zu erwarten wäre. Aber die scheinbare und inkongruente Zuordnung der beiden Glasinstallationen lässt gerade diese innere Bezogenheit auseinanderfallen.
Diesen Gegensatz transportiert auch der Titel des Bildwerks, der zwar das Buch im Singular nennt und damit etwas Manifestartiges beschwört, dem indes die Unbestimmtheit des lediglich als »Näherung« benannten Inhalts kontrastiert.
Bestimmt für das Foyer eines naturwissenschaftlichen Universitätsinstituts ist damit ebenso die Ergebnisoffenheit aktuellen naturwissenschaftlichen Forschens angesprochen wie auch deren wissenschaftsgeschichtliche Basis, die sich in Büchern niederschlägt und durch Diskursivität Transparenz erfährt. (U.G.)

Michael Witlatschil
Geb. 1953 in Südfelde. 1973–1977 Studium bei Emil Schumacher und Horst Egon Kalinowski an der Staatlichen Akademie der Bildenden Künste Karlsruhe. 1979–1981 Studium bei Timm Ulrichs an der Kunstakademie Münster. Zahlreiche Ausstellungen, u.a. 1987 documenta 8 in Kassel. Ab 1978 freistehende, destabile Skulpturen.

Literatur:
Michael Witlatschil, Skulpturen. Städtische Galerie Moers 2000 • Michael Witlatschil, Skulpturen von Volker Gerhardt, Thomas Deecke, Karin Stempel. Westfälischer Kunstverein, 1985

Weblinks:
https://de.wikipedia.org/wiki/Michael_Witlatschil • http://toposweb.net/Marburg02.htm

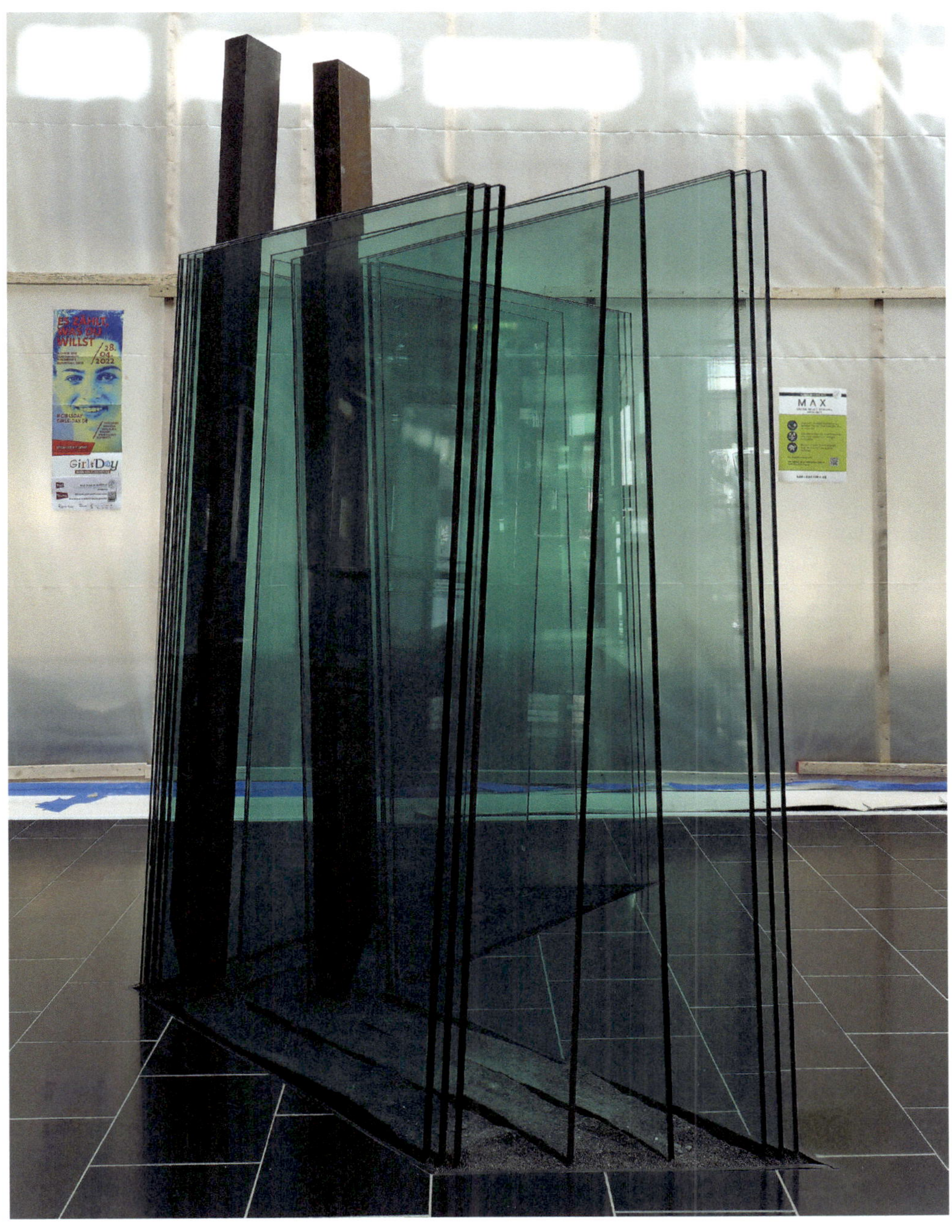
ES ZÄHLT, WAS DU WILLST
28. 04. 2022
#GIRLSDAY
GIRLS-DAY.DE
Girls'Day
MAX

Nr. 52

Adolf-Reichwein-Schule, Weintrautstraße 33, Gebäude E, Treppenhaus
Joachim Spies
2006 (1973)
5 Stelen. Kunststoff, bemalt. Säulenhöhe 3,40 m, Gesamtbreite 1,88 m. Sign. links unten: »SPIES 73«

1973 im Eingangsbereich der Marburger Volksbank am Rudolphsplatz installiert, wurden die Stelen nach Verkauf des Gebäudes 2006 der Adolf-Reichwein-Schule übergeben und dort neu aufgebaut.
In fünf parallel installierten Säulen sind jeweils drei bis fünf unregelmäßig geformte, vielfarbig bemalte plastische Einheiten um eine senkrechte Achse drehbar montiert. Der visuelle Zustand der Anordnung ist daher nicht vom Künstler endgültig vorgegeben, sondern kann durch Drehung der Einzelelemente variiert werden: ein Angebot zur aktiven Beteiligung am Gestaltungsprozess. (H.K.)

Joachim Spies
Siehe Nr. 23

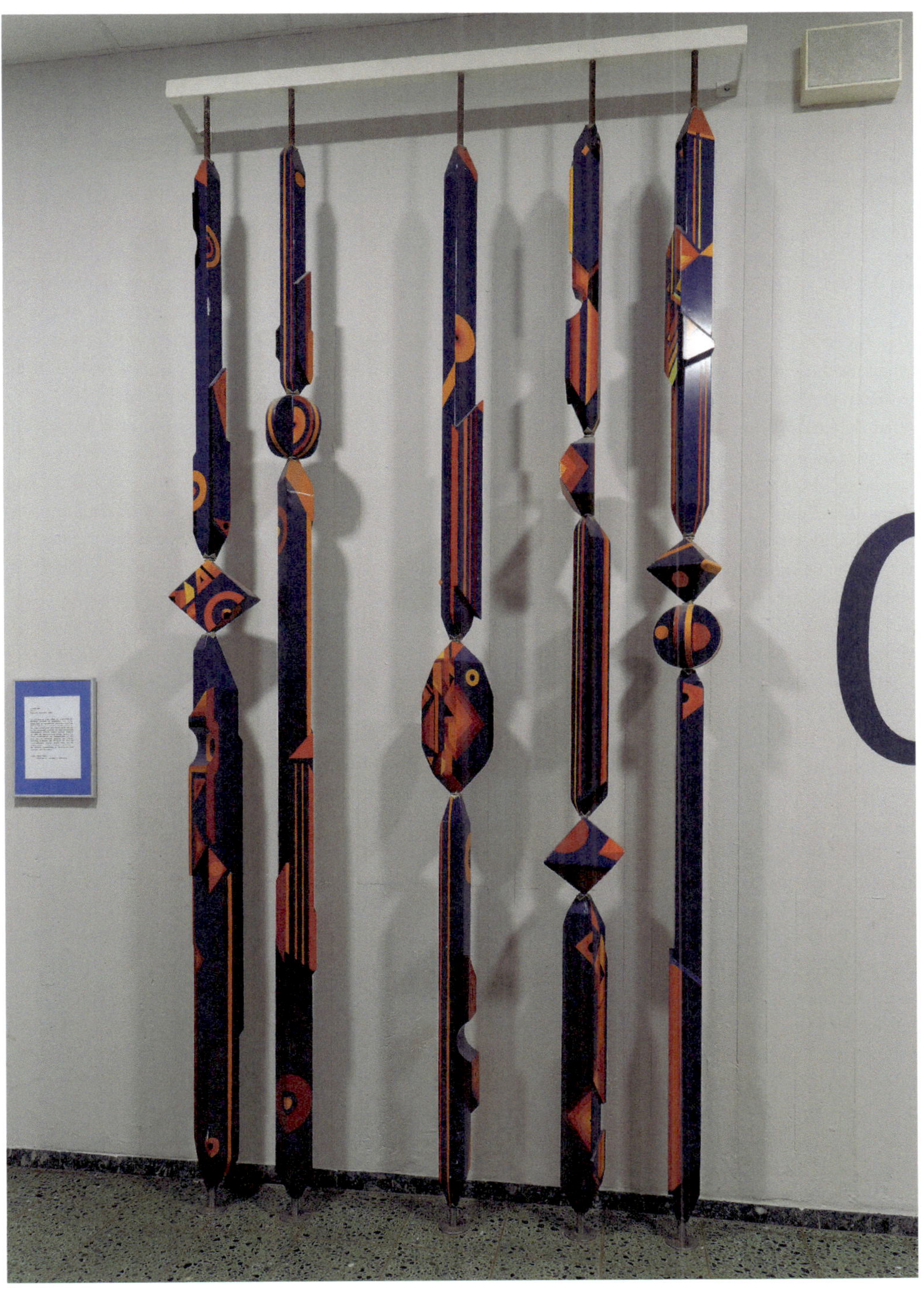

Nr. 53

Philipps-Universität Marburg,
Universitätsbibliothek, Treppenhaus
Westflügel, Deutschhausstraße 9
»Großer Raumflug«
Bernhard Heiliger
2018 (1970)
Relief. Bronze. 2 x 2 x 0,70 m. Sign. rechts unten: »B. Heiliger 70«. Bez. rechtes Seitenteil: »H. NOACK BERLIN« (Guss)

Das Bronzerelief wird 1970 für die neue Universitätsbibliothek am Krummbogen geschaffen. Als es nach Fertigstellung der dortigen Geisteswissenschaftlichen Institute und des Bibliotheksgebäudes darum geht, die künstlerische Ausgestaltung zu konzipieren, sind sich die Kommissionsmitglieder einig, dass – der Bedeutung der Neubauten für Marburg und die Universität entsprechend – nur ein Künstler von europäischem Rang in Betracht kommt. Zum Anbringungsort einer Reliefwand wird die Universitätsbibliothek als der übergeordneten Mittelpunkt der Institutsneubauten bestimmt. Eine inhaltliche Themenfestlegung wird nicht vereinbart. Neben Heiliger, an den als ersten die Aufforderung zur Erstellung eines Entwurfes für die obere Halle ergeht, sind auch der Londoner Bildhauer Ben Nicholson und der Italiener Arnaldo Pomodoro im Gespräch. Deren Wettbewerbsbeteiligung wird jedoch hinfällig, nachdem bereits Heiligers Vorschlag allgemein auf Zustimmung stößt. Die Aufgabe, die Stirnwand in voller Ausdehnung mit einem Relief zu gestalten, reduziert Heiliger, der die Gesamtfläche stets durch die Säulenstellung der Halle verdeckt und überschnitten sieht, auf eine Arbeit, »die an einem wesentlichen Punkt den Zusammenhang von Raum, Fläche und Kunstwerk erstrebt.« Seine Bronzeplastik bezieht ihre Wirkung aus dem inszenierten Kontrast zweier antithetischer Gestaltungsprinzipien: Das Relief kombiniert eine Grundplatte, die streng geometrisch-konstruktive Formelemente aufweist, mit einem amorphen, unregelmäßig geformten, in Bewegung scheinenden Volumen. Auf der linken Seite ist der Reliefgrund durch eine ca. 1/5 der Gesamtfläche abteilende Einkerbung und eine zylindrische Erhebung akzentuiert. Letztere korrespondiert mit der starken Einbuchtung der flügelähnlichen Form, als sei diese – vor Einsetzen eines von der Plastik festgehaltenen Ablösungsprozesses – von ihr umschlossen gewesen. Die organisch schwellende und schwingende Masse scheint mit ihrer rohen, unbearbeitet aussehenden Unterseite wie losgerissen aus einem ursprünglichen Zusammenhang und über der glatten Grundplatte schwebend, ganz so, als hätte sich ein Teil der Oberfläche davongemacht, um frei vom Untergrund gewichtslos im Raum zu flattern. Der Kontrast zwischen den beiden divergierenden Konstruktionsprinzipien wird verstärkt durch die gleichmäßige matt braune Färbung des Reliefgrundes und die golden schimmernde, vielfältig reflektierende Oberfläche der Flügelform.

Mit diesen formalen Eigenschaften erweist sich das Relief als typisch für Bernhard Heiligers bildhauerische Absichten. Auch mit diesem Werk hält er sich an sein Hauptthema der plastischen Darstellung von Bewegung im Raum. Titel wie »Raumflug, Flugmotiv, Sphärenklänge« tragen viele seiner Objekte, bei denen es stets um das Leitmotiv »Bewegung«, um das formale Problem der Loslösung plastischer Volumina im Zustand des Schwebens, der Schwerelosigkeit, des Schwingens mit den Ausdrucksmitteln einer abstrakten Skulptur geht. Hauptansatzpunkt der zahlreichen Interpretationen und Deutungen, die das weitgestreute, an prominenten Orten gezeigte Werk zu begreifen versuchen, ist daher auch die Art und Weise, wie bei Heiliger die »Materie (…) schwerelos, (…) gleichsam mit weitem Flügelschlag emporgetragen« erscheint. Auch hinsichtlich Heiligers Überlegungen zum Problem der zeitgenössischen Bauplastik kann das Marburger Relief als repräsentativ angesehen werden. »Der Begriff ›Kunst am Bau‹ ist ein großer Irrtum. Es muß heißen Kunst mit dem Bau und oft genug auch gegen den Bau. Die Architektur ist doch immer schlichter und großflächiger geworden. Dagegen kann man in der Skulptur nur das genaue Gegenteil setzen. Gegen das Statische das gleitende Element der Diagonale (…).« (Kat. »Bernhard Heiliger«. Akademie der Künste, Berlin 1975)

Das Relief wurde 2018 in den Neubau der Universitätsbibliothek übernommen. (H.K.)

Bernhard Heiliger

Geb. 1915 in Stettin, gest. 1995 in Berlin. Steinmetzlehre. 1935–1937 Kunstgewerbeschule Stettin. 1938–1941 Hochschule für bildende Künste Berlin. 1939 Parisaufenthalt. Nach Kriegsende als freischaffender Bildhauer in Berlin. 1947–1949 Lehrauftrag für Plastik an der Hochschule für angewandte Kunst in Berlin-Weißensee. Ab 1949 Professor an der Hochschule für bildende Künste Berlin. Seit 1952 Gruppen-und Einzelausstellungen im In-und Ausland. Zahlreiche Kunstpreise und öffentliche Aufträge.

Literatur:

Künstlerische Ausgestaltung des Krummbogengebäudes. In: philipps universität marburg. Mitteilungen, Kommentare, Berichte. Jg. 3. Nr. 9, Mai 1971. S. 2 • Philipp, Franz-Heinrich: Der Neubau der Universitätsbibliothek Marburg. Ein kritischer Erfahrungsbericht über die Jahre 1967–1973. Hannover-Waldhausen 1974 • Ausst.-Kat. Bernhard Heiliger. Skulpturen und Zeichnungen 1960–1975. Akademie der Künste. Berlin 1975 • Hammacher, Abraham Marie: Bernhard Heiliger. St. Gallen 1975 • Bernhard Heiliger. Hg. v. Lothar Romain und Siegfried Salzmann. Frankfurt/M. u.a. 1989 • Haubfleisch, Dietmar und Irmgard Siebert: Großer Raumflug – Zum Tode Bernhard Heiligers. In: Marburger Bibliotheksinformationen. 4/1995. S. 17–19 • Ausst.-Kat. Bernhard Heiliger. Retrospektive 1945 bis 1995. Kunst- und Ausstellungshalle der Bundesrepublik Deutschland, Bonn 1995 • Bernhard Heiliger 1915–1995. Monographie und Werkverzeichnis. Im Auftrag der Bernhard-Heiliger-Stiftung hg. v. Marc Wellmann. Köln 2005

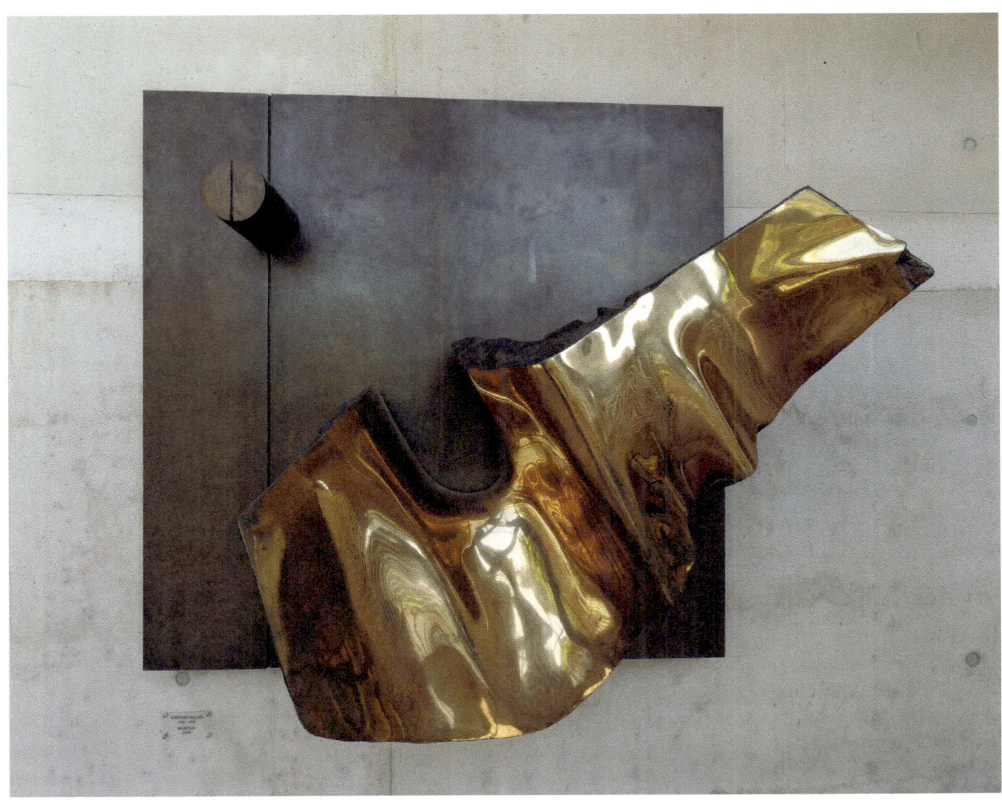

Nr. 54

2M Marburg-Mall, Universitätsstraße 8, Eingangsbereich
»Kosmisches«
Volker Benninghoff
2019 (1974)
Relief. Aluminium. 2,25 x 4,20 m

Die Reliefwand – kombiniert aus fünf Einzelflächen, die als ca. 1 cm starke Aluminiumtafeln gegossen sind – entstand als Auftragsarbeit für das Einrichtungshaus Ahrens. Mit der künstlerischen Ausgestaltung eines Teilstückes der Schaufensterfront an der Gutenbergstraße verband sich die Absicht des Bauherrn, unabhängig von der Funktionalität des Kaufhauses die Fassade mit einem Kunstobjekt auszustatten, das – obwohl integriert in den Baukörper – als eigenständiges Kunstwerk zur Geltung kommen sollte. Bei Themenwahl und Gestaltung wurde dem Künstler freie Hand gelassen. Er thematisierte in Anlehnung an den biblischen Text der »Schöpfung« denjenigen Teil, in dem vom Himmelsbau und der Erschaffung der Gestirne die Rede ist.
Nach Umbau des Kaufhauses übernahm das neue Einkaufszentrum »2M Marburg-Mall« das Relief. (H.K.)

Volker Benninghoff
Geb. 1921 in Hamburg, gest. 2009 in Frankfurt/M. 1946–1950 Ausbildung als Maler und Graphiker an den Akademien in Hamburg, Stockholm und München. Ab 1950 Zeitungsillustrator und Volontär an den Hamburger Kammerspielen. 1952/53 Bühnenbildner in Cuxhaven, 1953/54 in Hamburg, ab 1954 am Marburger Schauspiel. 1959/60 Lehrtätigkeit an der Stiftsschule Amöneburg, 1963–65 Volkshochschule Marburg. 1961–1978 Mitglied im Gesamtvorstand des Marburger Künstlerkreises – Kunstvereins. Öffentliche Aufträge für Wand- und Glasfenstergestaltung in Hessen.

Literatur:
Volker Benninghoff: Über den Versuch, Absolutes zu schaffen. Eine Biografie. Alfeld 2011

Weblink:
https://www.marburg.de/portal/meldungen/aluminiumtafeln-erinnern-wieder-an-den-gruender-des-marburger-kuenstlerkreises-900006003-23001.html

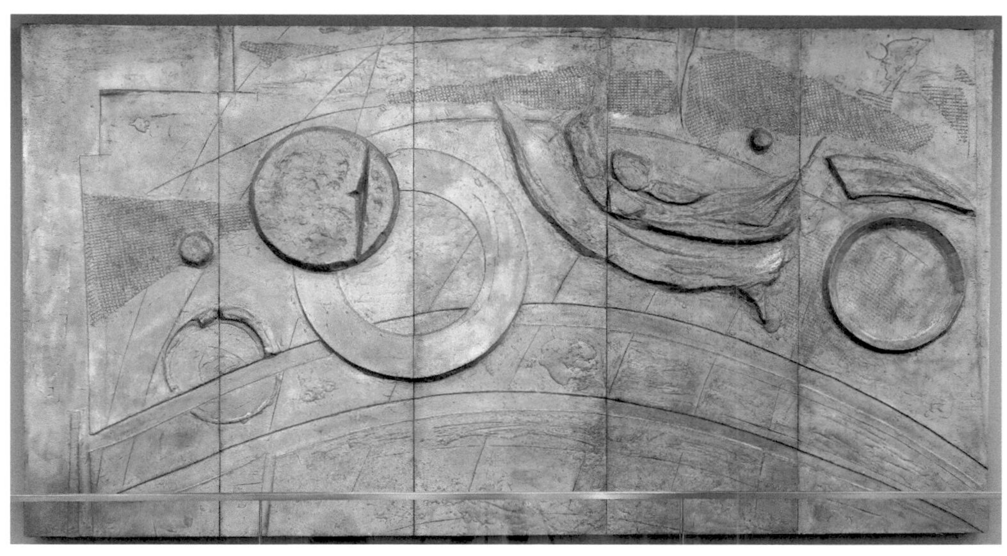

Nr. 55

Philipps-Universität Marburg, Universitätsbibliothek, Deutschhausstraße 9, Haupttreppenhaus
»Lichtung«
Axel Anklam, Thomas Henninger
2020
Relief. Edelstahl. Gesamtmaße 7 x 18 m

Auf der gesamten Fläche der Treppenhauswand finden sich, über drei Stockwerke verteilt, Elemente des Bildwerks. Dabei handelt es sich um unregelmäßig geformte Edelstahlplatten, die in spiegelnder Vergoldung gehalten sind. Sie sind nicht planparallel an der Wand befestigt, wie sie auch an manchen Stellen aus ihrer Ebene leicht herausgebogen sind und in der Seitenansicht Schlitze bilden. Entsprechend finden sich auch die Spiegelbilder eher verzerrt und kaum getreu wiedergegeben.
Die darin enthaltenen Bezüge zwischen Natur (Botanischer Garten) und Kultur (Bibliothek) sind durch Augenschein nicht unmittelbar erschließbar. Erst durch die Kommentierung der Künstler vermittelt sich der hochartifizielle Vorgang der Entstehung des Kunstwerks dem Betrachter, ohne dass die Form schon verständlich würde.
Demzufolge seien im Morgengrauen des Frühsommers mittels Funkmikrophonen und Oszillographen »erwachende Vogelstimmen« aufgezeichnet und in einer »Sound Map« kartographisch verortet worden. Unter Mithilfe von Ornithologen wurde aus den aufgezeichneten Daten eine Art Partitur erstellt, die wiederum als Ausgangspunkt für einen Algorithmus gedient habe. Über letzteren sei schließlich das »dreidimensionale digitale Relief« zur Entstehung gebracht worden.
Über verschiedene Abstraktionsvorgänge lässt sich so die Entstehungsgeschichte des Kunstwerks rekonstruieren. So ist hier nicht mehr die Hand des Künstlers das schöpferische Agens, sondern die Natur selbst, materialisiert als »Sprache der Vögel«, schafft das Kunstwerk von sich selbst und übernimmt so den Schaffensprozess.
Kern des Werkes sind die verspiegelten Metallplatten, die, bedingt durch die Unregelmäßigkeit ihrer Flächen, Spiegelbilder hervorbringen, die das Gespiegelte verändern. Dadurch öffnet sich ein ganzer Bedeutungskosmos, von dem hier in der Universitätsbibliothek vor allen die reflektierende Funktion des Denkens anzusprechen ist. Von ihm ausgehend, gewinnt die Symbolik der Erkenntnis und der Selbsterkenntnis, ja des Bewusstseins überhaupt an substantieller Bedeutung. Indem sich Bibliothek und Botanischer Garten gleichermaßen auf den Impetus der Aufklärung zurückführen lassen, findet sich hier die Dichotomie beider Institutionen verbildlicht. (U.G.)

Axel Anklam
Geb. 1971 in Wriezen, gest. 2022 in Berlin. 1987–1990 Ausbildung zum Kunstschmied. 1993 Meistertitel. 1998–2004 Studium an der Hochschule für Kunst und Design, Halle/Giebichenstein und der Universität der Künste Berlin. 2010 Gastprofessur für Bildhauerei an der Staatlichen Akademie der Bildenden Künste Stuttgart. Tätig in Berlin und Freienwalde.

Thomas Henninger
Geb. 1971 in Offenburg. 1994–1996 Ausbildung zum Steinbildhauer. 1997–2004 Studium Malerei an der Hochschule für Kunst und Design, Halle/Giebichenstein, dort 2004–2006 Meisterschüler bei Prof. Ute Pleuger, 2013–2014 Lehrauftrag für Malerei im Kontext neuer Medien. Lebt und arbeitet in Berlin.

Literatur:
Lichtung – Axel Anklam und Thomas Henninger. Publikation zum gleichnamigen Kunst am Bau-Beitrag im Wettbewerb des Landes Hessen für die Universitätsbibliothek Marburg. Philipps-Universität Marburg 2022

Weblinks:
https://www.thomashenninger.com/public-kunst-am-bau • https://www.anklam-henninger.de/portfolio-lichtung • https://www.bbk-kulturwerk.de/kioer/kuenstlerdatenbank/projekt/lichtung-1

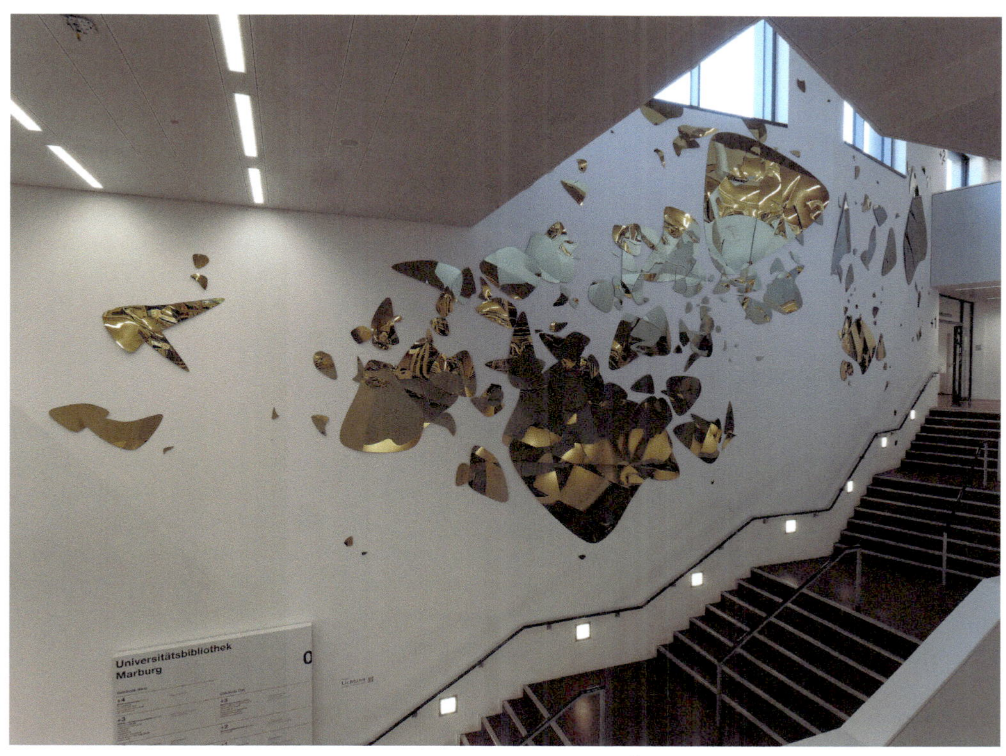
Universitätsbibliothek
Marburg

Nr. 56

Erwin-Piscator-Haus, Biegenstraße 15,
Foyer Erdgeschoss
»Gesammelte Zeit«
Gerda Waha
2022 (2018)
Zeitungen, Wachs, Kordel, Metall, Glas.
145 x 80 x 80 cm

Auf rotem Untergrund, der in den Hintergrund übergeht, liegt ein Stapel Zeitungen. Die Zeitungen sind im Auslieferungsmodus alle zur gleichen Größe gefaltet, zu kleinen Stapeln aufeinandergelegt, die wiederum mit Kordeln gebunden und mit Wachs versiegelt sind. Sie sind zu einem großen Stapel geordnet, der vorne und seitlich durch Stahlstangen fixiert wird, wobei er von einer gläsernen Box umgeben ist.
Es ist nicht erkennbar, ob hier eine bestimmte Zeitung gesammelt ist. In mehreren Interviews hat die Künstlerin jedoch preisgegeben, dass es sich um die Wochenzeitung DIE ZEIT handelt. Da Zeit als Abstraktum nicht thesaurierbar ist, lässt sie sich nicht sammeln, so dass sich hier nicht, wie behauptet, ein Doppelsinn ergibt. Gleichwohl repräsentieren unterschiedliche Mengen der Zeitungsausgaben, die mit Kordeln zu jeweils 5 bis 10 cm hohen Päckchen gebunden sind, zwar unterschiedlich lange Zeitabschnitte, die aber nicht benannt und somit ihrer Semantizität beraubt sind. Zudem haben sie durch die künstlerische Inszenierung jegliche Informationswerte eingebüßt, so dass sie nicht mal mehr als Archivalien vorstellbar sein können.
Oben auf dem Stapel liegt eine Zeitung, deren sichtbare Seite groß das Wort KUNST zeigt. Es ist nicht in das übliche Zeitungslayout integriert, beansprucht somit eine Sonderstellung in dem Ensemble. Auf diese Weise als Kommentierung des Bildwerks gemeint, wirkt es indes redundant.
Der Gedanke, vergehende oder vergangene Zeit mittels Zeitungsstapel zum Ausdruck zu bringen, ist nicht ganz neu. So inszenierte Mario Merz 1976 in einer Ausstellung der Galeria Tucci Russo in Turin die Installation »Tavola a spirale in tubolare di ferro per festino di giornali datati il giorno del festino«. Auch Joseph Beuys setzte sich mit den inhaltlichen Dimensionen der Zeitung im Kunstwerk auseinander, wie etwa im »Block Beuys« von 1952–1967, Vitrine 8, Raum 5 im Hessischen Landesmuseum Darmstadt, ebenso wie Kramer/Demnig mit ihrem »Hundert Tage Zeitungsmonument« 1977 in der Ausstellung zum 200-jährigen Bestehen der Kasseler Kunsthochschule im Kasseler Kunstverein. Sowohl Beuys als auch Merz versahen ihre Objekte mit zahlreichen Attributen, die das Bedeutungsspektrum erheblich erweiterten. Das lässt das Objekt von Gerda Waha vermissen, so dass es eher eindimensional bleibt. (U.G.)

Gerda Waha
Geb. 1941. Ausbildung in Malerei und Grafik an der Philipps-Universität Marburg und der Hochschule Vechta. Weitere Studienaufenthalte an den Akademien Baden/Wien, Trier und im Ausland. Auseinandersetzung mit sozialen Themen und dem Austausch fremder Kulturen. 2006 Otto-Ubbelohde-Preis des Landkreises Marburg-Biedenkopf. Mitglied der Gruppe »Werkstatt Radenhausen«.

Literatur:
Badouin, Uwe: »Gesammelte Zeit« fürs Erwin-Piscator-Haus. In: Oberhessische Presse, 9.7.2022 S. 30

Weblinks:
https://www.marburg.de/portal/meldungen/gesammelte-zeit-kunst-von-gerda-waha-900009144-23001.html?rubrik=900000004 • http://gerda-waha.de/portfolio/gesammelte-zeit/

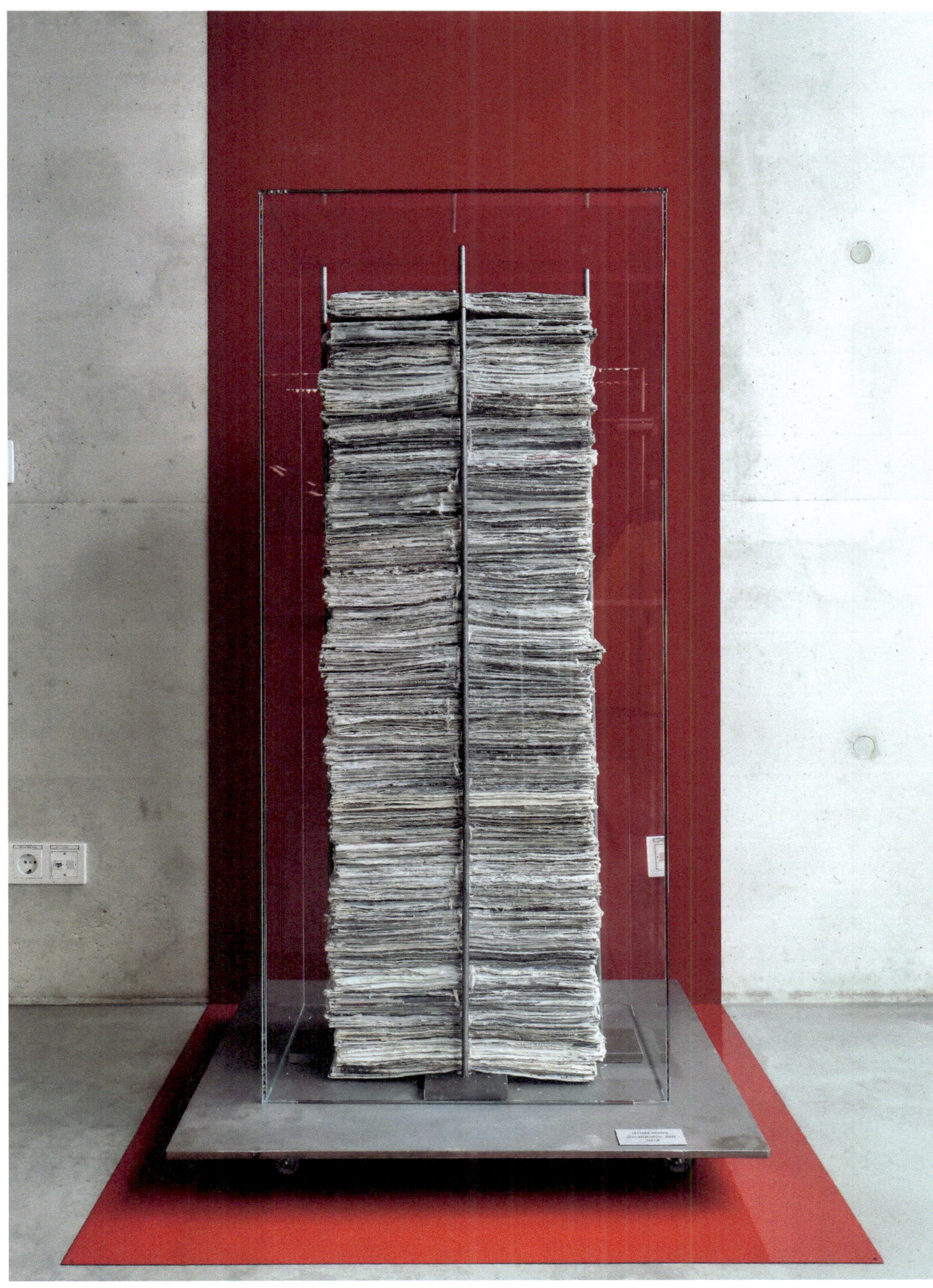

3. Denkmäler und Mahnmale

Nr. 57

Ortenbergplatz
Kreiskriegerdenkmal
Entwurf: Theodor Georgii
Ausführung: Firma Josef Paffrath, Marburg
1914
Basaltlava. Sockel 1,90 x 1,50 x 1,15 m; Obelisk 3 m; Adler ca. 1 m. Vorderseite des Sockels: Bronzetafel mit den Namen der 38 Gefallenen. Bronzetafel der Rückseite fehlt. Vorderseite des Obelisken (Bronzebuchstaben aufgesetzt): »1870–1871 1914–1918/ DEN GEFALLENEN ZUM GEDÄCHTNIS«.
Sockel linke Seite (vertieft): »DEN TEILNEHMERN / DES KREISES MARBURG / ZUM EHRENDEN ANDENKEN / GEWIDMET / VOM KREISKRIEGERVERBAND«
Sockel rechte Seite (vertieft): »WEISSENBURG WÖRTH /SPICHERN MARS-LA-TOUR / GRAVELOTTE ST. PRIVAT / SEDAN METZ / ORLEANS PARIS / BELFORT«

Das ca. 6 m hohe Denkmal – eine Kombination aus Inschriftensockel, aufgesetztem Obelisken mit kugelförmigen Eckbasen und Adlerbekrönung – ruht auf einem dreistufigen, quadratischen Fundament, das die Denkmalanlage aus der übrigen Platzumgebung ausgrenzt.
Im Juni 1911 wird auf einer Abgeordnetentagung des Kreiskriegerverbandes der Beschluss gefasst, endlich auch in Marburg ein Denkmal für die Teilnehmer am Deutsch-Französischen Krieg 1870/71 zu errichten. Nachdem die finanzielle Unterstützung durch die Stadt gesichert ist, setzt das im folgenden Monat gegründete Komitee einen überregionalen Wettbewerb in Gang, der jedoch unterbrochen wird durch das Angebot des Berliner Bildhauers August Gaul, veranlasst durch eine private Initiative von Carl Bantzer, Otto Ubbelohde zu anderen prominenten Marburgern, wegen seiner »Liebe zu seiner hessischen Heimat« einen Abguss des Bronzelöwen (1904) für das Denkmal zur Verfügung zu stellen. Gaul hält für das Projekt die Ecke Rudolphsplatz/ Weidenhäuser Brücke für den geeignetsten Standort. Die Befürworter dieses Vorschlages erblicken die günstige Gelegenheit, für Marburg ein anerkanntes Kunstobjekt zu erwerben, wie es sich andere Kleinstädte nicht leisten können.

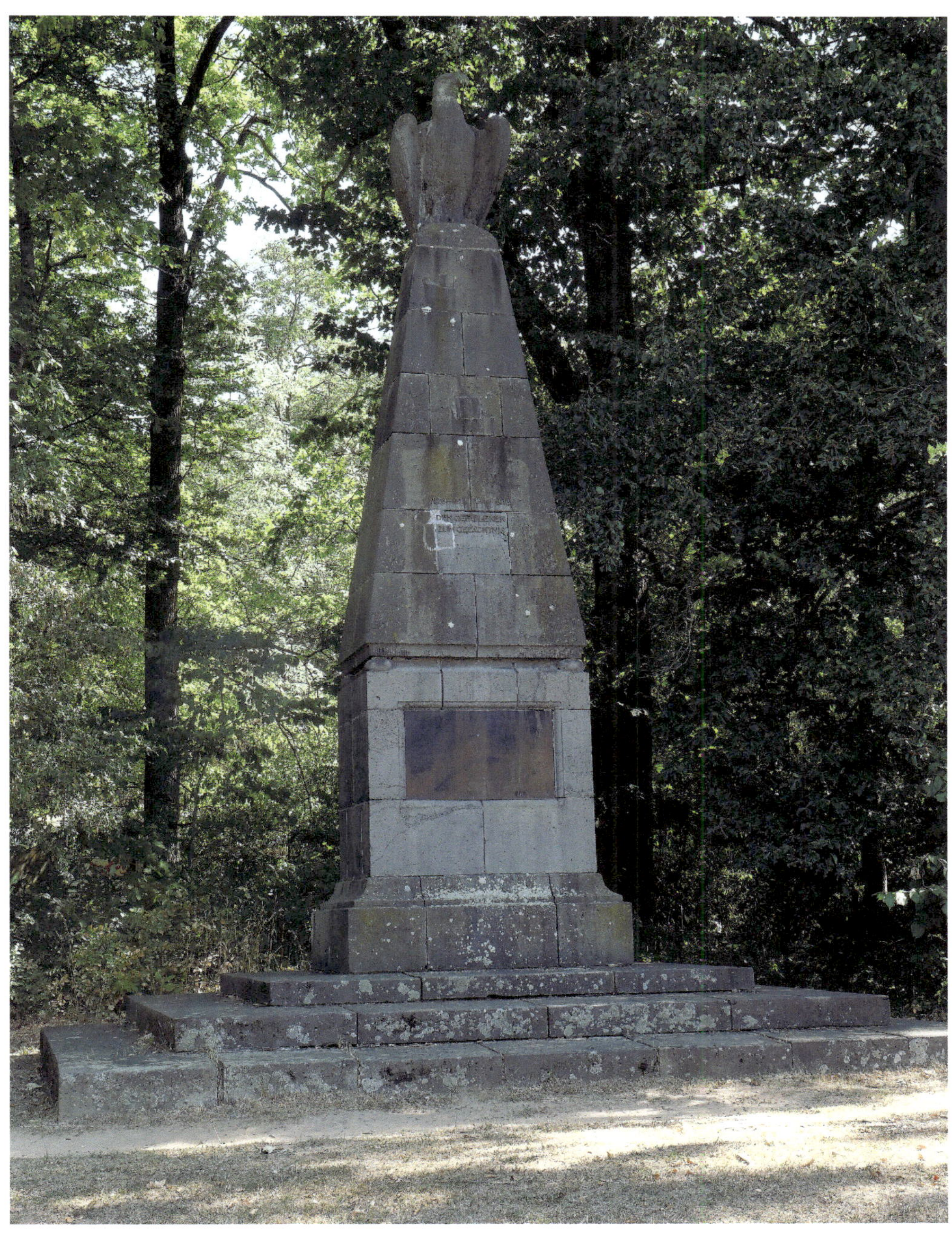

Der Einspruch der Kriegervereine verhindert jedoch die Realisierung dieses Planes. Öffentlich ausgetragene Querelen um Gestaltung und Standort ziehen sich nun über mehrere Jahre hin. Wie wenig prestigefördernd der kommunale Streitfall für alle Beteiligten wirkt, beweist u. a. der englische Schriftsteller Aldous Huxley, der sich 1912 während eines Aufenthaltes in Marburg über die Aufregung um das Denkmal in einem Brief mokiert: »Die Marburger wollen auch ein Kriegsdenkmal errichten, obwohl keiner, der im Krieg dabei war, das will und es ja auch schon etwas her ist. Die Rangelei darum dauert nun schon Monate: ein hessischer Bildhauer – der angeblich Tiere sehr gut drauf hat [gemeint ist A. Gaul] – hat ihnen angeboten, einen hessischen Löwen zu liefern – aber damit waren sie nicht zufrieden – sie wollen eine drohend-aufrechte Germania, Arm in Arm mit einer blutbefleckten Victoria, oder etwas ähnlich Vulgäres und Uninteressantes.« (Studier mal Marburg, Juni 1978)
Nachdem der Kreiskriegerverband beschlossen hat, sämtliche bisher eingereichten Entwürfe abzulehnen und den Münchner Bildhauer Adolf von Hildebrand – einen gebürtigen Marburger – mit der Lösung des Problems zu betrauen, gelangt schließlich auf dessen Betreiben im Juli 1914, also unmittelbar am Beginn eines erneuten Krieges, der Entwurf seines Schwiegersohnes Theodor Georgii zur Ausführung. Ort der Realisierung dieses bislang konservativsten Vorschlags ist der Friedrichsplatz, der – zunächst als traditionsloser Neustadtplatz und somit für die mittlerweile historische Aufgabe als unzulänglich kritisiert – in eine komplexe symmetrische Platzanlage umgewandelt wird. Sternförmig gehen von hier Straßen mit den Namen vergangener Triumphe aus: Orleansstraße, Wörthstraße, usw. Im Zentrum der Anlage wird das Denkmal aufgestellt, dessen Sockel neben den Namen der 38 Gefallenen (Rückseite) und der Auflistung erinnerungswürdiger Kriegsschauplätze auf seiner Vorderseite ein (inzwischen verschollenes) Bronzerelief trägt. Es zeigt »den Empfang der siegreich heimkehrenden Truppen durch die Bevölkerung. Schwälmermädchen winden den Soldaten, Marburger Jägern, Kränze, im Hintergrund zeigen sich Bauern in althessischer Landestracht« (Oberhessische Zeitung, 6.7.1914).
Die Kombination aus Sockel, Obelisk und Adler ergibt eine Konstellation, die bereits vor der offiziellen

Einweihung am 5. Juli 1914 vielfach als formal misslungen, dem Planungsaufwand unangemessen und als antiquierte Gestaltungsidee eingeschätzt wird. Beim Bau des Staatsarchivs im Jahr 1938 und der gleichzeitigen Umgestaltung des Friedrichsplatzes wird das Denkmal komplett auf seinen jetzigen Standort, den Ortenbergplatz versetzt, da, der offiziellen Begründung zufolge, mit der Öffnung des Platzes zum Archivgebäude hin die inszenatorische Wirkung der Anlage genommen worden wäre. Bei der Renovierung des Objektes 1954 erfolgt schließlich die Beseitigung der gröbsten Schäden des 2. Weltkrieges und der Ersatz verlorengegangener Bronzebuchstaben und -platten. (H.K.)

Theodor Georgii
Geb. 1883 in Borowitschi, gest. 1963 in Esslingen am Neckar. 1902–1905 Kunstakademie Stuttgart und Brüssel, anschließend in München Gehilfe seines späteren Schwiegervaters Adolf v. Hildebrand. Ab 1935 Lehrtätigkeit an der Wiener Kunstgewerbeschule und den Dombauhütten in Regensburg und Passau, 1946–1952 Professor an der Akademie der bildenden Künste München. Bekannt zunächst als Bronzeplastiker durch eine große Zahl naturalistischer Tierdarstellungen, seit 1910 als Marmorbildhauer durch Porträtbüsten, mythologische und christliche Darstellungen, figürliche Reliefs und Kriegsdenkmäler.

Literatur:
Oberhessische Zeitung, 21.7.1912, 26.7.1912, 6.7.1914, 2.4.1938, 11.6.1938 • Hessische Landeszeitung, 8.1.1913, 6.7.1914 • Heilmeyer, Alexander: Theodor Georgii. In: Die Kunst für alle. Bd. 36, 1921. S. 329–339 • Georgii, Theodor: Das freie Gestalten in Stein. In: Die Kunst für alle. Bd. 36, 1921. S. 340–345 • Klees, Hubert: Theodor Georgii. Mit einem Vorwort von Wilhelm Pinder. München 1930 • Oberhessische Presse, 18.11.1954 • Georgii, Theodor. In: Vollmer. Bd. 2. Leipzig 1955. S. 226 • Letters of Aldous Huxley. Hg. v. Grover Cleveland Smith. London 1969. S. 43–44 • Stefani, Regine: Der Bildhauer Theodor Georgii 1883–1963. Biografie und Werkverzeichnis. Univ.-Diss. München 2013

Nr. 58

Ludwig-Schüler-Park
Jägerdenkmal
Entwurf: Kurt Schmelz
Ausführung: Firma Josef Paffrath, Marburg
1923
Sandstein. Gesamthöhe ca. 8 m. Sockelinschrift Vorderseite: »DEN TAPFEREN / MARBURGER JÄGERN / 1914 / 1918«

Veteranenvereine fühlen sich in besonderem Maße der Erinnerungen an frühere Taten verpflichtet. Am südlichen Abschluss des Marburger Ludwig-Schüler-Parks entsteht daher 1923 ein Erinnerungskomplex an die Toten des Kurhessischen Jäger-Bataillons Nr. 11. Im Zentrum der Anlage erhebt sich auf einer kreisrunden Aufschüttung, die über vier Stufen betretbar ist, das Denkmal des Marburger Bildhauers Kurt Schmelz als eine Kombination nur schwer miteinander vereinbarer Komponenten. Eine zweistufige Basis, ein kubischer Sockel mit vorkragendem Fuß- und Kranzgesims, ornamentiert mit Inschriften, ein glatter Säulenschaft mit Kapitell, der eine Reliefplatte balanciert – diese Elemente formieren sich zu einer 8 m hohen, bereits zur Entstehungszeit wenig überzeugenden Formzusammenstellung. Die Reliefplatte zeigt einen zu Boden gesunkenen Hirsch mit zurückgeworfenem Kopf, rückseitig einen Eichbaum, das Wappenemblem des Regiments. (H.K.)

Kurt Schmelz
Geb. 1891, gest. 1956 in Marburg. 1906–1913 Studium der Bildhauerei an der Kunstakademie Kassel. Nach Teilnahme am 1. Weltkrieg (bei der Einheit, deren Gefallenendenkmal er 1923 entwirft) und Kriegsgefangenschaft ab 1920 tätig als Maler und Bildhauer in Marburg, Berlin und Kassel. Ab 1937 Berufssoldat. Nach dem 2. Weltkrieg wieder in Marburg ansässig.

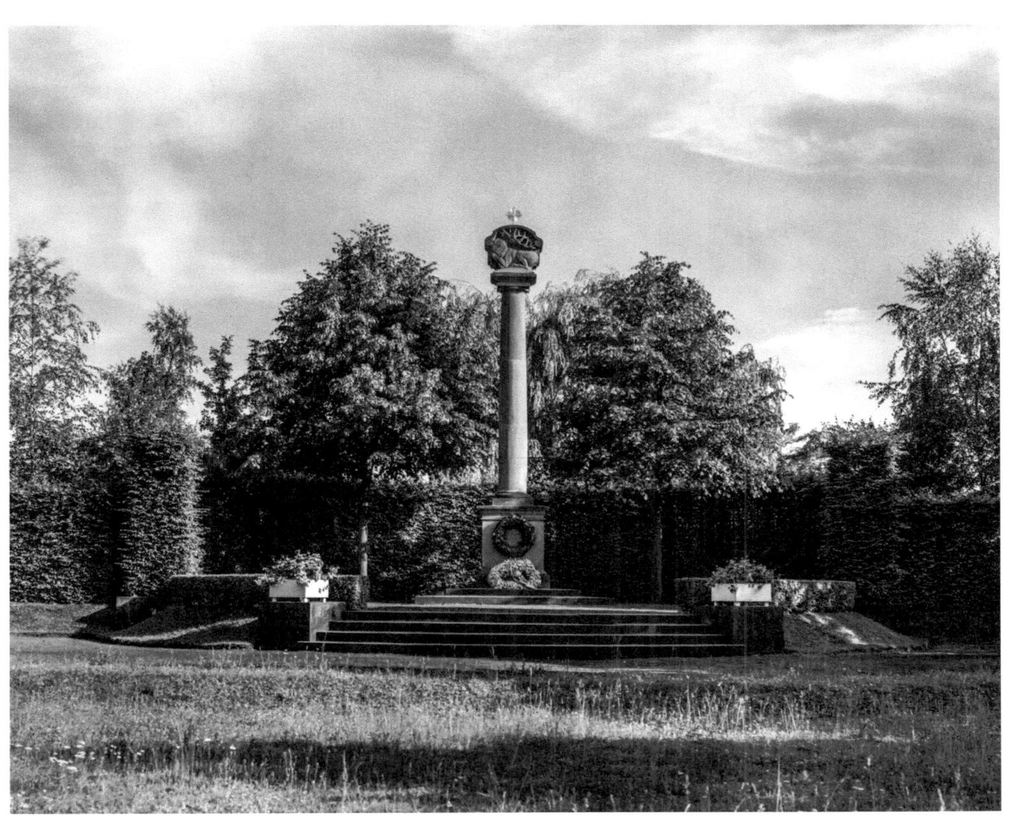

»Verblendung«
Heiko Hünnerkopf
2021
Stahl. Höhe 6 m. Aufschrift:
»VERBLENDUNG / ZUR ERINNERUNG AN DIE OPFER DER MARBURGER JÄGER«

2013 lenkt eine Forschungsarbeit der Geschichtswerkstatt Marburg die öffentliche Aufmerksamkeit auf die Kriegsverbrechen des Jäger-Bataillons in Frankreich und Belgien sowie in China und Südwestafrika. Nach deren Offenlegung ist das Denkmal politisch nicht mehr akzeptabel. Auf Beschluss der Stadtverordnetenversammlung wird daher 2016 ein Kunstwettbewerb für eine Gedenkinstallation initiiert, die eine Kommentierung des vorhandenen Denkmals sowie einen »Beitrag für die Aufarbeitung der Geschichte des Militarismus in Marburg und ein lokaler Beitrag für die Kultur des Friedens und der Völkerverständigung« leisten soll. Der ausgewählte Entwurf »Verblendung« des Kommunikationsdesigners Heiko Hünnerkopf umzäunt mit einer Doppelreihe aus Stahlstäben viertelkreisförmig das Denkmal.
Nur noch als Wahrnehmungsirritation lässt der Verhau mit seinen Winkelprofilen den Blick auf das strittige Objekt zu. Sein ursprünglicher Zweck bleibt sichtbar, wird aber in seiner Bedeutung relativiert. Ein Gemeinwesen, das mit dem Denkmal auch das zu Gedenkende geerbt hat, geht auf verantwortungsbewusste Weise damit um: Indem die aktuelle künstlerische Verblendungsmaßnahme der ideologischen Verblendung der Täter und der denkmalsetzenden Gesellschaft gegenübergestellt wird, verkörpert das Denkmal nun die Kritik an sich selbst. So öffnet sich das rückwärtsgewandte Mal der Zukunft und repräsentiert jenseits des lokalen Bezugs den neuen Typus eines »revidierten Denkmals«. (H.K.)

Heiko Hünnerkopf
Geb. 1969 in Würzburg. Der international renommierte Diplom-Designer hat sein Büro in Wertheim am Main.

Literatur:
Deutscher Ehrenhain für die Helden von 1914/18. Leipzig 1931 • Zur Geschichte der »Marburger Jäger«. Hg. v. Klaus-Peter Friedrich u.a. Marburger Stadtschriften zur Geschichte und Kultur 101. Marburg 2014 • Hölger, Tim und Kevin Rick: Das Kriegerdenkmal des 11. Kurhessischen Jägerbataillons im Marburger Schülerpark. In: Zeitschrift des Vereins für hessische Geschichte und Landeskunde. 119/2014. S. 215–227 • Kimpel, Harald: Kurt Schmelz. Denkmal für die gefallenen Jäger von 1914–1918. In: 100 Jahre Moderne in Hessen. Von der Reichsgründung bis zur Ölkrise. Ein Architekturführer. Hg. v. Kai Buchholz und Philipp Oswalt. Berlin 2019. S. 369

Weblinks:
http://www.vhghessen.de/inhalt/zhg/ZHG_119/Hoelger_Rick_Kriegerdenkmal.pdf • https://www.marburg.de/portal/meldungen/verblendung-marburg-erinnert-im-herzen-der-stadt-an-opfer-des-militarismus-900008065-23001.html?rubrik=900000004 • https://wissenschaft-und-frieden.de/artikel/verblendung-als-aufklaerung/

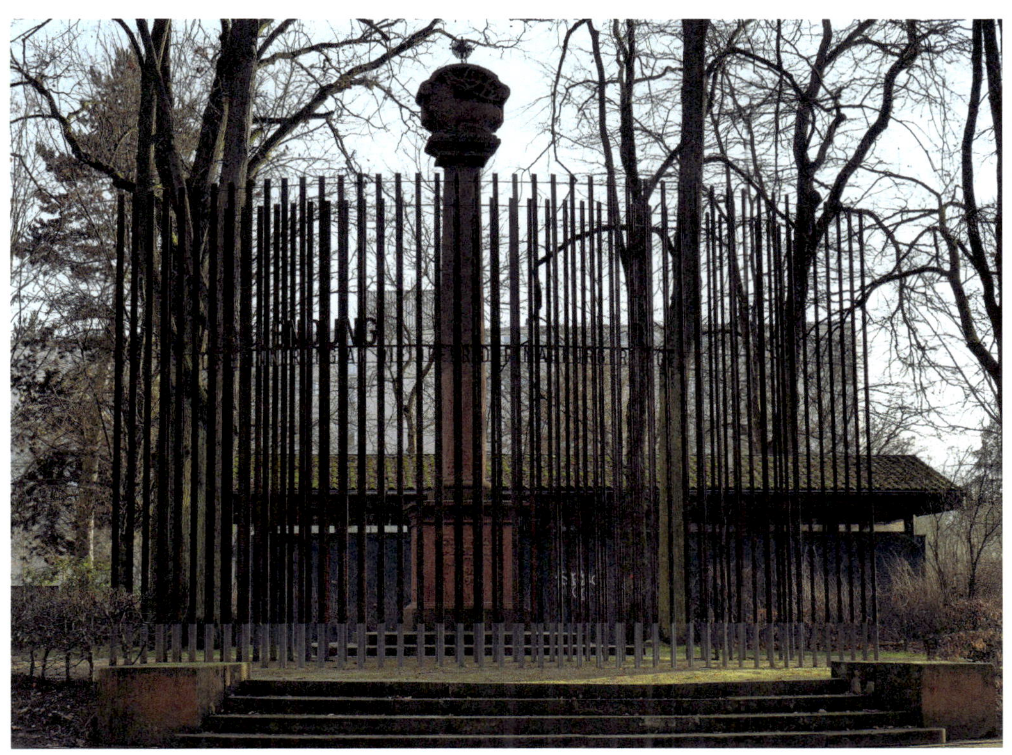

Nr. 59

Philipps-Universität Marburg, Freigelände vor dem Hörsaalgebäude, Biegenstraße
Gefallenendenkmal der Universität
Entwurf: Will Lammert,
Ausführung: C. Meisen, Köln
1927
Würzburger Muschelkalk. Sockel 1,30 x 1,00 x 2,60 m. Höhe der Skulptur 1,70 m

Wie kein anderes Kunstwerk im Marburger Stadtraum weist das Gefallenendenkmal eine bewegte Geschichte auf. Als 1925 beschlossen wird, anlässlich des Universitätsjubiläums im Jahr 1927 ein Denkmal für die Gefallenen der Universität zu errichten, besinnt sich die vom Senat der Universität gebildete Kommission zunächst auf ein Projekt aus der Zeit unmittelbar vor dem Ersten Weltkrieg. Zur Gestaltung eines Gefallenendenkmals für die Opfer des Krieges von 1870/71 war der Berliner Bildhauer August Gaul aufgefordert worden, der die Aufstellung eines Abgusses seines Bronzelöwen (1904) vorgeschlagen und als Standort die Ecke Rudolphsplatz/ Weidenhäuser Brücke ausgewählt hatte. Dieses Vorhaben war jedoch am Einspruch der Kriegervereine zugunsten des Denkmals auf dem Friedrichsplatz gescheitert, so dass sein Angebot 1925 noch immer zur Disposition steht.
Da die Planungskommission der Überzeugung ist, »dass vor allem die Vernachlässigung der städtebaulichen Rücksichten und die einseitige Einstellung auf das Einzelkunstwerk das Misslingen so vieler Denkmäler der früheren Jahrzehnte verursacht hat« (Bericht des Denkmalausschusses vom 10.12.1925), soll auf die Wahl des Standortes und seine Integration in das Stadtbild besonderer Wert gelegt werden. Auch unter diesem Aspekt scheint der Vorschlag von August Gaul gegenüber den alternativen Aufstellungsmöglichkeiten (ehem. Dominikanerfriedhof neben der Universitätskirche, Mauer der Universität am Rudolphsplatz) in besonderem Maße geeignet zu sein, da ein dort aufgestelltes Denkmal die Verbindung zwischen den Universitätsgebäuden einerseits und der auf dem Weidenhäuser Lahnufer gelegenen Jubiläumsfesthalle und dem Sportfeld andererseits akzentuieren würde. Darüber hinaus sei »diese vielleicht wichtigste Stelle des Marburger Stadtbildes« als ein Schnittpunkt zweier historischer Straßenzüge sowohl aus Richtung Universitätsstraße und Lahntor, als auch von jenseits der Weidenhäuser Brücke optimal einsehbar.
Der Essener Baurat Otto Schmidt wird als gebürtiger Marburger beauftragt, die Gaulsche Plastik in eine architektonische Gesamtanlage zu integrieren. Dass es sich bei seiner komplexen, in das Stadtbild eingreifenden Konzeption um ein Projekt handelt, mit dem neben den Interessen der Auftraggeber auch die der gesamten außeruniversitären Öffentlichkeit berührt werden, zeigen die Reaktionen unmittelbar nachdem der Plan im Mai 1926 durch Aufstellung eines Modells im Kunsthistorischen Seminar bekannt wird. So stößt besonders die Platzierung auf dem 1,50 m über dem Straßenniveau liegenden Dach des Maschinenhauses der Stadtwerke auf Widerstand, da die Verbindung mit einer Industrieanlage der Würde des Denkmals zuwiderlaufe. Auch werden Bedenken laut gegen die als Verschleierung architektonischer Gegebenheiten angesehene Terrassenanlage und gegen das angebliche Missverhältnis von Skulptur und Rahmenarchitektur. Die Plastik selbst wird kritisiert als phantasielose Kopie einer überlebten Idee (Löwe Herzog Heinrichs in Braunschweig) ohne spezielle Beziehung zur Stadt Marburg.
In der Tat liegt hier mit dem Motiv des Löwen eines der bei Denkmälern des Ersten Weltkrieges am häufigsten eingesetzten Symbole vor. Auch seine isolierende Inszenierung durch Aufstellung auf extrem hohem Sockel reproduziert den Standardtypus. Er steht in einer langen Traditionskette, die unter anderem die antiken Löwen von Delos, den Braunschweiger Löwen (1166) und die Bronze von August Gaul umfasst.
Das schließlich am 29.7.1927 eingeweihte und der Stadt Marburg übergebene Denkmal berücksichtigt die zahlreichen Einwände nur wenig. Die nun nicht mehr von Gaul übernommene, sondern von dem Essener Bildhauer Will Lammert entworfene Löwin erweist sich als Abwandlung der Gaulschen Bronze im Sinne einer stärkeren Vereinfachung und Symmetrisierung aller Formen. Mit dieser Plastik besitzt Marburg eine der wenigen Arbeiten dieses Bildhauers aus der Zeit vor 1933, die nicht im Zuge der Durchsetzung der faschistischen Kunstpolitik zerstört wurden.

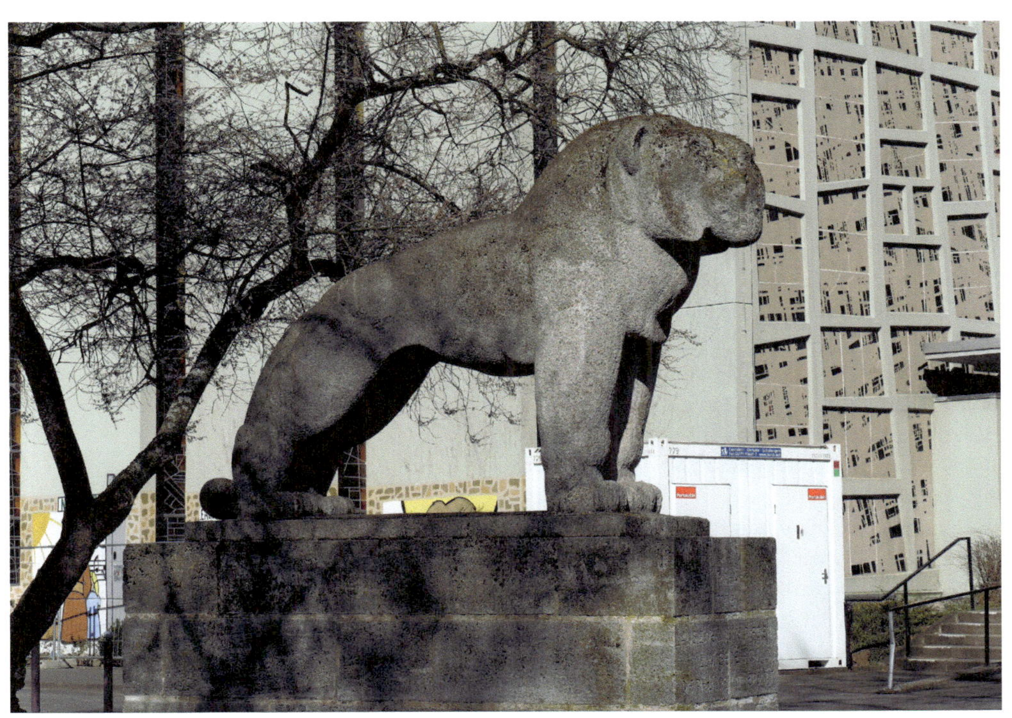

Die Finanzierung des Projekts gelingt durch Spenden der Professoren und Studenten, des Vorsitzenden des Universitätsbundes und des Preußischen Ministers für Wissenschaft, Kunst und Volksbildung. Der Text am Sockel lautet: »1914–1918. Ihren fünfhundertsiebenundachtzig Toten zum Gedächtnis. Die Philipps-Universität«.
Während der Einweihungsfeierlichkeiten samt Ehrenkompanie, Reichswehrkapelle, Aufmarsch studentischer Korporationen und versammeltem Lehrkörper im Talar wird die Skulptur zum Anlass für Reflexionen über die politische Situation Deutschlands nach dem Krieg und über Sinn und Funktionen des Heldentodes. Die Löwin wird rezipiert als »Sinnbild tat- und abwehrbereiter Kraft der deutschen Jugend, die stürmte und kämpfte« (Oberhessische Zeitung, 14.5.1926).
1973 wird im Zuge der Umgestaltung des Rudolphsplatzes die Gesamtanlage beseitigt. Nach langwierigen Überlegungen zu einer Reaktivierung des Denkmals erfolgt am 7.4.1976 die Neuaufstellung der restaurierten Plastik am Standort Ecke Biegenstraße/Savignystraße. Mit gewendeten Inschriftplatten und einem um die Hälfte erniedrigten Sockel hat das Objekt jedoch neben seinen früheren Proportionen auch seine ursprüngliche Funktion verloren. Die Absicht wird spürbar, ein als historisch belastet erkanntes Denkmal durch Einbeziehung in einen anderen Kontext als Freiplastik zu entpolitisieren. Diese Funktionsänderung ruft neben Zustimmung auch Protest hervor. Daher erhält auf Beschluss des Senats der Philipps-Universität die Plastik 1980 die neu formulierte Inschrift: »Ihren Toten aus zwei Weltkriegen zum Gedenken. Die Philipps-Universität«. Unter Einbeziehung des 2. Weltkrieges ist damit die ursprüngliche Denkmalfunktion wiederhergestellt.
Durch den Umbau der Stadthalle und die Umgestaltung des Vorplatzes wird ein dritter Standortwechsel nötig. Seit 2010 steht das Denkmal an der gegenüberliegenden Straßenseite auf dem Gelände des Hörsaalgebäudes. (H.K.)

Will Lammert
Geb. 1892 in Hagen, gest. 1957 in Berlin (DDR). 1906–1910 Lehre als Stuck-, Holz- und Steinbildhauer. 1911 Stipendium der Stadt Hagen an der Staatl. Kunstgewerbeschule Hamburg. Nach dem Ersten Weltkrieg Studium an der Fachschule für Keramik in Höhr bei Koblenz, 1924–1927 Leiter einer Keramikwerkstatt in Essen, gleichzeitig freischaffend. 1931 Rompreis. Seit 1932 KPD-Mitglied. 1933 Emigration nach Paris, 1934 in die Sowjetunion (Moskau, Kasan). Die meisten seiner Arbeiten vor 1933 fallen dem nationalsozialistischen Bildersturm zum Opfer. In der Sowjetunion Beeinflussung durch den Sozialistischen Realismus. 1951 Rückkehr nach Berlin (DDR). Ernennung zum Professor und Mitglied der Deutschen Akademie der Künste. 1959 erhält Lammert posthum den Nationalpreis der DDR und gilt als einer ihrer bedeutendsten realistischen Bildhauer.

Literatur:
Oberhessische Zeitung, 19.12.1925, 14.5.1926, 19.5.1926, 11.2.1927 • Schmid, Otto: Das Gefallenen-Denkmal der Universität Marburg. In: Deutsche Bauzeitung. 61. 92/1927. S. 753–755 • Mitteilungen des Universitätsbundes Marburg e. V. 17/1927 • Blätter der Philipps-Universität. Juli 1927 • Rudolf, Otto: Sinn und Aufgabe moderner Universität. Rede zur vierhundertjährigen Jubelfeier der Philippina zu Marburg. Marburg 1927 • Busch, Wilhelm: Die Vierhundertjahrfeier der Philipps-Universität Marburg 1927. Festbericht. Marburg 1928 • Deutscher Ehrenhain für die Helden von 1914/18. Hg. v. Friedrich Hermann Illgen. Leipzig 1931 • Will Lammert. Gedächtnisausstellung. Hg. v. John Heartfield. Akademie der Künste Berlin 1959 • Will Lammert. Hg. v. Peter H. Feist. Mit Werkverzeichnis von Marlies Lammert. Dresden 1963 • Lexikon der Kunst. Bd. 2. Leipzig 1971. S. 848 • Oberhessische Presse, 13.7.1977, 16.9.1977, 11.12.1978 S. 8 (Leserbrief wgn. Inschrift) 1978 • Hoffmann, Raimund: Will Lammert. Wegbereiter sozialistischer Kunst. Zum 20. Todestag des Bildhauers. In: Bildende Kunst. 1977. S. 526–529 • Kessner, Helmut: Marburg im Wandel. 1927–1977. Hg. v. der Initiativgruppe Marburger Stadtbild e. V. Marburg 1978 • Peters, Ursula: Der Bildhauer Will Lammert (1892–1957) und der Hagener Mäzen Karl Ernst Osthaus (1874–1921). In: Kulturgut. 40/2014. S. 2–7

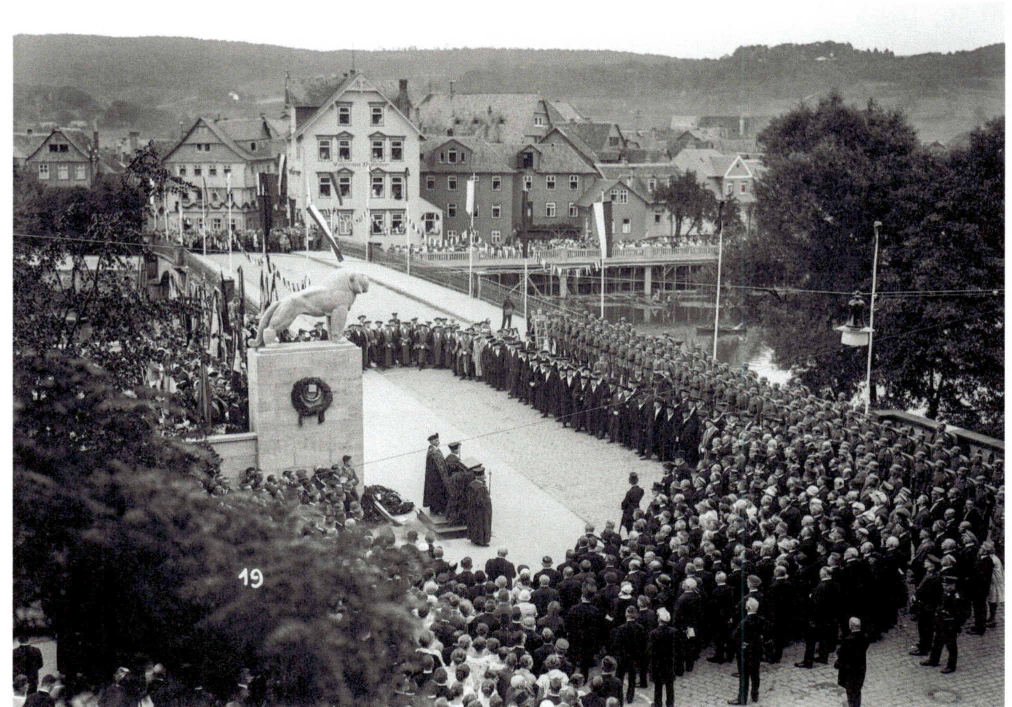

Einweihung 1927

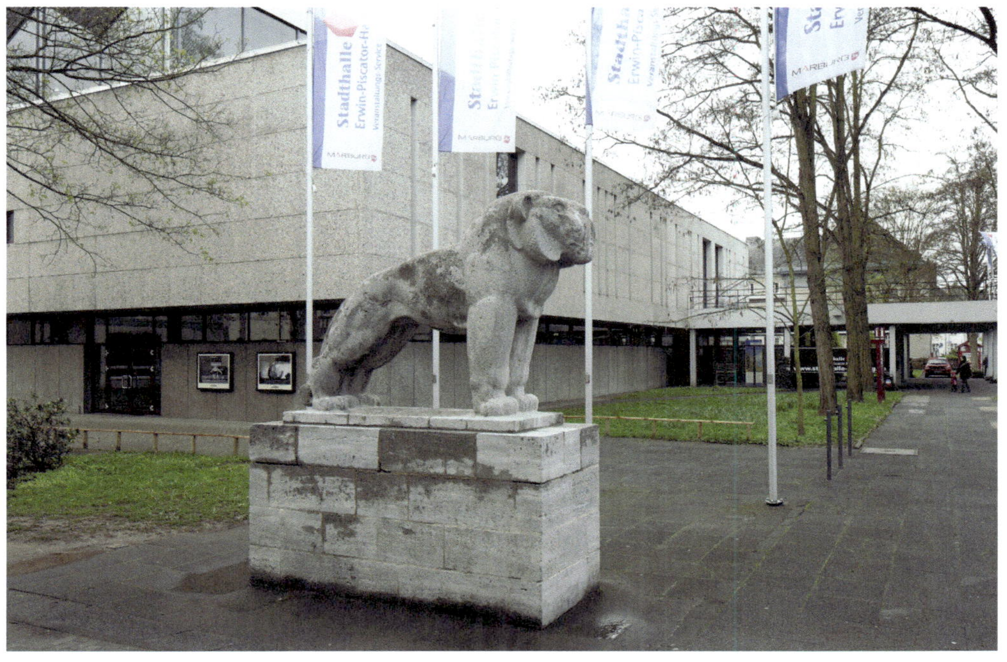

Standort 1976–2010

Nr. 60

Garten des Gedenkens, Universitätsstraße 13
Synagogengedenkstein
Dieter Waldemar Paffrath
1963
Sandstein. 91 x 218 x 178 cm. Inschrift Vorderseite: »ZUM GEDENKEN AN DIE AM 10. NOVEMBER 1938 / FREVLERISCH ZERSTÖRTE SYNAGOGE UND AN / UNSERE ERMORDETEN JÜDISCHEN MITBÜRGER«. Rückseite: »ERRICHTET DURCH DIE PHILIPPS-UNIVERSITÄT«

Einweihungsgedenkfeier am 10.11.1963 auf dem Gelände der ehemaligen Synagoge. 2012 integriert in die neu geschaffene Gedenkstätte »Garten des Gedenkens«.

Dieter Waldemar Paffrath
Geb. 1936 in Marburg, gest. 2002 in Trarego, Italien. Lehre im der elterlichen Bildhauerbetrieb Joseph Paffrath in Marburg. 1960 Bildhauermeister an der Staatsbauschule München. Seit 1962 Mitglied des Marburger Künstlerkreises und zahlreiche Aufträge in Hessen. 1971 Umzug nach Weinfelden (CH). 1974 Mitglied im Thurgauer Künstlerkreis. 1992 Übergabe des Betriebs an seinen Sohn und Rückzug aus gesundheitlichen Gründen nach Italien in sein Atelier am Lago Maggiore.
Siehe auch Nr. 24

Literatur:
Arnsberg, Paul: Die jüdischen Gemeinden in Hessen. Anfang, Untergang, Neubeginn. Frankfurt/M. 1971 • Kessner, Helmut: Marburg im Wandel. 1927–1977. Hg. v. der Initiativgruppe Marburger Stadtbild e. V. Marburg 1978 • Brohl, Elmar: Die Synagoge in der Universitätsstraße. Marburger Stadtschriften zur Geschichte und Kultur 78. Marburg 2003 • Sachse, Hans: Garten des Gedenkens. Ein Ort der Erinnerung an die Marburger Synagoge. In: Umrisse. Bd. 10. 3/2010 S. 25–27 • Hitzeroth, Manfred: »Marburg ist ein Stück Heimat gewesen«. In: Oberhessische Presse, 17.11.2012 S. 12 • Horst, Heike: Erinnerungen im Garten des Gedenkens. In: Oberhessische Presse, 20.3.2013 • Cordes, Gesa: Jüdisches Marburg. Ein Stadtspaziergang. Hg. v. Magistrat der Universitätsstadt Marburg. Marburg 2017

Weblink:
Cordes, Gesa: Braunes Marburg. Ein Stadtspaziergang. Hg. v. Magistrat der Universitätsstadt Marburg. Marburg 2022. https://www.marburg.de/portal/seiten/braunes-marburg-900002899-23001.html

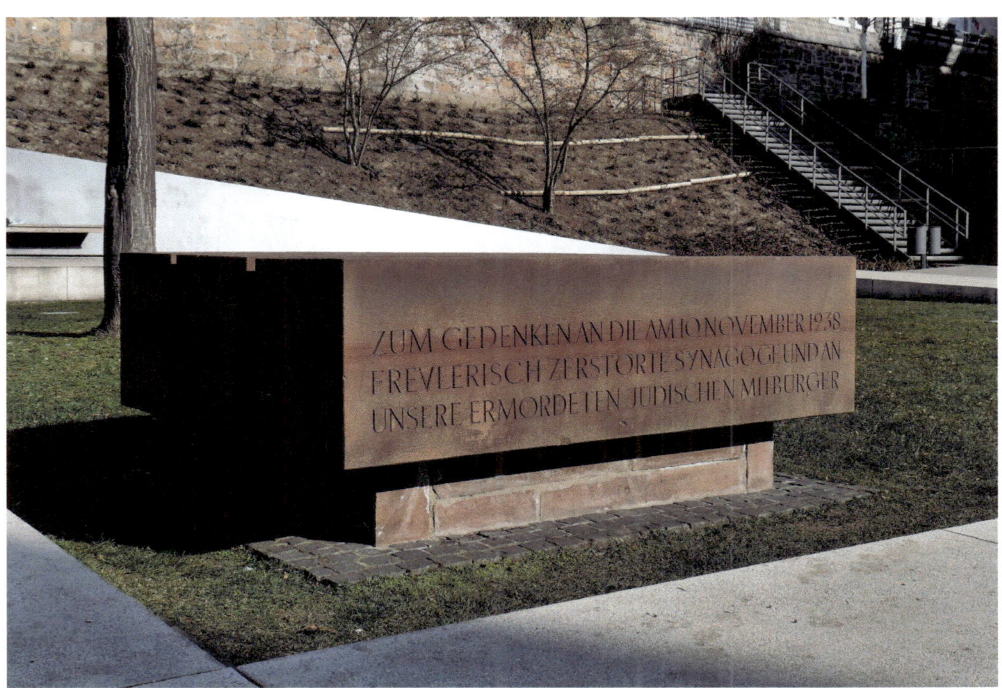
ZUM GEDENKEN AN DIE AM 10. NOVEMBER 1938
FREVLERISCH ZERSTÖRTE SYNAGOGE UND AN
UNSERE ERMORDETEN JÜDISCHEN MITBÜRGER

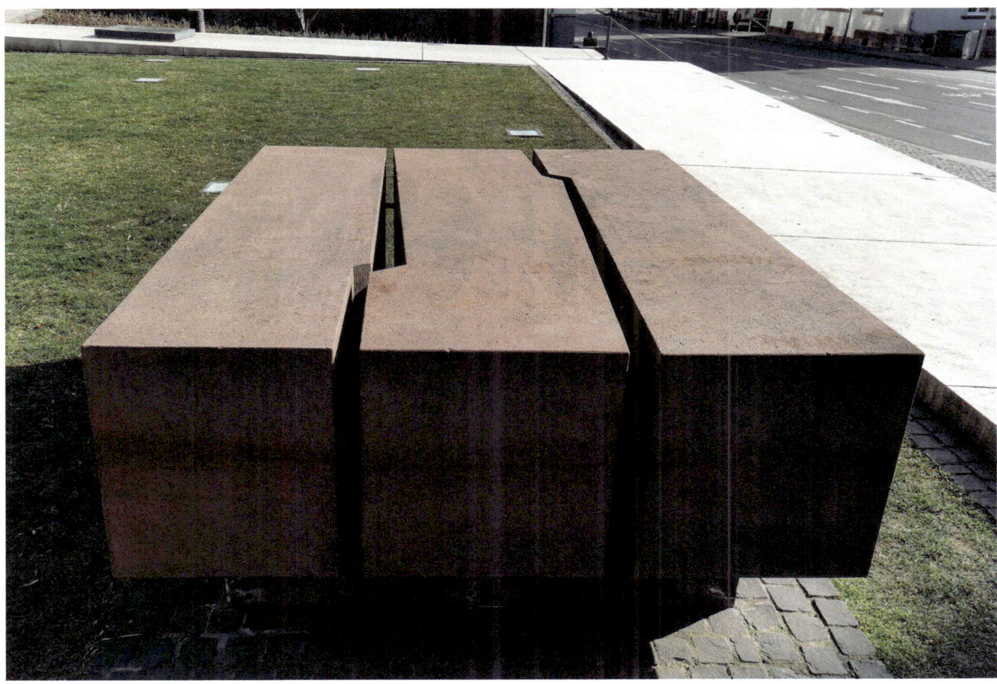

Nr. 61

Wilhelmsplatz
Berliner Bär
Dieter Waldemar Paffrath
1963
Sandstein. Höhe 1,70 m. Sockelinschrift:
»Berlin 450 km«

Mit finanzieller Unterstützung des Hessischen Innenministeriums wird die Skulptur gestiftet vom Kuratorium »Unteilbares Deutschland«, das während der 1950er- und frühen 60er-Jahre in vielen Städten der Bundesrepublik Plastiken des Berliner Wappentieres mit dem Hinweis auf die Entfernung nach Berlin aufstellen lässt.
Im Rahmen einer Feierstunde am 6.12.1963 wird die Skulptur von Ernst Lemmer, Minister für Gesamtdeutsche Fragen, eingeweiht. Dabei geschieht die offizielle politische Funktionszuweisung an die Plastik als »Symbol dafür, dass Marburg und Berlin unzertrennlich miteinander verbunden sind«. In der Festrede des Politikers vor dem »Mahnmal für die Unteilbarkeit Deutschlands« wird die Hoffnung auf nationale Einheit mit Berlin als Hauptstadt zum Ausdruck gebracht. (H.K.)

Dieter Waldemar Paffrath
Siehe Nr. 60

Literatur:
Oberhessische Presse, 7.12.1963

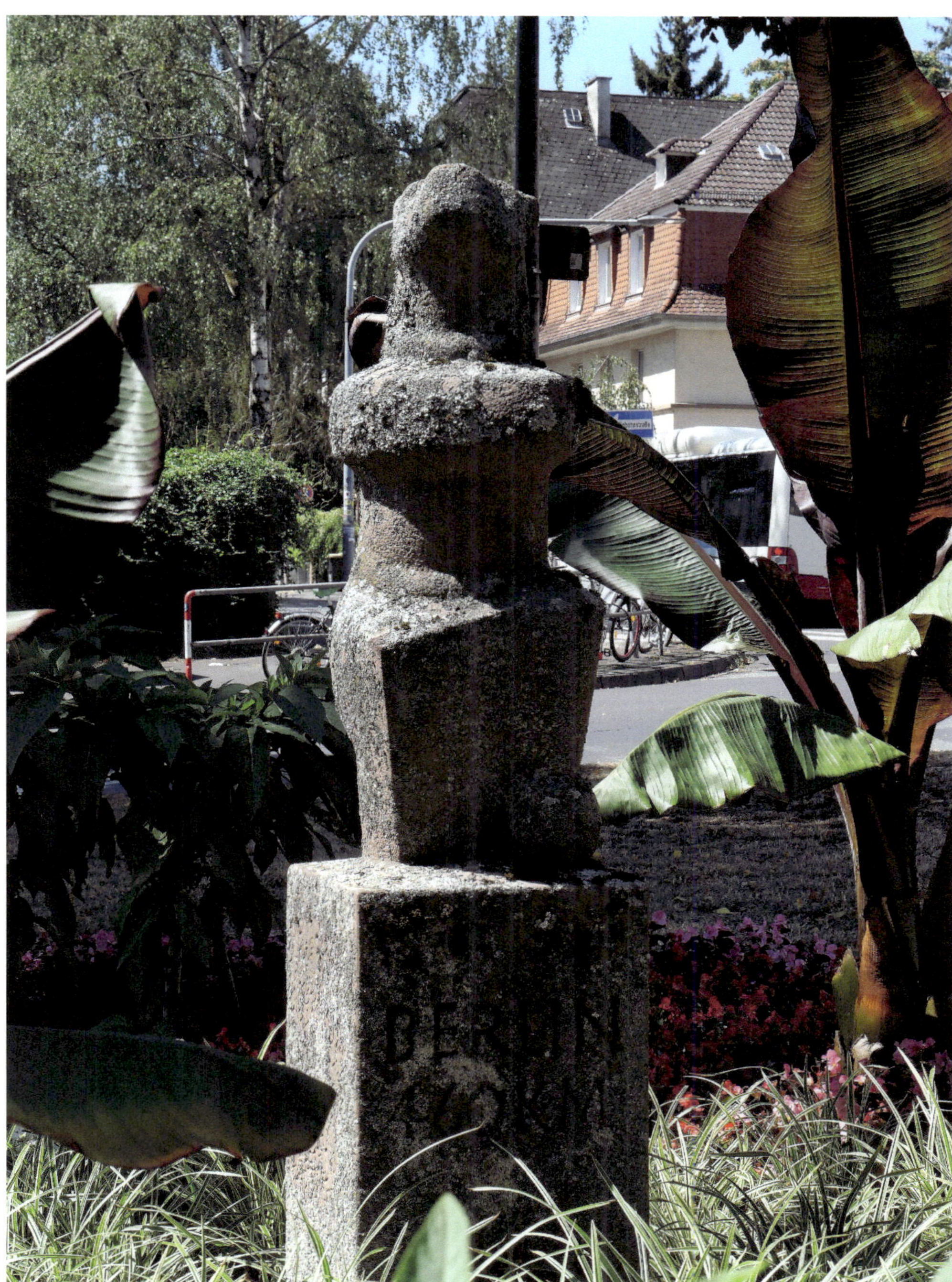

Nr. 62

Wasserscheide, Steinweg
»Christian«
Paul Wedepohl
1988
Bronze. 163 x 66 x 56 cm

Christian Werner, geb. 1893 in Hommertshausen, Kreis Marburg-Biedenkopf, lebte in bescheidenen Verhältnissen. Er fuhr jeden Tag nach Marburg und ging dort seiner Arbeit als Gepäckträger nach. Sein Geld verdiente er am Hauptbahnhof, trug Reisenden das Gepäck zum Schlossberg hinauf, verkaufte Tabakwaren oder übernahm Botendienste.
Christian galt als ein Marburger Original und war überall bekannt als ein fröhlicher, auch gelegentlich kritischer Mensch, kleinwüchsig und mit schleichendem Gang. Er hatte einen zweirädrigen Karren, mit dem er die Koffer transportierte. Wenn er keine Lust hatte, bis zum Schloss hinauf zu laufen, rief er sich ein Taxi und stellte dann seinen Dienst und die Taxifahrt in Rechnung.
Nach dem Tod von Christian Werner im Jahr 1965 beauftragte Hermann Reidt, Gründer und Leiter des Lessing-Kollegs für Sprache und Kultur, den Bildhauer Paul Wedepohl mit der Erstellung einer Bronzeplastik, die an die liebenswerte, fröhliche und lächelnde Person erinnern soll. (G.P.)

Paul Wedepohl
Geb. 1908 in Minden/Westfalen, gest. 1992 in Biedenkopf. Lehre als Holzbildhauer in Minden. Ab 1949 an der Berufsfachschule Biedenkopf Lehrer für das Steinmetzhandwerk. Ab 1970 freiberuflich als Bildhauer tätig. Zahlreiche Arbeiten im Umland. 1990 Otto-Ubbelohde-Preis des Landkreises Marburg-Biedenkopf.

Literatur:
Zwei Ubbelohde-Preise nach Biedenkopf. In: Kreiszeitung. Die kleine Heimatzeitung im Landkreis Marburg-Biedenkopf, 1.6.1990 • Der Bildhauer Paul Wedepohl. In: Orte des Erinnerns. Gedenkzeichen, Gedenkstätten und Museen zur Diktatur in SBZ und DDR. Hg. v. Anna Kaminsky. Berlin 2016. S. 258 • Reidt, Andrea: Lieblingsplätze Lahntal. Meßkirch 2020 • Tannert, Ina: Die Geschichte vom Dienstmann Christian. In: Oberhessische Presse, 24.4.2019 • Oberhessische Presse, 23.5.2019

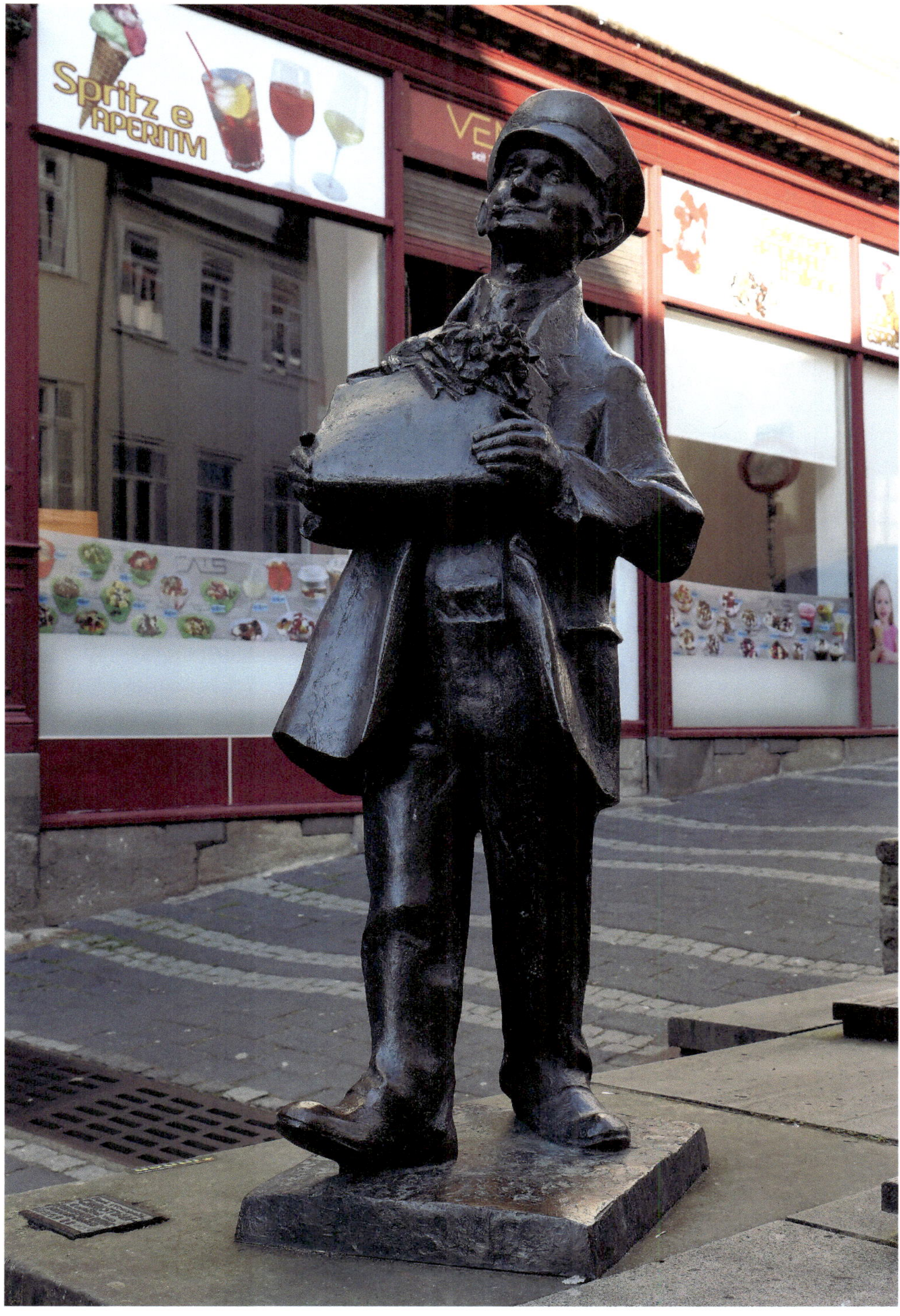
Spritz e
APERITIVI

Nr. 63

Marktplatz
Sophie von Brabant mit Sohn Heinrich
Ivan Theimer
1989
Bronze. Höhe 1,75 m. Sockel: Bronze. Höhe 0,54 m. Sockel: Stein. Höhe 0,76 m.
Inschrift Sockel: »SOPHIE VON BRABANT 1224–1275 / TOCHTER DER HEILIGEN ELISABETH / UND IHR SOHN HEINRICH 1244–1308 / ERSTER LANDGRAF VON HESSEN«
Stiftung der Sparkasse Marburg-Biedenkopf anlässlich ihres 150-jährigen Bestehens.

Die Figur der Sophie von Brabant steht fest auf dem rechten Fuß, während sie den linken leicht zurücksetzt und nur mit Zehen und Ballen den Boden berührt. Sie ist in ein bodenlanges, in der Hüfte gegürtetes Gewand gekleidet. Ihr fest am Haupt anliegendes Haar ist am Hinterkopf kunstvoll gebunden und mit einer Schleife fixiert. Mit beiden Händen hält sie ihren Sohn Heinrich so vor der Brust, dass er in dieselbe Richtung blickt wie seine Mutter. Rechts neben der Figur hockt ein kleines Äffchen, das mit beiden Händen eine Tafel hält. Auf ihr befindet sich eine Zusammenstellung scheinbar abgeformter Druckplatten von Marburger Stadt- und Landschaftsveduten des 16. und 17. Jahrhunderts. In der oberen Reihe ist die Stadtansicht aus dem Städtebuch von Georg Braun und Franz Hogenberg aus dem Jahr 1572 zu sehen, während darunter drei weitere Veduten einmontiert sind. Bei der linken handelt es sich um den Kupferstich »DOCTIS, ET NON INDOCTIS« aus dem »Politischen Schatzkästlein« von Daniel Meissner vermutlich von 1623. In der Mitte ist eine Marburg-Ansicht zu sehen, die aus dem Städtebuch von Petrus Bertius »S. Bertius Commentariorum rerum Germanicarum« von 1616 stammt, und ganz rechts befindet sich ein Holzschnitt aus dem Städtebuch des Abraham Saur von 1593.
Da die Druckplatten für den Bildhauer wohl kaum und schon gar nicht für den Zweck des Abformens zugänglich gewesen sein dürften – die aus Braun/Hogenberg etwa existiert gar nicht mehr –, wird er die Gussformen mittels eines Zusammenwirkens aus fotografischer Reproduktion und Ätzverfahren eigens hergestellt haben. Theimer hat 1992 auf dieselbe Weise eine Wiederholung des Motivs mit dem Affen und der Tafel auf dem Masaryk-Platz in Uherský Brod in Tschechien gefertigt. Dort zeigen die Druckbilder Elefanten, und das Gehäuse, vor dem der Affe sitzt, trägt einen Obelisken.
Diese Kombination zweidimensionaler Bilder mit dreidimensionaler Kunst offenbart einen tiefgreifenden künstlerischen Antagonismus, denn einerseits wird der Gehalt der Skulptur als plastisches Bildwerk erheblich beeinträchtigt, zum anderen geht der Informationswert der Drucke weitgehend verloren. Allenfalls intime Kenner der Veduten könnten erkennen, was zu sehen ist. Die Identifizierung der vier Darstellungen Marburgs macht zudem mühsame Recherche nötig. Auch ein künstlerischer Inhalt, der diese Kombination rechtfertigen würde, ist nicht erkennbar. Das trifft ebenso für die Figur des Affen zu, der ikonographisch mit zahlreichen möglichen Bedeutungen belegbar wäre, hier indes ohne sinngebenden Kontext bleibt.
Die Gestalt der Sophie von Brabant ist in übersteigerter Schlankheit dargestellt und zeigt sich fern von jeder Natürlichkeit. In steifer Unbeweglichkeit hält sie den Knaben in die Luft. Dabei wirkt die künstlerische Umsetzung manieriert und distanziert. In dieser Idealisierung folgt sie dem deutschen Kunstideal der 1930er-Jahre. Eher wie eine leblose Puppe denn wie ein lebendiger Knabe erscheint auch ihr Sohn Heinrich, dessen Physiognomie ihn älter erscheinen lässt, als es die Gebärden nahelegen würden.
Die acht Gehäuse des Bronzesockels sind vermutlich aus arbeitstechnischen Gründen entgegen dem Uhrzeigersinn römisch durchnummeriert. Jedes Gehäuse beherbergt ein oder zwei Hauptfiguren, die von kleinen puttoartigen Nebenfiguren begleitet werden. Weitere Statuetten stehen auf einigen Konsolen an den Rückwänden wie auch an den Eckrisaliten zwischen den einzelnen Gehäusen. Zwei dieser Nebenfiguren hängen kopfüber an einer Rückwand. Der Sockel ist außerdem mit zahlreichen Abformungen von Münzen, Siegeln oder Druckstöcken überzogen. Diverse Unstimmigkeiten sind auch in diesem Teil des Bildwerkes nicht zu übersehen. So entsprechen die Formen der Gliedmaße der aufgeführten Figuren vielfach nicht den natürlichen Proportionen: Hände und Oberarme sind absurd groß, Köpfe oft zu klein. Außerdem finden sich innerhalb der Vielzahl der verwendeten Versatzstücke keine

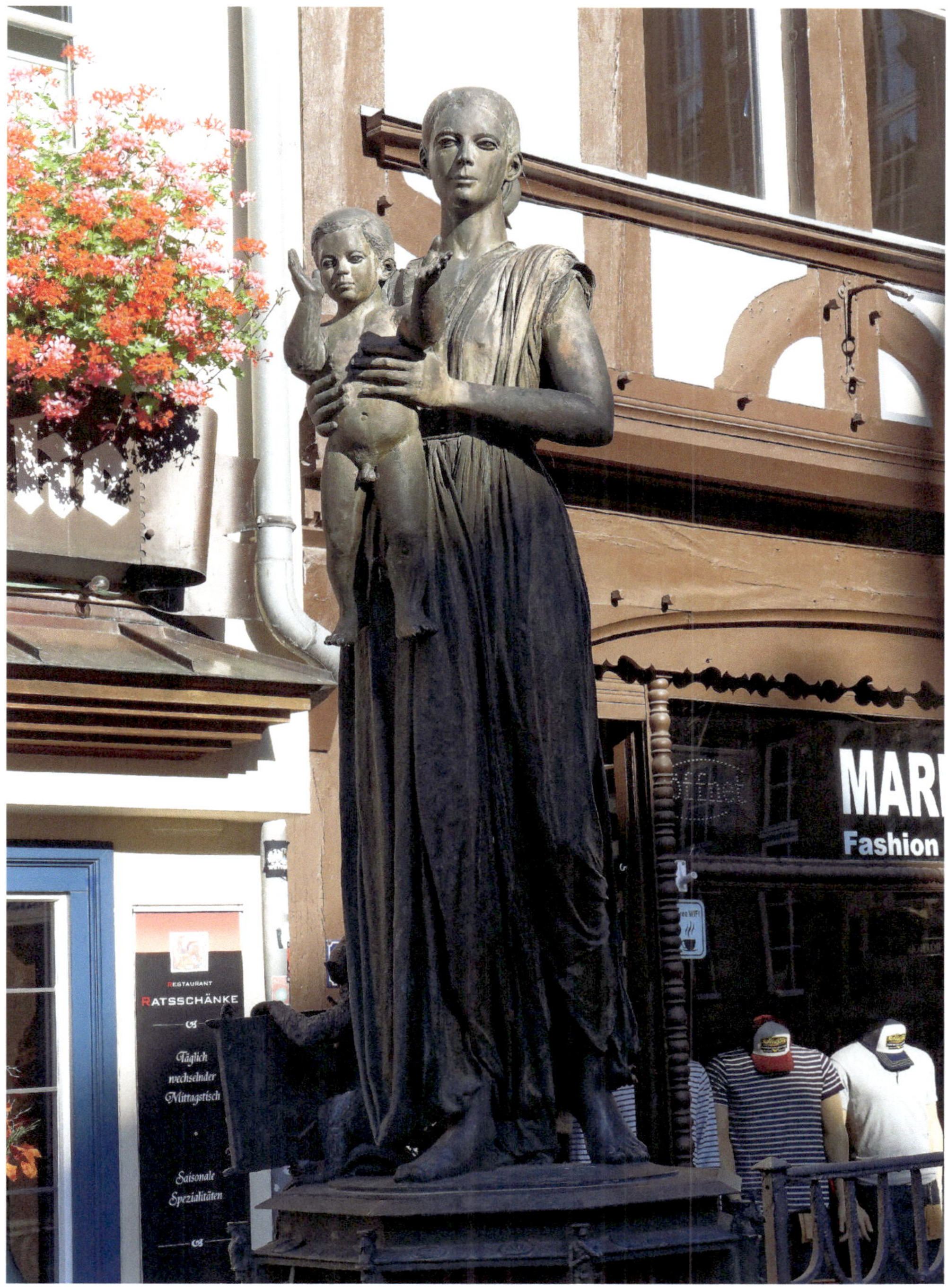
Restaurant
Ratsschänke
Täglich
wechselnder
Mittagstisch
Saisonale
Spezialitäten
Fashion

substantiellen ikonographischen Bezüge, so dass der Künstler eine Art Pseudo-Ikonographie produziert. Will man die künstlerische Qualität eines Bildwerks ermessen, wird man zu beobachten haben, wieweit es seinen eigenen Ansprüchen zu genügen vermag. So etwa überzeugt es nicht, wenn einer disproportional geformten Figur die Absicht von Proportionalität abzulesen ist, wie es in den Gehäusen des Sockels vorkommt. Zudem versucht Theimer durch die Verwendung zahlreicher Versatzstücke wie der Stadtveduten oder der Siegelabgüsse vergeblich an die Qualität klassischer Kunst anzuknüpfen. Noch verstörender wirkt es allerdings, wenn die Überfülle an artifiziellen Versatzstücken keinen inneren Bezügen folgt, durch die ihnen irgendwelche Bedeutungen beigemessen werden könnten. (U.G.)

Ivan Theimer
Geb. 1944 in Olomouc/Olmütz, Tschechien. Kunststudium in Uherské Hradiště. 1968 Emigration nach Paris und Studium an der École des Beaux-Arts. Zahlreiche internationale Ausstellungen und öffentliche Aufträge als Maler und Plastiker. Lebt und arbeitet in Paris und Lucca/Toskana.

Literatur:
Schenk zu Schweinsberg, Ekkehard: Die gedruckten Ansichten und Pläne der Stadt Marburg, von den Anfängen bis zum Jahre 1803. In: Marburger Geschichte. Rückblick auf die Stadtgeschichte in Einzelbeiträgen. Hg. v. Erhart Dettmering u. a. Marburg 1980. S. 969–1042 • Nieder, Horst: Ivan Theimer. »Herkules trägt den Obelisken«. In: Kimpel, Harald: Kunst im öffentlichen Raum. Kassel 1950–1991. Marburg 1991. S. 102–105 • Hussong, Ulrich: Das Sophiendenkmal auf dem Marktplatz. In: Hussong, Ulrich: Sophie von Brabant, Heinrich das Kind und die Geburtsstunde des Landes Hessen. Eine Marburger Legende. Marburger Stadtschriften zur Geschichte und Kultur 40. Marburg 1992. S. 119–124 • Dörr, Cornelia: Ein Denkmal für die »Herrin von Hessen«? Sophie von Brabant in Marburg. In: Hessische Heimat. 43, Heft 3/1993. S. 106–112 • Schmeer, Siegrid: Das Sophiendenkmal und der St. Georgsbrunnen. In: Der Marburger Markt. 800 Jahre Geschichte über und unter dem Pflaster. Festschrift zur Fertigstellung der Neugestaltung des Marburger Marktplatzes. Marburger Stadtschriften zur Geschichte und Kultur 59. Marburg 1997. S. 135–150 • Hussong, Ulrich: Sophie von Brabant ist nicht Sophie von Brabant. In: Hessen gefälscht. Orte eigener Wahrheit in Hessen. Hg. v. Maria Schwarz und Ulrich Sonnenschein. Marburg 2002. S. 14–17 • Ewinkel, Irene: Frauenpower. Sophie von Brabant. In: 75 Frauenorte in Marburg. Entdeckerinnenbuch zu 800 Jahren Stadtgeschichte. Hg. v. Irene Ewinkel. Marburg 2022. S. 96–97

Weblink:
Schmeer, Siegrid: Sophie und das Kind am Marktbrunnen. Eine gar garstige Geschichte von Gestern. http://www.bauhist-buero.de/Schmeer/markt.html

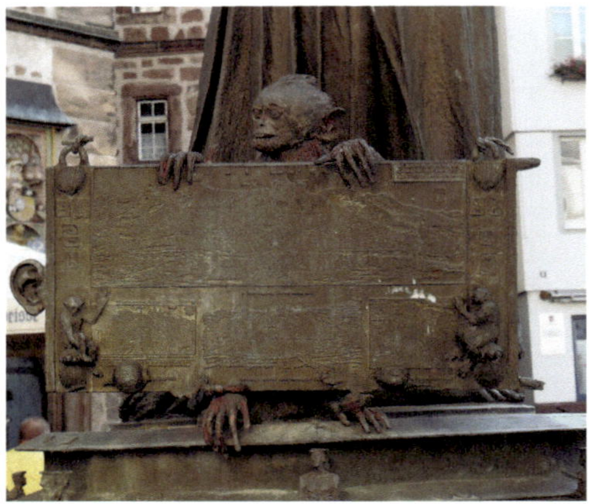

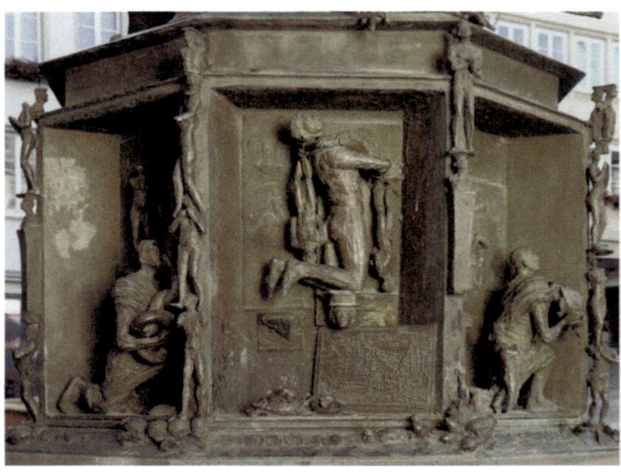

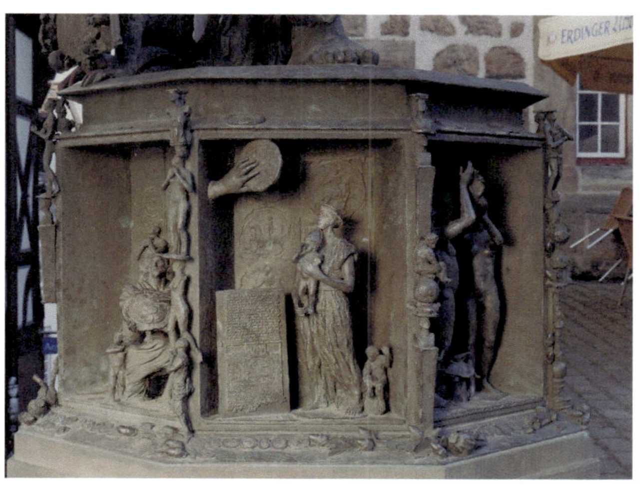
ERDINGER

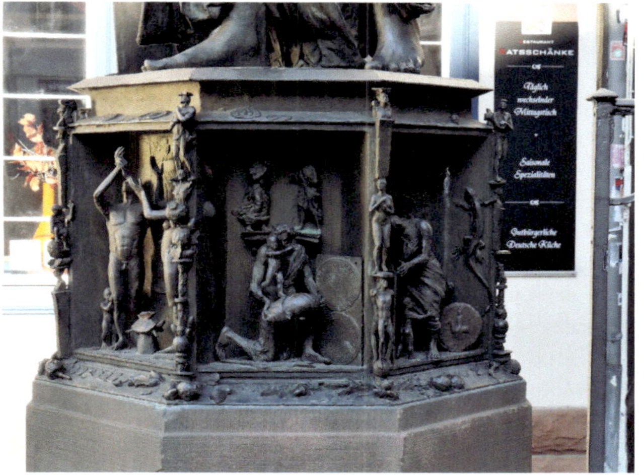
RESTAURANT
RATSSCHÄNKE
Täglich
wechselnder
Mittagstisch
Saisonale
Spezialitäten
Gutbürgerliche
Deutsche Küche

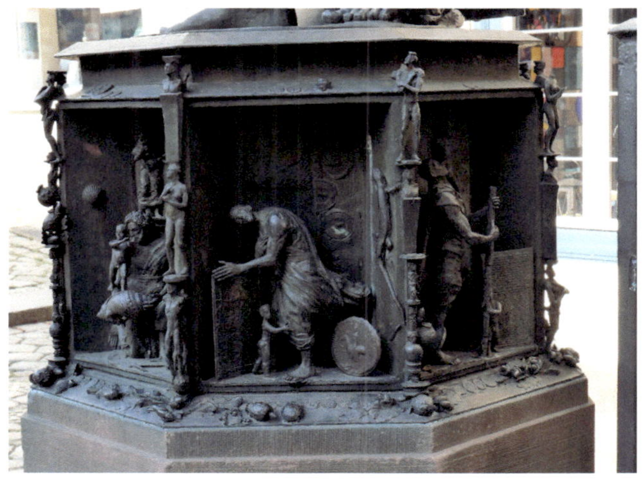

Nr. 64

Frankfurter Straße 7
Deserteur-Denkmal
Jo Kley
1999 (1989)
Sandstein, Stahl. Höhe 1,43 m. Inschrift Gedenkstein »DEN / MARBURGER / DESERTEUREN / DES / ZWEITEN WELTKRIEGES«

Torso aus Sandstein, gefesselt mit einem Stahlseil auf einer Panzersperre aus Stahlträgern.

Fahnenflucht statt Heldentod – unter diesem Motto stellten die Geschichtswerkstatt Marburg, die Selbstorganisation der Zivildienstleistenden, das AStA-Friedensreferat mit Unterstützung des DGB Hessen und mehr als zwanzig weiteren zivilgesellschaftlichen Organisationen am 50. Antikriegstag 1989 das Marburger Deserteur-Denkmal ohne behördliche Genehmigung im Schülerpark vis-a-vis des Jäger-Denkmals auf. Es sollte an die mehr als 50.000 von der Wehrmachtjustiz zum Tode verurteilten deutschen Deserteure erinnern und ihre Fahnenflucht als Akt des Widerstandes gegen Faschismus und Krieg rehabilitieren.
Nach der Räumung des Denkmals wurde es in den folgenden zehn Jahren an verschiedenen Stellen in der Stadt präsentiert: auf dem Gelände der Evangelischen Studierendengemeinde in der Rudolf-Bultmann-Straße, am alten Standort des Kulturladens KFZ in der Schulstraße, vor dem Hörsaalgebäude in der Biegenstraße und im Innenhof des alten Gerichtsgefängnisses in der Wilhelmstraße.
Das Denkmal löste auf allen seinen Stationen intensive lokalpolitische Kontroversen aus. Im Rahmen mehrjähriger Forschungsarbeiten von Mitgliedern der Geschichtswerkstatt wurde die Geschichte des Marburger Kriegsgerichts und der Militärpsychiatrie aufgearbeitet. Diese Arbeiten beeinflussten ein Umdenken der Marburger Öffentlichkeit und Politik.
Am 1. September 1999 wurde dann das Deserteur-Denkmal auf Initiative des rot-grünen Magistrats der Stadt an seinem jetzigen Standort in der Frankfurter Straße enthüllt. Es ist eines der frühen Werke im öffentlichen Raum des mittlerweile international sehr erfolgreichen Künstlers Jo Kley. (Michael Lemling, Geschichtswerkstatt Marburg)

Jo Kley
Geb. 1964 in Ulm. Lehre als Steinmetz und Steinbildhauer in Ulm. 1991–1997 Studium an der Muthesius School of Fine Arts in Kiel, 2012 Doktor der Freien Künste an der Universität Pécs, Ungarn. Seit 1995 als freier Künstler tätig im In- und Ausland. Lebt und arbeitet in Kiel.

Literatur:
»Ein Lob der Feigheit«. Das Marburger Deserteure-Denkmal. Dokumentation der Einweihung am Antikriegstag 1999. Hg. v. der Geschichtswerkstatt Marburg. Marburg 1999 • Jo Kley. 15 Jahre Skulpturen in Stein. Kiel 2010 • Cordes, Gesa: Braunes Marburg. Ein Stadtspaziergang. Hg. v. Magistrat der Universitätsstadt Marburg. Marburg 2022

Weblinks:
https://www.marburg.de/portal/seiten/braunes-marburg-900002899-23001.html • https://wissenschaft-und-frieden.de/artikel/verblendung-als-aufklaerung/

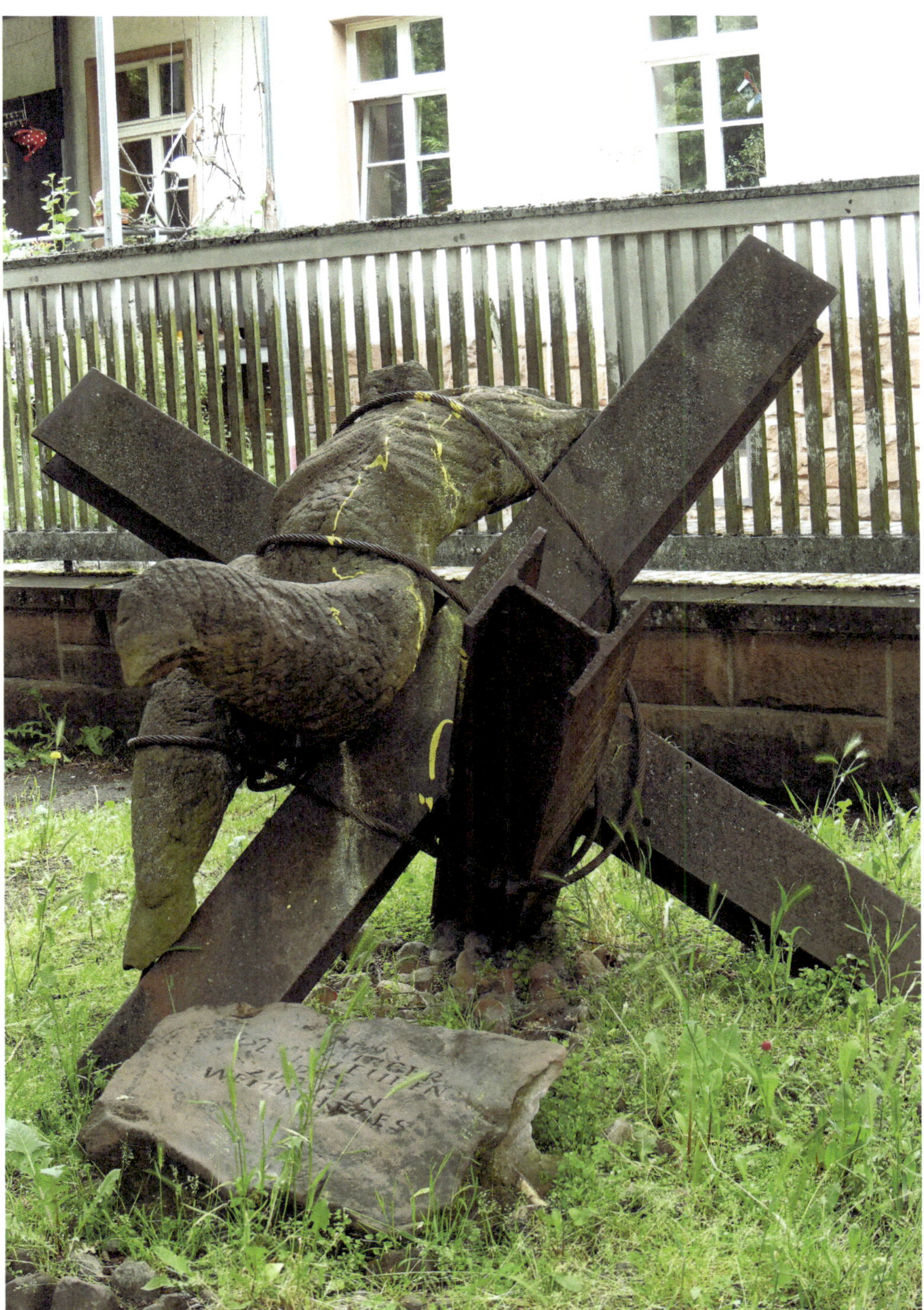

Nr. 65

Stadtwald, Platz der Weißen Rose
Mahnmal für die Widerstandsgruppe
»Weiße Rose«
Karin Bohrmann-Roth
2000
Skulptur: Bronze. 2,65 x 2,35 x 1,20 m.
Pult: Stein. 1,05 x 1,60 x 0,50 m

Auf dem weitläufigen Platz der Weißen Rose stehen sich in einer Entfernung von ca. 10 m eine Art steinernes Lesepult und ein rechteckiger Brunnen gegenüber. Das blockartige Pult ist vom Brunnen abgewandt geneigt. Auf die obere Fläche sind drei in Bronzeguss verfertigte Schrifttafeln montiert, auf denen an die Geschichte der »Weißen Rose«, der Münchener Widerstandsgruppe gegen den Nationalsozialismus, erinnert wird.

Linke Tafel:
»Wer in den Jahren 1933 - 1945 gegen die nationalsozialistische Diktatur in Deutschland Widerspruch und Widerstand wagte, setzte Existenz und Leben aufs Spiel. Von 80 Millionen Deutschen nahmen nur wenige Tausend dieses Risiko auf sich. Zu ihnen gehörten die Mitglieder der ›Weißen Rose‹, die 1942/43 an der Universität München durch Flugblätter die akademische Öffentlichkeit zum Widerstand gegen die Diktatur aufriefen. Sie wurden verraten und in einem Schauprozess zum Tode verurteilt.«

Mittlere Tafel:
»Sophie Scholl (21 Jahre) / Hans Scholl (24 Jahre) / Christoph Probst (23 Jahre) / Sie wurden hingerichtet am 22. Februar 1943 / Kurt Huber (49 Jahre) / Alexander Schmorell (25 Jahre) / Sie wurden hingerichtet am 13. Juli 1943 / Willi Graf (25 Jahre) / Er wurde hingerichtet am 12. Oktober 1943.«

Rechte Tafel:
»Wir haben alles, alles auf uns genommen. Das wird Wellen schlagen!« (Sophie Scholl kurz vor ihrer Hinrichtung zu ihren Eltern) »Wer aber vor der Vergangenheit die Augen verschließt, wird blind für die Gegenwart. Wer sich der Unmenschlichkeit nicht erinnern will, der wird wieder anfällig

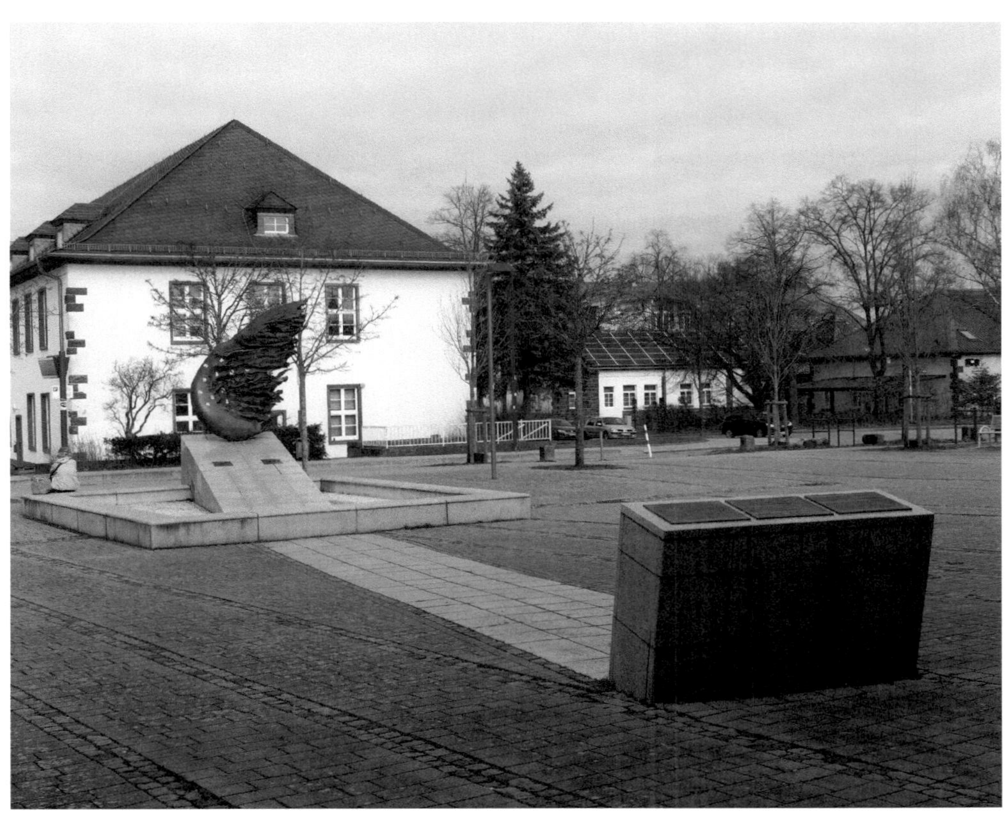

für neue Ansteckungsgefahren!« (Bundespräsident Dr. Richard von Weizsäcker, 1985).

Ein Band aus Steinplatten, das nicht rechtwinklig auf den Brunnen trifft, verbindet beide Elemente so miteinander, dass der Blick, wenn er von den Schrifttafeln erhoben wird, direkt auf das Mahnmal fällt. Im Hinzuschreiten wird zudem erkennbar, dass das Band aus Steinplatten in den Brunnen hineinführt und dort eine Rampe bildet, auf der eine Bronzeskulptur steht. Ihre Ansichtsseite ist durch diese Konstellation definiert. Dieses flammenartige Gebilde ist zur linken Seite bauchig geschlossen, während es sich nach rechts hin öffnet und nach oben spitz zuläuft. Ein figürlicher Bezug bleibt weitgehend offen, eher ließen sich unterschiedliche Energiefelder ausmachen. So wirkt die bauchig geschlossene Seite wie die Quelle eines Kraftfeldes, dessen Energie von dort in die Spitze flutet und nach rechts herausschießt. Dem nach rechts geöffneten Gebilde entströmen diverse Elemente, die in ihrer parallelen Grundausrichtung an aufgewirbelte Papierstapel denken lassen, aus denen schließlich Flugblätter werden. Somit wäre hier eine Verbindung zur dramatischen Geschichte der Widerstandsgruppe hergestellt. (U.G.)

Karin Bohrmann-Roth
Siehe Nr. 13

Literatur:
Karin Bohrmann & Georg Roth. Skulpturen, Plastiken, Bilder 1996–2003. Grebenstein 2003

Weblink:
https://www.bohrmann-roth.de/

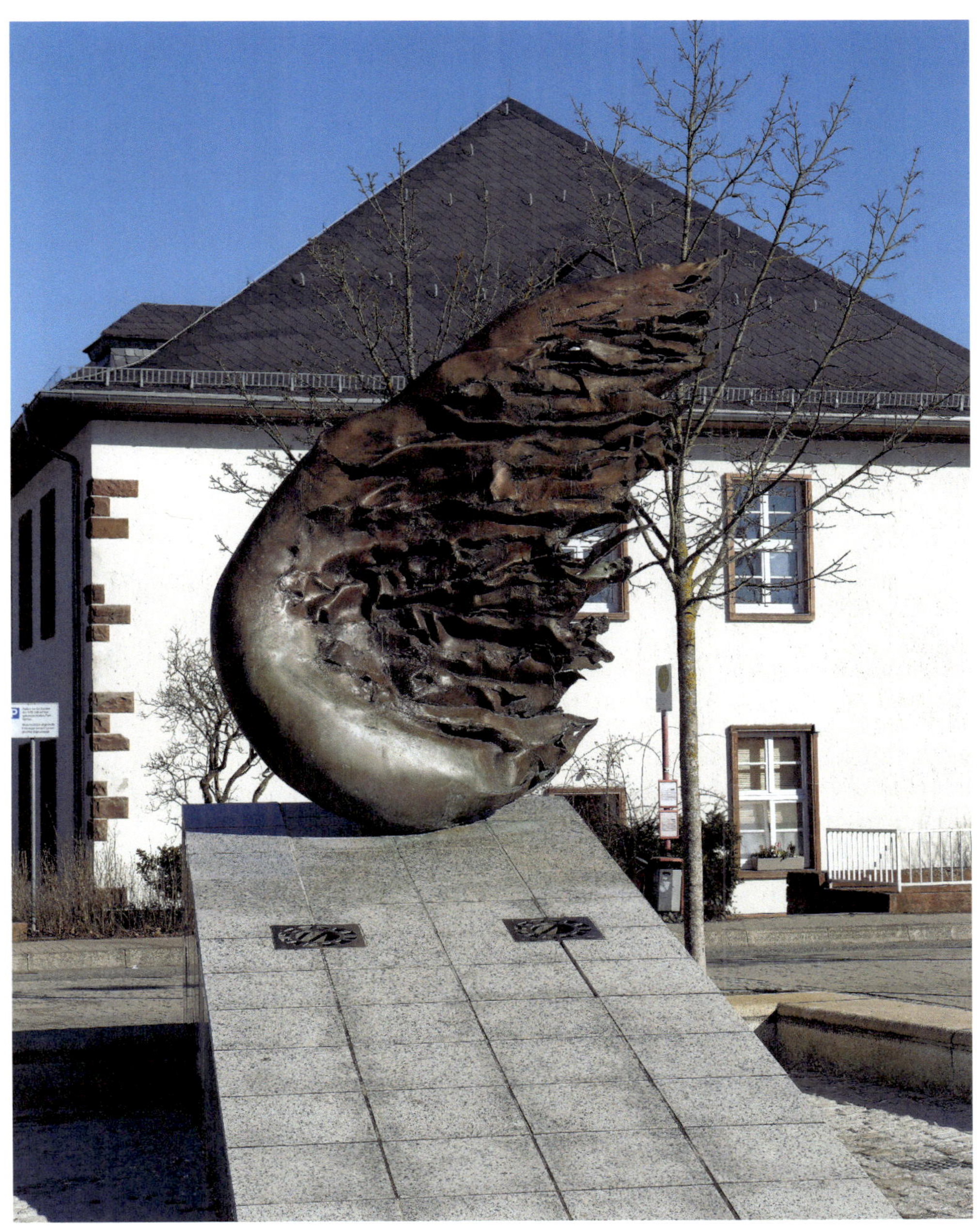

Nr. 66

Studentendorf Marburg, Lomonosov-Haus, Geschwister-Scholl-Straße 13
»Der junge Lomonossow, die Moskauer Universität auf seiner Hand tragend«
Andrej Jurjewitsch Orlov
2012 (2009)
Bronze. Höhe 2,18 m. Plinthe sign. u. bez. (kyrillisch) »A. Orlov 2009«

Bei der Figur handelt es sich um den Abguss einer Statue des Michail Wassiljewitsch Lomonossow (1711–1765), des Mitgründers der 1940 nach ihm benannten ersten russischen Universität von 1755. Die Plastik wurde 2009 von Andrej Orlov gefertigt und 2011 aus Anlass des 300. Geburtstages des russischen Universalgelehrten im ethnographischen Park ETNOMIR nahe Moskau errichtet.

Formal orientiert am sozialistischen Realismus der 30er-Jahre des 20. Jahrhunderts, zeigt die Figur einen starken Drang zur Wirklichkeitsnähe und lässt dabei jede Spur von Abstraktion und Ästhetisierung vermissen. Mit dem rechten Fuß voran schreitet, etwas überlebensgroß, der Student Michail Wassiljewitsch Lomonossow (1711–1765) auf einer nach vorn abgesenkten, dabei ausladenden Plinthe. Er ist in einen gegürteten Kittel gekleidet, dessen Bordüren wie auch der Rand seiner Kappe mit Fell besetzt sind. Eine Ledertasche hängt um seine Schulter, aus dem Kittelkragen ragt ein Buch. Auf dem linken Unterarm trägt er ein Modell der Moskauer Universität im Stil des Sozialistischen Klassizismus.

Die von der Moskauer Lomonossow-Schule nach Marburg gestiftete Figur soll daran erinnern, dass der Dichter und Naturwissenschaftler von 1736–1739 in Marburg bei dem Philosophen Christian Wolff (1679–1754) Philosophie, Mathematik, Chemie und Physik studierte. In Marburg wohnte er in der Wendelgasse 2 und heiratete 1740 Elisabeth Christina Zilch, die Tochter seiner Vermieterin. Sie hatten zwei Töchter. 1741 zog er mit seiner Frau nach St. Petersburg, um seine Doktorarbeit abzuschließen. Seit 1745 lehrte er als Professor der Chemie und war auch als Dichter sehr produktiv. (U.G.)

Andrej Jurjewitsch Orlov
Geb. 1946 in Moskau. Schon als Pionier studierte er Kunst im Kunststudio des Moskauer Stadthauses der Pioniere, bevor er mehrere Jahre im Studio des Kulturpalastes des Werks »ZIL« sowie im Allunionskombinat für Produktionskunst der UDSSR arbeitete. Als selbständiger Bildhauer fertigte er zahlreiche Figuren. Neben der Gruppe Sherlock Holmes und Dr. Watson hat er an einer Darstellung des Barons von Münchhausen aus Bodenwerder gearbeitet, der bis 1730 im Dienst der russischen Zarin gestanden hatte. Die Figur zeigt die Episode aus seinen Erzählungen, in der er sich und sein Pferd am eigenen Zopf aus dem Sumpf zieht. Eine Version dieser Figur findet sich in der Münchhausenstadt Bodenwerder an der Weser, wo Hieronymus Carl Friedrich Freiherr von Münchhausen am 11. Mai 1720 geboren wurde.

Weblink:
https://www.das-marburger.de/2012/10/michail-wassiljewitsch-lomonossow-ist-nach-marburg-zuruckgekommen/

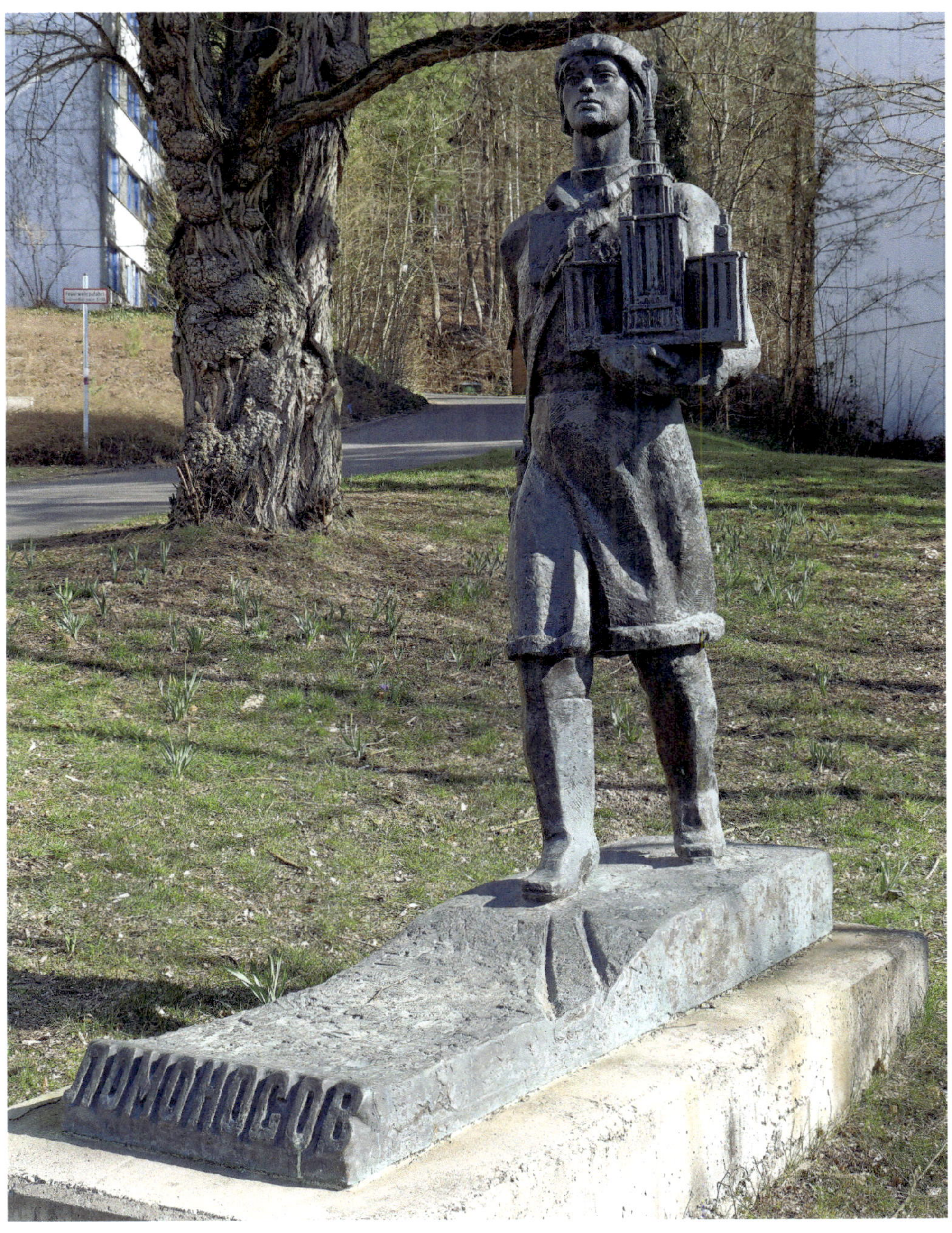
ЛОМОНОСОВ

Nr. 67

Universitätsstraße
»Garten des Gedenkens«
Reiner Sachse, scape Landschafts-architekt, Düsseldorf
Oliver Gather, Christian Ahlborn
Einweihung 11.11.2012

Auf dem Gelände an der Universitätsstraße neben dem Landgrafen wurde 1897 die Marburger Synagoge in romanisch-byzantinischem Stil erbaut. Am 9. November 1938, der Pogromnacht in Deutschland, wurde die Synagoge von den Nationalsozialisten in Brand gesteckt und anschließend bis auf die Grundmauern abgerissen. Auf dem Gelände errichtete die Stadt Marburg 2012 den »Garten des Gedenkens«. Das Zentrum der Gedenkstätte bildet ein quadratisch angelegter Rahmen aus weißem Beton, der eine Rasenfläche umschließt und die Größe des Innenraums der Synagoge zeigt. Eine schmale Treppe führt zu einem Podest, das mit einer Glasplatte abgedeckt ist. Darunter liegt ein erhaltener Raum mit Relikten der Synagoge sowie die gut erhaltene Mikwe, das Becken für das rituelle jüdische Tauchbad. In die Rasenfläche eingelassen sind zehn mit Glas abgedeckte Zettelkästen. Darin befinden sich Zettel mit Zitaten, die von den Künstlern Oliver Gather und Christian Ahlborn bei Gesprächen mit jüdischen Zeitzeugen in Israel gesammelt wurden. Der öffentliche Garten rund um die Gedenkstätte ist mit ca. 3.000 rot blühenden Rosen bepflanzt. Sie sollen daran erinnern, dass im antiken Jerusalem Rosen die einzigen Blumen waren, die innerhalb der Stadtmauern angepflanzt werden durften. 2013 wurde eine Nachbildung der Synagoge – ein Tastmodell – aus Bronze aufgestellt. (G.P.)

Oliver Gather
1963 geb. in Düsseldorf. 1985–1991 Studium der Bildhauerei an der Kunstakademie Düsseldorf bei Ulrich Rückriem und Toni Cragg. Ab 1991 in Basel und Zürich tätig, seit 2008 als Kurator in Düsseldorf. Zahlreiche Lehraufträge, seit 2017 an der HSD Düsseldorf.

Christian Ahlborn
Studium Kommunikationsdesign an der GHS Essen. Fotograf und Grafiker in Düsseldorf.

Literatur:
Sachse, Hans: Garten des Gedenkens. Ein Ort der Erinnerung an die Marburger Synagoge. In: Umrisse. Bd. 10. 3/2010. S. 25–27 • Cordes, Gesa: Jüdisches Marburg. Ein Stadtspaziergang. Hg. v. Magistrat der Universitätsstadt Marburg. Marburg 2017 • Oberhessische Presse, 8.11.2012 • Horst, Heike: Erinnerungen im Garten des Gedenkens. In: Oberhessische Presse, 11.11.2012 • Hitzeroth, Manfred: »Marburg ist ein Stück Heimat gewesen«. In: Oberhessische Presse, 17.11.2012 • Cordes, Gesa: Braunes Marburg. Ein Stadtspaziergang. Hg. v. Magistrat der Universitätsstadt Marburg. Marburg 2022

Weblink:
https://www.marburg.de/portal/seiten/braunes-marburg-900002899-23001.html

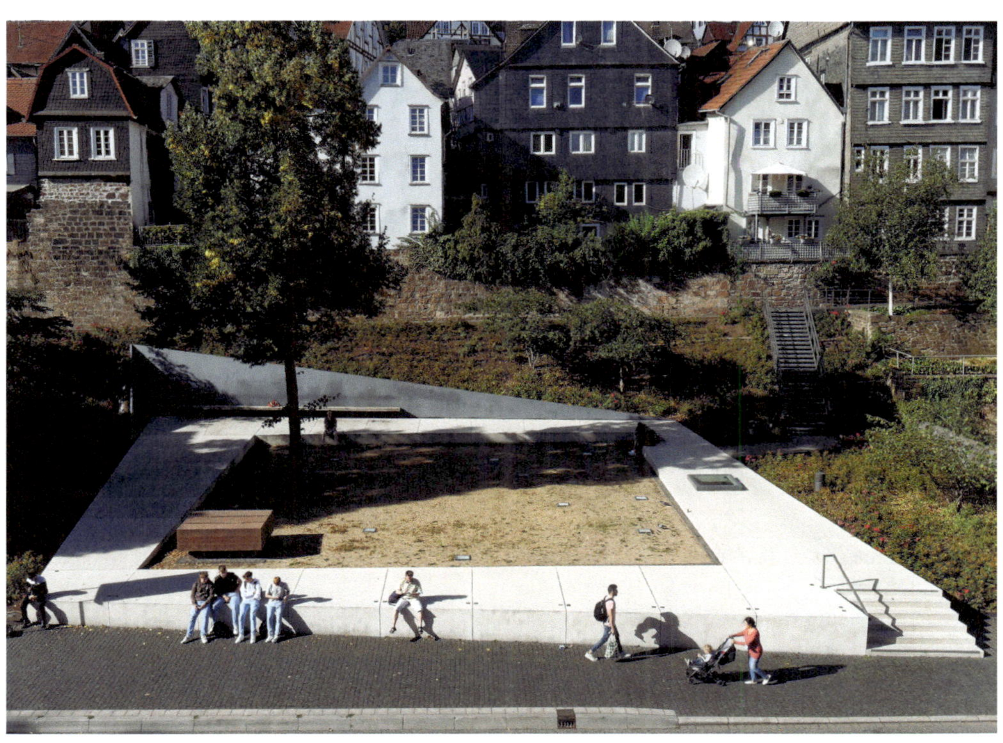

Nr. 68

Grünanlage Pfaffenwehr
Fukushima-Denkmal
Matthias Burghammer
2013
Gabionen, Kalksteinschotter, Glasbruch.
1,40 x 5,00 x 0,55 m
Gedenktafel: »Jede Welle ändert den Strand, / manche Welle verändert die Welt« / In Gedenken an die Opfer des Tohoku-Erdbebens und Tsunamis vom 11. März 2011 / sowie die nachfolgende Kernkraft-katastrophe von Fukushima in Japan.«

2011 löste ein Erdbeben an der japanischen Pazifikküste ein großes Seebeben mit Tsunami-Flutwellen aus. Die vier Kernkraftwerke von Fukushima wurden von den 14 m hohen Wellen getroffen und zerstört. Ca. 600.000 Bewohner der Küstenregion mussten fliehen und wurden obdachlos; ca. 22.000 Menschen starben. Die Sanierung der zerstörten Reaktorblöcke und der verstrahlten Region wird Jahrzehnte dauern.

Den Vorschlag für ein Fukushima-Denkmal in Marburg machten Jörg Chylek und seine Lebensgefährtin, die Japanerin Yasuko Tsuruki. Gemeinsam entwickelten sie Pläne für die Errichtung eines Erinnerungsmals. Sie wurden unterstützt von dem Marburger Verein »Alles im Biegen« und dem Magistrat der Stadt Marburg.

Die Fukushima-Katastrophe wird in Japan auch »Die Welle« genannt. Der mit der Gestaltung des Denkmals beauftragte Landschaftsarchitekt Mathias Burghammer übernahm diese japanische Bezeichnung und fügte in den mit Steinen gefüllten Drahtkorb eine Welle mit türkisfarbenen, hellblauen Glassteinen ein.

»Als Weckruf in die Welt« wurde das Denkmal am 16.3.2013 eingeweiht. (G.P.)

Matthias Burghammer
Geb. 1959 in Wetzlar. Garten- und Landschaftsarchitekt mit Firmensitz in Wetzlar.

Literatur:
Erinnerungen an tödliche Flutwelle. In: Oberhessische Presse, 16.3.2021 • Oberhessische Presse 18.3.2013

Weblink:
https://www.marburg.de/portal/seiten/pfaffenwehr-mit-fukushima-denkmal-900000135-23001.html

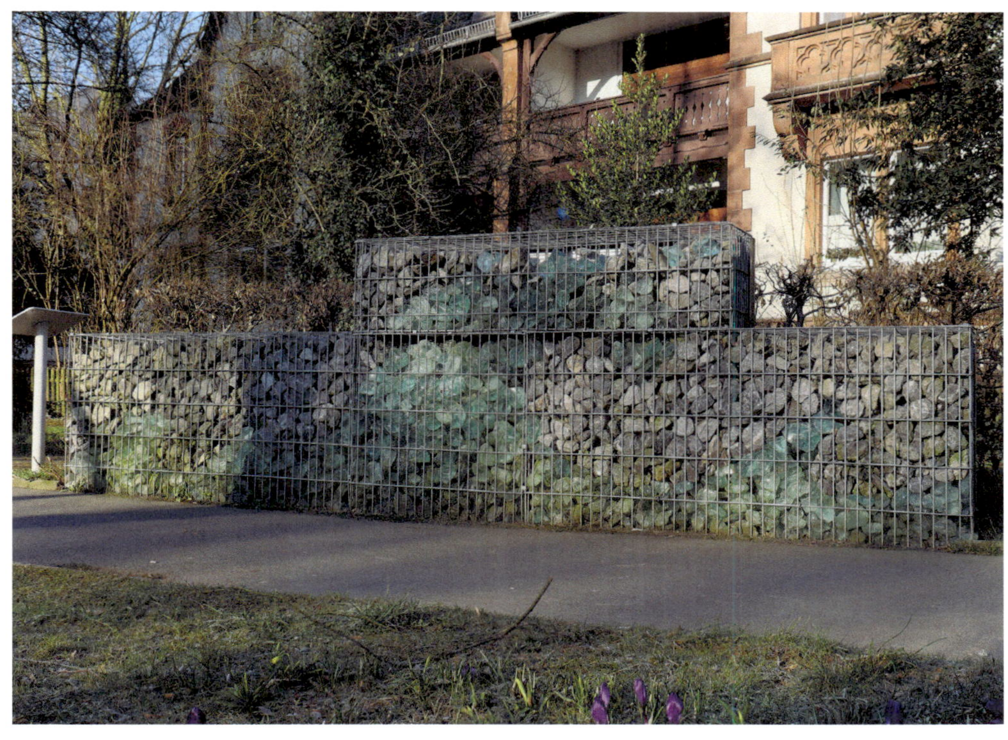

Nr. 69

Lutherischer Kirchhof
»Unschuld – Schuld«
Gedenksymbol für die Opfer der Hexenverfolgung in Marburg 1517–1695
Antje Dathe
2021
Glas, Laaser Marmor, Nero Assoluto. Bodenfläche Durchmesser ca. 1,90 m
»Im Gedenken an die unschuldigen Menschen, / die zwischen 1517 und 1695 in Marburg / Opfer der Hexenverfolgung geworden sind. / Sie erfuhren systematisches Unrecht. / Ihr Leiden ist uns Lebenden Mahnung / zu Toleranz und Menschlichkeit miteinander.« Zylinder: Höhe 26 cm, Durchmesser 60 cm. Inschrift: »DENUNZIATION MISSGUNST FOLTER ANGST UNSCHULD SCHULD INTOLERANZ NEID« + Namen der 24 Opfer

In der Zeit der Hexenverfolgung sind in den Jahren 1517–1695 in Marburg 24 Frauen und Männer infolge von Intoleranz, Missgunst und Neid von der Justiz angeklagt und hingerichtet worden. Im letzten Marburger Hexenprozess wurde die Angeklagte 1711 entlassen.
Im Gedenkjahr 2020 unter dem Thema »Andersartig. Hexen. Glaube. Verfolgung« erhielt Antje Dathe bei einem bundesweiten Wettbewerb den Zuschlag für das Gedenksymbol.
Auf einer dunklen, unregelmäßigen Bodenfläche steht ein weißer Marmorzylinder, der die Unschuld der Betroffenen deutlich machen soll.
Für die Gedenkinstallation wurde der Lutherische Kirchhof gewählt, weil man von dort über die Stadt Marburg hinweg einen Blick auf den gegenüberliegenden Rabenstein hat, die ehemalige Richtstätte Marburgs. Dort wurden auch Opfer der Hexenverfolgung hingerichtet. (G.P.)

Antje Dathe
Geb. 1987 in Löbau. 2005–2008 Ausbildung als Steinmetzin und Steinbildhauerin in Dresden und Lasa (Italien). 2013–2019 Studium Bildende Kunst an der Kunsthochschule Giebichenstein in Halle. 2009 Stipendium des Leopold-Da-Vinci-Programms. 2018 3. Preis im Wettbewerb zur Gedenkinstallation am Jägerdenkmal im Marburger Schülerpark. Seit 2014 zahlreiche Ausstellungen. Lebt und arbeitet in Annaberg-Buchholz.

Literatur:
Füssel, Ronald: Gefoltert, gestanden, zu Marburg verbrannt. Die Marburger Hexenprozesse. Marburger Stadtschriften zur Geschichte und Kultur 113. Hg. v. Magistrat der Universitätsstadt Marburg. Marburg 2020 • Installation erinnert an Opfer der Hexenverfolgung. In: Oberhessische Presse, 10.7.2021 • Marburg erinnert an Opfer der Hexenverfolgung. In: Frankfurter Neue Presse, 11.7.2021 • Ewinkel, Irene: Gedenkort an die Opfer der Hexenverfolgung. In: 75 Frauenorte in Marburg. Entdeckerinnenbuch zu 800 Jahren Stadtgeschichte. Hg. v. Irene Ewinkel. Marburg 2022. S. 94–95

Weblink:
https://www.marburg.de/portal/meldungen/gedenksymbol-fuer-opfer-der-hexenverfolgung-900007887-23001.html

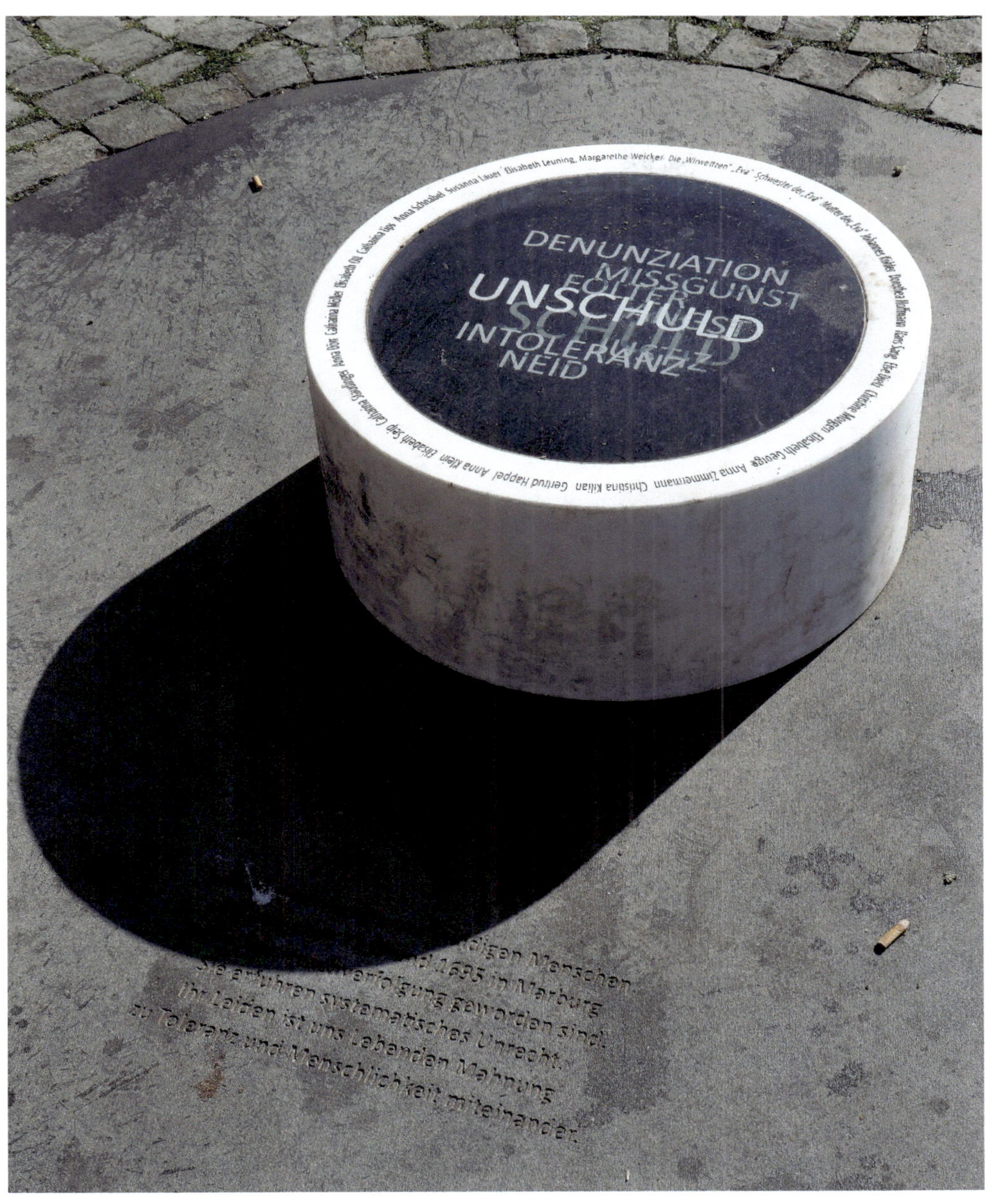
DENUNZIATION
MISSGUNST
UNSCHULD
INTOLERANZ
NEID
Sie erfuhren systematisches Unrecht.
Ihr Leiden ist uns Lebenden Mahnung
zu Toleranz und Menschlichkeit miteinander.

Nr. 70

Friedrichsplatz
»Memoria«
Mahnmal gegen rassistische Gewalt
Alexeir Diaz Bravo
2021
Eisen. Höhe 2,40 x 1,29 m

Das Mahnmal soll an den rassistisch motivierten Angriff in Hanau erinnern, bei dem am 19. Februar 2020 ein 43-jähriger Deutscher neun Menschen ermordete. Das aus neun stilisierten Fahnen bestehende Mahnmal wurde von der Plattform »Solidarität Simdi« angeregt und von dem Marburger Künstler Alexeir Diaz Bravo gestaltet. Es wurde am Jahrestag des Anschlags 2021 auf dem Friedrichsplatz aufgestellt. Die Plattform »Solidarität Simdi« entstand aus Protest gegen rassistische Gewalt und engagiert sich für den gesellschaftlichen Kampf gegen Rassismus. (G.P.)

Alexeir Diaz Bravo
Geb. 1971 in Havanna, Kuba. 1991–1994 Kunststudium an der Academia de Bellas Artes de San Alejandro in Havanna mit Schwerpunkt Malerei. Tätig als Künstler und Lehrer in Havanna und Marburg. Gruppen- und Einzelausstellungen u. a. in Italien, Spanien, Kanada, den Niederlanden, Kuba und Deutschland.

Literatur:
Oberhessische Presse, 25.4.2021 • Mahnmal für die Opfer von Rassismus in Marburg beschädigt. In: Oberhessische Presse, 11.2.2022

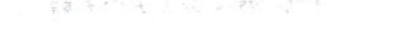

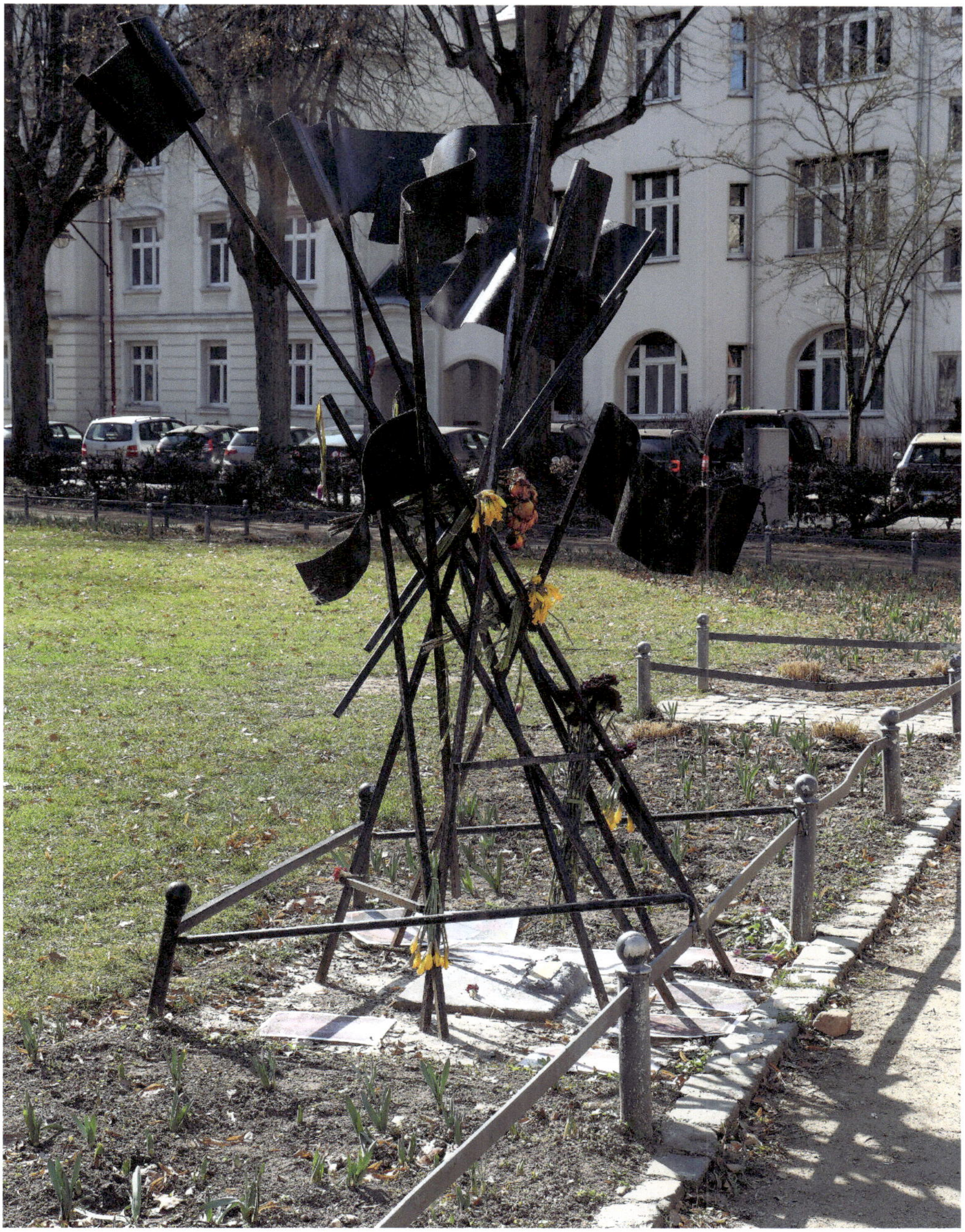

4. Brunnen

Nr. 71

Kunstgebäude Marburg,
Biegenstraße 10, Innenhof
Entwurf: Hubert Lütcke
1927
Tonziegel, Solnhofener Stein, Naturstein aus der Fränkischen Alb. Höhe 4,5 m, Durchmesser 5 m

Der Brunnen ist Teil der schmückenden Ausgestaltung des Innenhofs. Er steht auf einem runden dreistufigen Betonpodest mit Deckung aus hellem Kalkstein und wird aus vier kelchförmigen Elementen gebildet: der großen Brunnenschale und drei formal an Springbrunnenschalen erinnernde Teile einer Mittelsäule samt Kugel obenauf. Diese dynamische Grundform findet sich bei einer Reihe zeitgenössischer Brunnen, etwa beim Dresdner Mosaikbrunnen von Hans Poelzig von 1926. Eine Meisterleistung des Kunsthandwerks bildet die präzise aus horizontalen und vertikal vermauerten Ziegelabschnitten und Klinkern plastisch gestaltete Brunnenschale – ausgeführt von schleswig-holsteinischen Handwerkern – und das untere Säulenelement. Gesteigert wird die lebendige Wirkung noch durch die fein abgestimmte Anordnung verschieden farbig gebrannter Ziegel. Das Relief auf dem größeren Terrakotta-Element erinnert in stilisierten Wappenmotiven an zwei wesentliche Unterstützer des Neubaus: den Kurator von Hülsen (drei Stechpalmen/Hülsenblätter unter dem preußischen Adler) und den Landeshauptmann von Gehren (Winkel und Stern unter hessischem Löwen). Die obere Schale weist schlichte, der Kelchform folgende Rippen auf und wird durch eine Kugel aus edler fluoreszierender Keramik in Raku-Technik bekrönt. Lütcke orientiert sich an der handwerklich und scharfkantig ornamental geprägten Gestaltung des norddeutschen Backsteinexpressionismus und an verwandten zeitgenössischen Art déco-Formen; dabei findet er eine eigene Formensprache, die lokal als »Marburger Zackenstil« bezeichnet wird. (Thomas Jahn)

Hubert Lütcke
Siehe Nr. 25

Literatur:
Lütcke, Hubert: Der Jubiläumsbau des Kunstinstituts der Universität Marburg. In: Zeitschrift für Bauwesen. 80. 1/1930. S. 1–12 • Jahn, Thomas: Das Jubiläums-Kunstinstitut der Universität Marburg, Phil. Magisterarbeit, Marburg 1980 • Jahn, Thomas: Das Kunstinstitut (Ernst von-Hülsen-Haus) der Philipps-Universität Marburg. In: Marburg Bilder. Eine Ansichtssache. Zeugnisse aus fünf Jahrhunderten. Bd. 2. Hg. v. J.J. Berns, Marburg 1996. S. 320–356 • Flyer zum Spendenaufruf »Ein Juwel des art deco vom Verfall bedroht«. 18.11.2020 • Oberhessische Presse, 20.2.2021, 25.6.2021, 10.5.2022

Weblinks:
https://www.denkmalschutz.de/denkmal/kunstgebaeude-marburg.html • https://www.marburg800.de/projekte/einweihungsfest-art-deco-brunnen.html • https://www.uni-marburg.de/de/aktuelles/news/2022/museumsfreunde-schenken-marburg-einen-brunnen

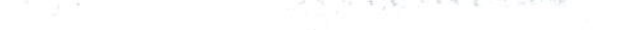

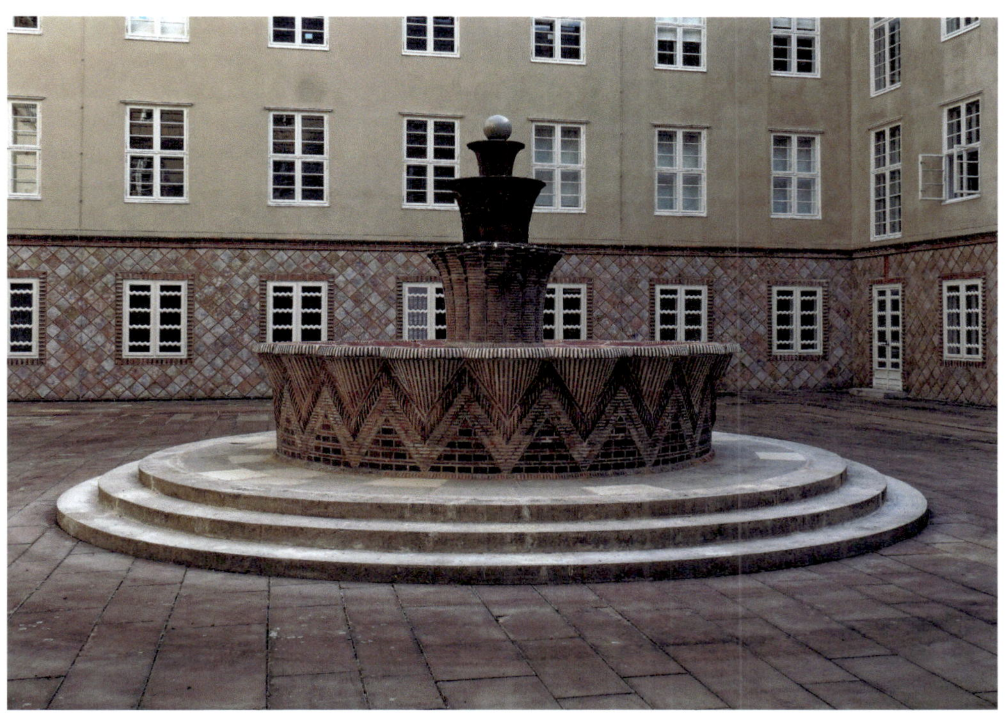

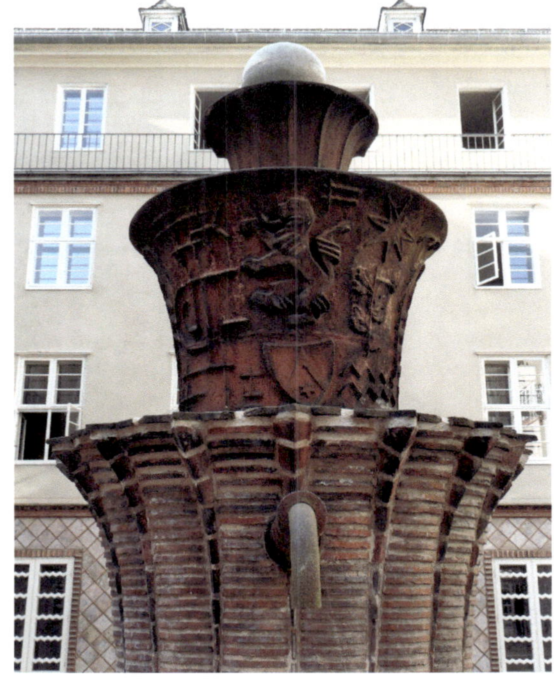

Nr. 72

Hessisches Staatsarchiv, Innenhof
Gustav Scheinpflug
1938
Roter Mainsandstein. Gesamthöhe ca. 5,70 m, Reliefplatten je 0,88 x 1,00 m

In dem Maße, wie alle Teilbereiche der Kunstproduktion während des Nationalsozialismus als Visualisierungsmedien für dessen Herrschaftsidee eingesetzt werden, ist auch das »Kunst am Bau«-Konzept jener Jahre dem Repräsentationsbedürfnis des Regimes und der Aufgabe der Vermittlung und Legitimierung des faschistischen Machtanspruchs untergeordnet. Auch die Architekturplastik, die im Zusammenhang neuer monumentaler Bauaufgaben in einem vorher nicht gekannten Maße der Förderung unterliegt, wird zur Formulierung einer alle Lebensbereiche erfassenden Ideologie in Dienst genommen. Diese Absicht einer visuellen Artikulation des Ideals der »Volksgemeinschaft« und der Rolle des Einzelnen darin bedingt u. a. die Tendenz zu mehrteiligen Bildabläufen und programmatischen Zyklen.

Ein typisches Bildprogramm mit »erzieherischer« Absicht bietet die Brunnenanlage im Hessischen Staatsarchiv – in einem Gebäude, das in seinem vollständig erhaltenen Gesamtkomplex die machtpolitische Repräsentationsabsicht faschistischer Architekturkonzeptionen deutlich werden lässt. Der Brunnen ruht auf einem dreistufigen Sockel, dessen achteckige Anlage von der Form des Beckens aufgegriffen wird. Der hohe Brunnenstock trägt als Bekrönung die Darstellung des hessischen Löwen mit Wappenschild. Die acht Seiten des Beckens sind abwechselnd mit pflanzlichen Ornamenten und Figurenreliefs dekoriert. Vorgeführt werden in symbolhafter Verdichtung vier gesellschaftliche Teilbereiche, deren Zusammenwirken in einem als Organismus verstandenen Staatsgebilde die utopische Zielvorstellung der »Volksgemeinschaft« zum Ausdruck bringen soll. Die vier quadratischen Reliefplatten sind hinsichtlich ihrer Komposition identisch: Je zwei Figuren werden um ein zentrales, altarähnliches Demonstrationsobjekt in einem Handlungszusammenhang aufeinander bezogen. Eine deutlich modellierte Standleiste schließt den Reliefraum nach unten ab und betont die »Bodenständigkeit« der Konfigurationen.

Relief a propagiert die nationalsozialistische Vorstellung von der ökonomischen Grundlage der Gesellschaft. Der »Nährstand« – auf einem Erntedankaltar die Früchte seiner Arbeit darbietend – wird geschützt durch den »Wehrstand« mit Schwert und reichsadlerdekoriertem Schild. Unter Absehen von den tatsächlichen wirtschaftlichen Bedingungen wird die Produktionssphäre reduziert auf die Landarbeit des Bauernstandes, dessen Existenz – und somit die Existenz der Gesamtgesellschaft – nur durch militärische Macht garantiert werden kann. In der hier behaupteten gegenseitigen Abhängigkeit von Landwirtschaft und Militär werden die kriegsvorbereitenden Aktivitäten des Regimes in eine bloße Schutzfunktion umgedeutet und somit die realen Zielsetzungen faschistischer Machtpolitik verschleiert.

Relief b entwickelt ein Integrationsmodell von Arbeitnehmer und Arbeitgeber, das die symbolische Gleichsetzung der beiden Gruppen erstrebt und die Trennung von körperlicher und geistiger Arbeit aufzuheben scheint. Unter Verschleierung realer Interessengegensätze und der tatsächlichen Situation der Arbeiterschaft im »Dritten Reich« wird dem Arbeiter in seiner heroisierenden Darstellung eine gehobene soziale Position zugewiesen, die seine ausführende Tätigkeit mit der des Planungsbereichs gleichsetzt. Ein Handwerker nimmt von einem Bauherrn bzw. Architekten über der Abakusplatte einer antiken Säule einen Auftrag entgegen. Theorie und Praxis, Planung und Ausführung sollen als gleichberechtigte Partner und ineinandergreifende Faktoren der konstruktiven Aufgabe erscheinen. Das Relief beschwört die gemeinschaftliche Anstrengung sowohl zur alltäglichen Aufgabenbewältigung, als auch zum Erreichen der übergeordneten Zielsetzung der »Volksgemeinschaft« in einer solidarischen Kollektivleistung.

Relief c zeigt einen Diskuswerfer, dem von einer Siegesgöttin über der olympischen Flamme ein Zweig als Trophäe dargereicht wird. Zwei Jahre nach der Olympiade in Berlin ist es naheliegend, die Leistungsideologie des Staates im Symbol des olympischen Athleten auszudrücken. Gemeint ist also weniger der zweckfreie sportliche Aspekt, als vielmehr die Notwendigkeit der körperlichen Kondi-

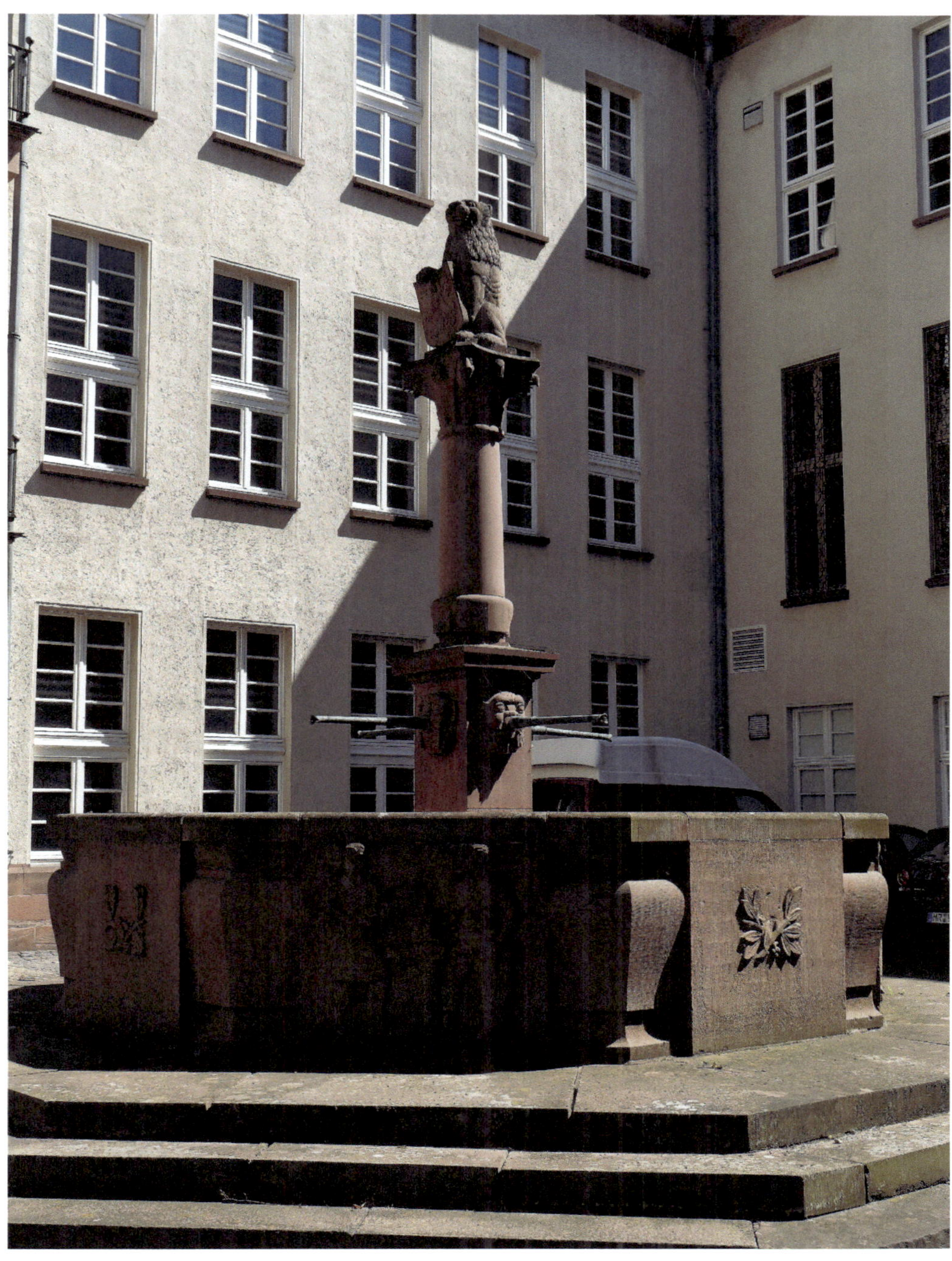

tionierung des Mannes auf den Kulminationspunkt faschistischer Politik: den Krieg. Derjenige – so die Botschaft –, der bei sportlicher Betätigung siegreich ist, wird auch auf dem Schlachtfeld den Sieg davontragen.

Relief d formuliert die soziale Rolle der Frau im Nationalsozialismus. Sie wird reduziert auf die Funktion als »Hüterin der Art« und Garantin für den Fortbestand der Gesellschaft. Dargestellt ist eine Mutter, ihr Kind in einer Art Taufakt in einem Becken badend, während ein Mädchen Wasser in einem Krug herbeibringt. Auf diese Weise wird auch die weibliche Jugend in das gesellschaftliche Funktionsmodell einbezogen und unmittelbar auf die ihr von der Familienideologie zugedachte Mutterrolle vorbereitet. Mit den vier Platten werden also die verschiedenen sozialen Funktionsgruppen in ihren unterschiedlichen Organisationsformen mit Hilfe zeichenhafter Bedeutungsträger in einem Gesellschaftsmodell vorgeführt. Dem herrschenden Gemeinschaftsideal entsprechend schließen sich die Einzelaktivitäten im Gesamtablauf des Bildprogramms zu einem Totalkonzept nationalsozialistischer Volkstumsideologie zusammen. (H.K.)

Gustav Scheinpflug

Geb. 1894 in Frankfurt/M., gest. 1984 in Frankfurt/M. Nach Lehre als Möbelschreiner und Modellbauer ab 1912 Studium an der Kunstgewerbeschule Frankfurt/M., dort 1916–1918 Assistent, anschließend an der Technischen Hochschule Darmstadt. Dort ab 1934 Professor, ab 1938 an der Staatlichen Hochschule für Kunst und Handwerk in Mainz und der Werkkunstschule Offenbach. Ab 1954 freischaffender Architekt, Bildhauer und Industriedesigner mit zahlreichen öffentlichen Aufträgen.

Literatur:

Küllmer: Neubau des Staatsarchivs in Marburg-Lahn. In: Hessenland. 49. 9–10/1938. S. 194–196 • Kurhessische Landeszeitung, 19.8.1938 • Kasseler Neueste Nachrichten, 20.10.1938 • Oberhessische Zeitung, 21.10.1938 • Wolf, Thomas: Nationalsozialistische Archivbauten. Bauten – Nutzungen – Planungen. In: Kretzschmar, Robert / Eckert, Astrid M. (Hg.): Das deutsche Archivwesen und der Nationalsozialismus. 75. Deutscher Architekturtag 2005 in Stuttgart. Essen 2007. S. 69–79. S. 71

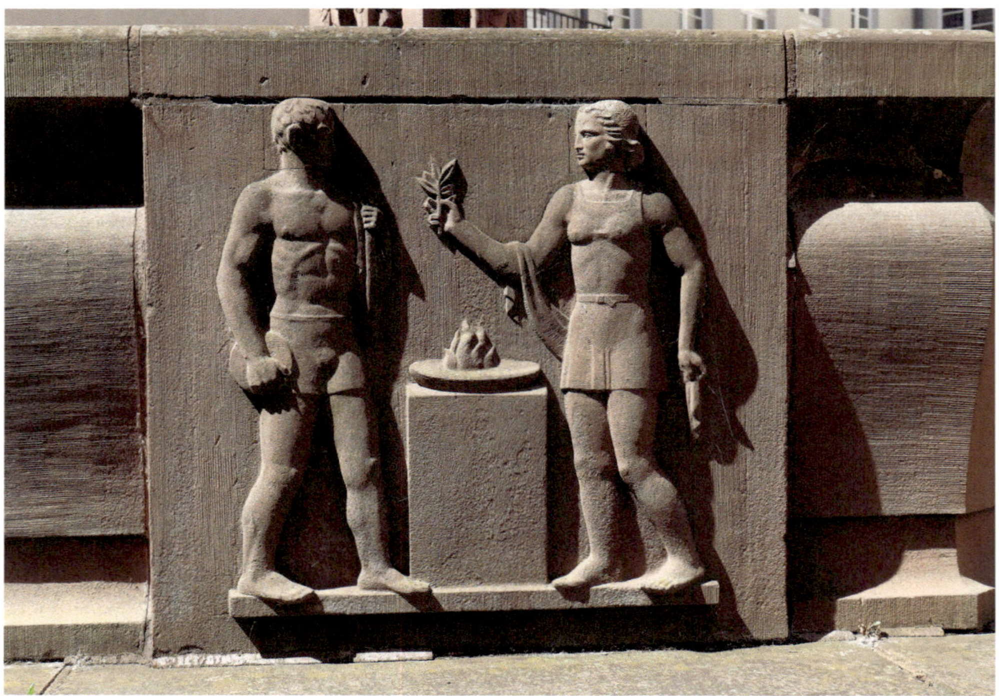

Relief c

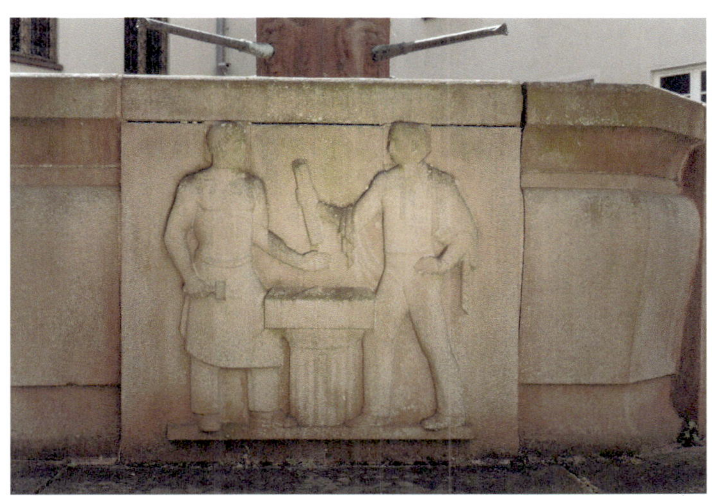

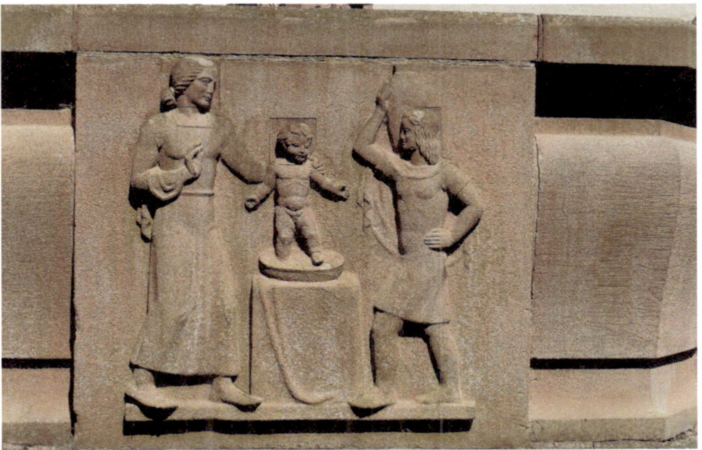

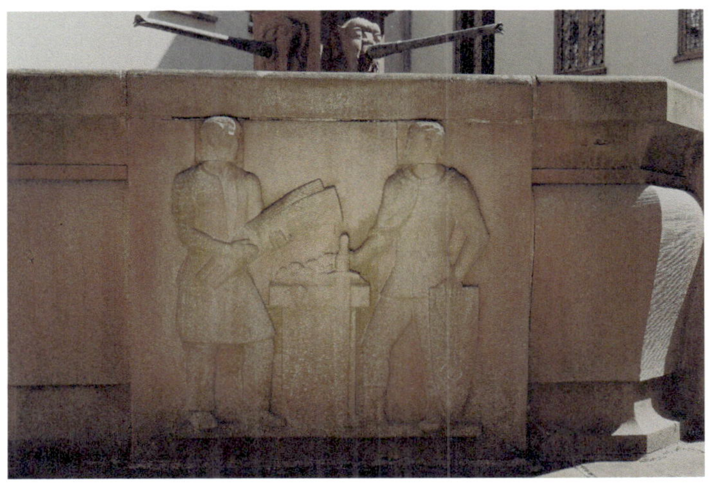

von oben nach unten: Relief b, d, a

Nr. 73

Marktplatz
St. Georgsbrunnen
Entwurf: Rudolf Breidenbach, Köln;
Ausführung: Firma Josef Paffrath, Marburg
1951
Becken und Säule: Betziesdorfer Sandstein; Skulptur: Bronze. Höhe ca. 1,50 m; Höhe der Säule 2,30 m; Höhe des Brunnenbeckens 1,05 m, Skulptur bez. Standplatte links: »R. BREIDENBACH«, hinten rechts: »GUSS H. LEIDEL KÖLN«. Brunnenbecken datiert Rückseite (vertieft): »1951«, Bronzeplatte Vorderseite: »HERZOGIN / SOPHIE VON BRABANT / TOCHTER DER HL. ELISABETH / GRÜNDETE 1248 AN DIESER STÄTTE / DAS LAND HESSEN«

Seit etwa 1937 häufen sich in Marburg die Klagen über den vernachlässigten Zustand des Marktbrunnens und der Skulptur des Hl. Georg, dessen Zementgussmaterial starke Verwitterungsschäden aufweist. Im Wissen um die historischen Bedeutung von Marktplatz und Brunnen für Marburg und ganz Hessen erwägt daher der Magistrat der Stadt eine vollständige Neugestaltung, zumal der Beseitigung der alten Anlage aus der Mitte des 19. Jahrhunderts auch seitens der Denkmalpflege, die den Brunnen als neugotische Kopie und kunsthistorisch ohne jeden Belang einschätzt, nichts im Wege steht. Auf diese Situation trifft im November 1937 der Entschluss der Brüder Hermann und Ludwig Bopp (Marburger Brauerei), ihrer Vaterstadt einen der Würde des Standortes angemessenen Marktbrunnen zu stiften. Bedingung ist, mit dem Entwurf den Kölner Bildhauer Rudolf Breidenbach zu beauftragen. Dessen Vorschlag umfasst ein achtseitiges Brunnenbecken, eine Mittelsäule auf einer achtseitigen Basis, vier bronzene Wasserspeier und als Bekrönung der Säule die nunmehr in Bronze auszuführende Skulptur des Hl. Georg, mit dem Drachen kämpfend. Für die Steinmetzarbeiten soll die Firma J. Paffrath herangezogen werden, für den Bronzeguss eine Kölner Werkstatt. Da alle an der Planung Beteiligten wissen, wie entscheidend für das Gesamtbild des Marktplatzes mit seiner geschlossenen Anlage und der historischen Bebauung die Errichtung eines repräsentativen Denkmals sein wird, bemühen sich Stifter, Denkmalpflege, Kunstbeirat des Magistrats und Bildhauer mit ungewöhnlicher Sorgfalt um den Entwurf. Besonders strittig ist dabei das proportionale Verhältnis von Brunnenbecken, Säule und Skulptur.
In der zweiten Hälfte des Jahres 1939 gerät die Planung ins Stocken. Bis zum Beginn des 2. Weltkrieges sind die Arbeiten so weit gediehen, dass alle fertigen Werkstücke bei der Steinmetzfirma lagern und in Köln die Gussformen für die Georgsgruppe nahezu fertiggesteilt sind. Schon gegossene Teilstücke werden aber durch Kriegseinwirkung zerstört oder kommen abhanden, sodass 1946, als nach Kriegsende das Projekt wieder in Angriff genommen werden kann, noch immer ein Drittel der Gesamtsumme zu investieren ist. Die finanzielle Lage der Stadt, von welcher die Aufstellungsarbeiten übernommen werden sollten, hat sich durch die Nachkriegssituation jedoch in einem Maße verschlechtert, dass an eine Auftragsvergabe vorerst nicht mehr zu denken ist. Um das Projekt zu retten, schaltet sich nun der Marburger Verschönerungsverein ein, der mit einer großangelegten Spendenaktion in der Oberstadtgemeinde, mit Materialspenden von Baufirmen, Altmetallsammlungen für den Bronzeguss und freiwilligen Arbeitsleistungen von Marburger Bürgern schließlich 1951 das Begonnene zu Ende bringt. Aus diesem Grund kann der Brunnen neben seiner Bedeutung als Mittelpunkt historischer Ereignisse auch als Symbol für »echten Gemeinsinn der Bürger« und als Vorbild für kollektive Zusammenarbeit in schwieriger Situation nutzbar gemacht werden. Die Erinnerung an beide Aspekte – den historischen und den gemeinschaftlichen – wird in einem Brunnenfest zur Einweihung im Juli 1951 und in dessen Wiederaufnahmen 1961 und 1976 wach gehalten. (H.K.)

Rudolf Breidenbach
Geb. 1884 in Unterhürholz, gest. 1958 in Junkermühle (Kürten). Studium Bildhauerei in Kassel. Atelier in Köln.

Literatur:
Festschrift Marburger Brunnenfest vom 7.-9. Juli 1951 • Festschrift Brunnenfest im romantischen Marburg/L. 8.-10. Juli 1961 • Oberhessische Presse, 5.7.1951; 7.7.1951, Beilage zum Brunnenfest; 9.7.1951; 10.7.1951;

11.7.1951; 12.7.1951; 17.7.1951 • Schmeer, Siegrid: Das Sophiendenkmal und der St. Georgsbrunnen. In: Der Marburger Markt. 800 Jahre Geschichte über und unter dem Pflaster. Festschrift zur Fertigstellung der Neugestaltung des Marburger Marktplatzes. Marburger Stadtschriften zur Geschichte und Kultur 59. Marburg 1997. S. 135–150.

Weblink:
http://www.bauhist-buero.de/Schmeer/markt.html

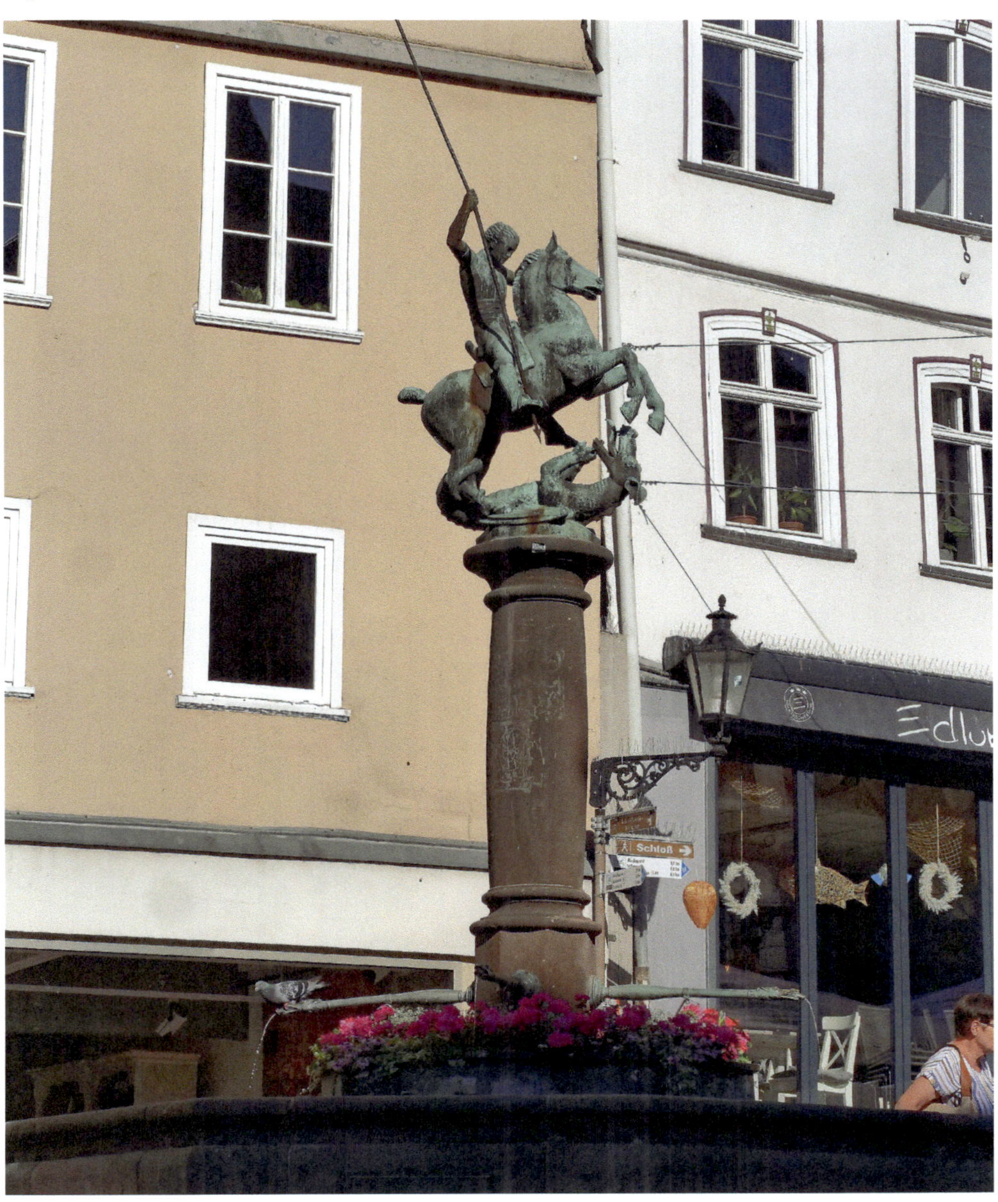

Nr. 74

Brüder-Grimm-Schule, Alter Kirchhainer Weg 8, Schulhof
Schildkröte
Rudolf Schmid
1952
Steinguss. Höhe ohne Basis 0,50 m, Breite 0,77 m, Tiefe 1,20 m

Rudolf Schmid
Geb. 1896 in Dolní Rychnov (Tschechien), gest. 1971 in Marburg. Bildhauer. Nach dem 2. Weltkrieg in Marburg ansässig.

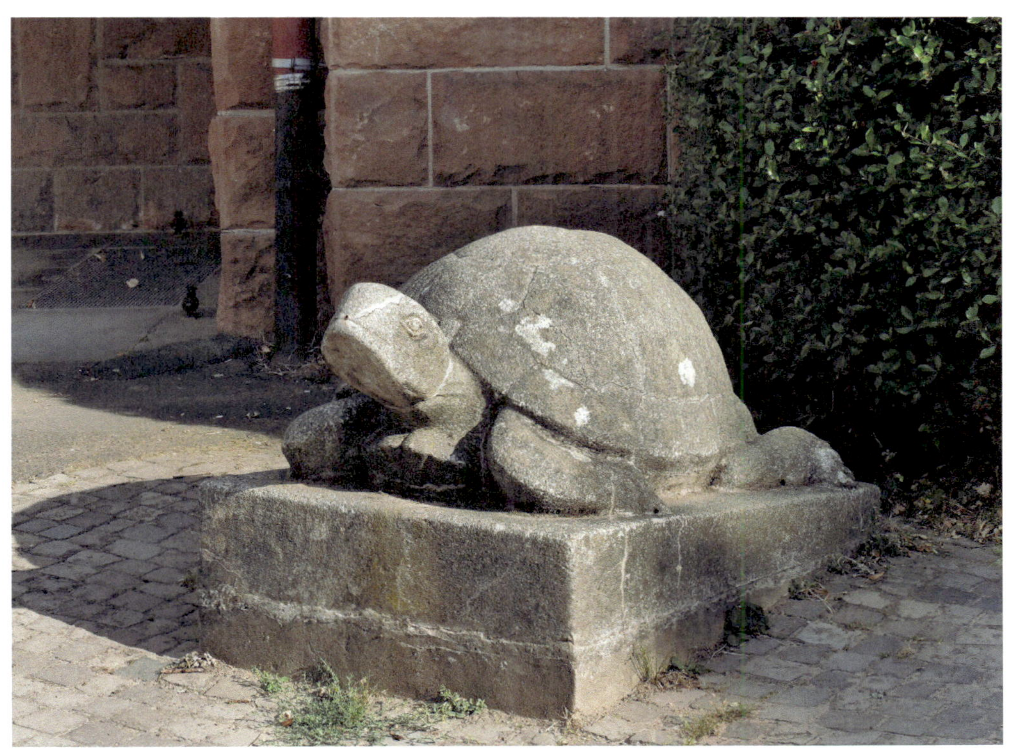

Nr. 75

Emil-von-Behring-Schule, Sybelstraße 9
Pelikan-Brunnen
Rudolf Schmid
1955
Steinguss. Gesamthöhe 2 m. Höhe der Plastik 1,42 m. Bez. hinten: »RUD. SCHMID 1955«

Rudolf Schmid
Siehe Nr. 74

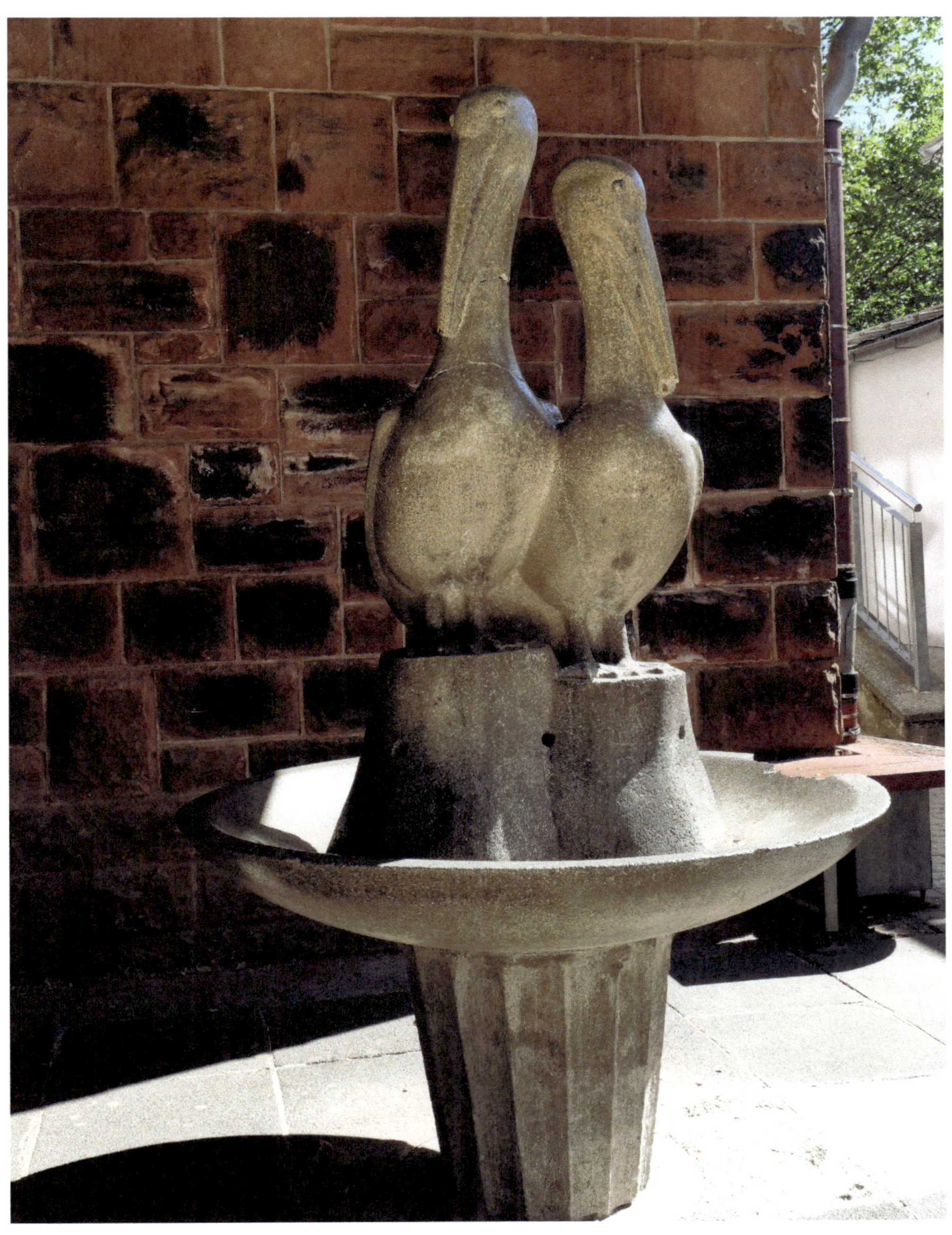

Nr. 76

Oberer Hirschberg, »Töpfermarkt«
Trinkwasserbrunnen
Reinhard Paffrath
1956
Doppelbrunnen mit zwei Wasserspeiern,
je 25 x 25 x 20 cm, und zwei Wassertrögen
Gelb-weißer Lahnkernsandstein

1951 erhielt die Firma Schaumburg und Baum von der Stadt Marburg den Auftrag, das Brunnengewölbe mit den zwei nach außen stehenden Brunnenwänden am oberen Hirschberg, auch Töpfermarkt genannt, wieder aufzubauen. 1956 bot Reinhard Paffrath der Stadt an, die beiden Brunnenwände mit je einem Wasserspeier »zur Verschönerung und als kleinen Schmuck« mit den Motiven Fisch- oder Drachenkopf auszustatten und die notwendigen zwei Wassertröge anzulegen. Der Auftrag für diese Arbeit wurde ihm am 15.6.1956 erteilt.
Die zwei Wasserspeier sind Drachenköpfe, Skulpturen »fein vom Hieb«. Der eine Brunnen trägt den Hinweis »Trinkwasser«, der andere »Kein Trinkwasser«. (G.P.)

Reinhard Paffrath
Siehe Nr. 24

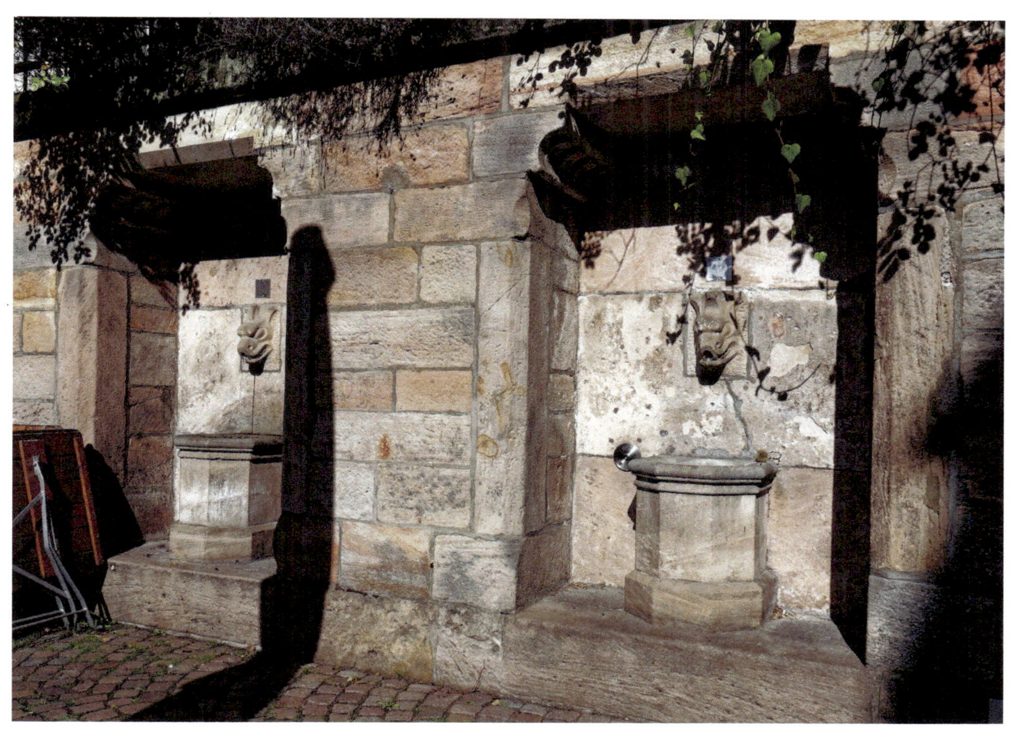

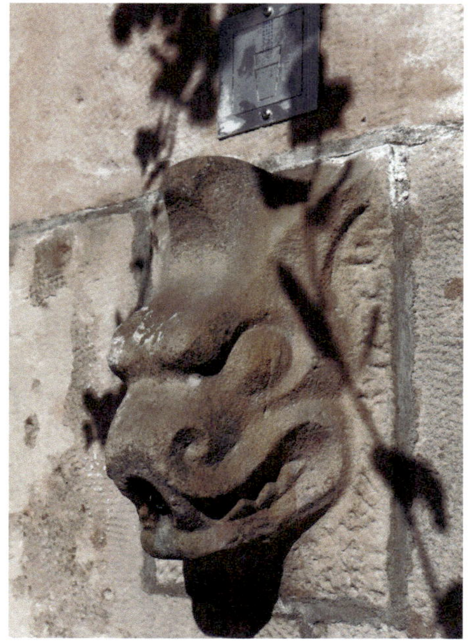

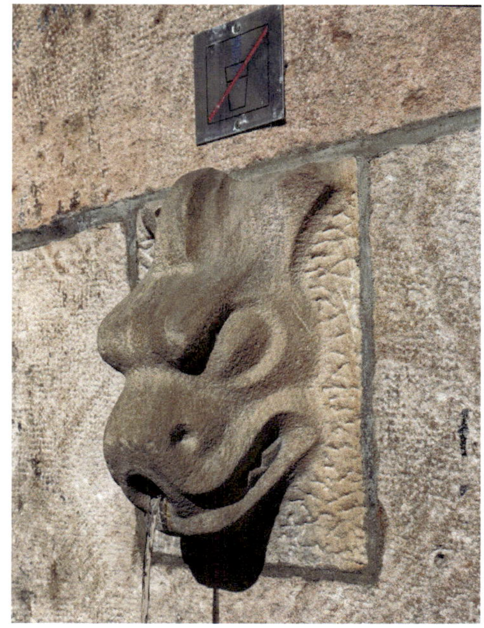

Nr. 77

Alte Universität, Lahntor 3, Innenhof
Dieter Waldemar Paffrath
1968
Bronze. Höhe 0,53 m, Durchmesser 1,66 m

Die runde Brunnenschale mit ihrem 34 cm hohen Seitenrand ist durch einen zylindrischen Betonsockel im Zentrum vom Boden abgehoben. Ihre Oberseite, vom Rand zum Mittelpunkt leicht abgesenkt, wird in unregelmäßigen Abständen von sternförmig im Zentrum zusammenlaufenden Wasserführungsrinnen durchzogen. Der Seitenrand der Schale trägt ein 27 cm breites, ornamentales Bildfeld als Tiefrelief. (H.K.)

Dieter Waldemar Paffrath
Siehe Nr. 60

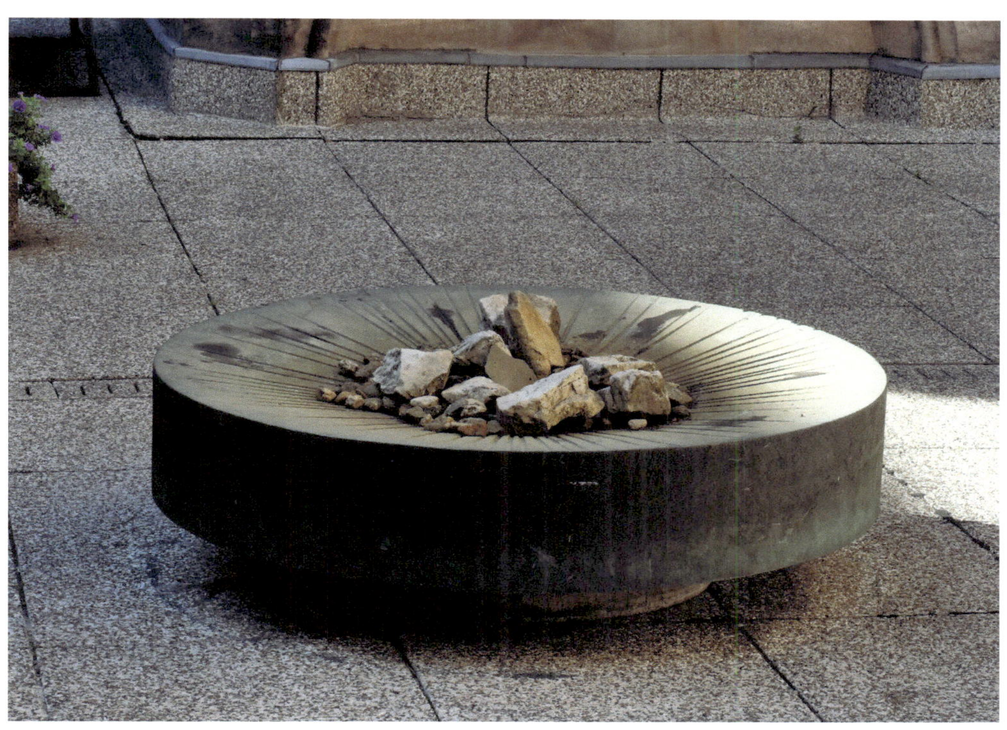

Nr. 78

Rudolphsplatz, Fußgängerebene
Jürgen Hans Grümmer
1973
Basalt, Beton. Höhe 1,30 m. Durchmesser der Gesamtanlage ca. 10,00 m

1969 wird mit der Neugestaltung des zentralen Verkehrsknotenpunktes Rudolphsplatz in zwei Ebenen begonnen. Mehrere historische Gebäude müssen dafür weichen, so auch der spätklassizistische Bau der Familie Bersch am Ende der Straße Am Grün. Die untere Fußgängerebene mit der Brunnenanlage plante und gestaltete der Maler und Bildhauer Jürgen Hans Grümmer. 1973 wird der neue Fußgängerbereich der Öffentlichkeit übergeben. Die Brunnenanlage wurde finanziert mit Spendengeldern der Marburger Volksbank zur Gestaltung der Fläche vor der damaligen Geschäftsstelle am Rudolphsplatz. (G.P.)

Jürgen Hans Grümmer
Geb. 1935 in Köln-Dellbrück, gest. 2008 in Köln. 1952–1958 Studium an den Kölner Werkschulen. 1956 Meisterschüler bei Otto Gerster. 1957 Stipendium des Instituto Italiano di Cultura in Rom. Ab 1964 Gestalter von Außenanlagen und Plätzen mit Brunnenanlagen in zahlreichen Städten. Später Konzentration auf Malerei und Zeichnungen.

Literatur:
Marburg. Abbruch und Wandel. Städtebauliche Planung in einer historischen Stadt. Hg. v. der Initiativgruppe Marburger Stadtbild und Stadtentwicklung (IGMarss) Marburg 2007. S. 106 • Jürgen Hans Grümmer. Maler und Bildhauer. Hg. v. Judith Grümmer. Lindlar 2010

Weblinks:
https://juergenhans-gruemmer.de/ • https://www.juergenhans-gruemmer.de/fileadmin/PDF_2011_bis_2017/1_09_Vita_und_posthume_Aktionen.pdf • https://de.wikipedia.org/wiki/Jürgen_Hans_Grümmer

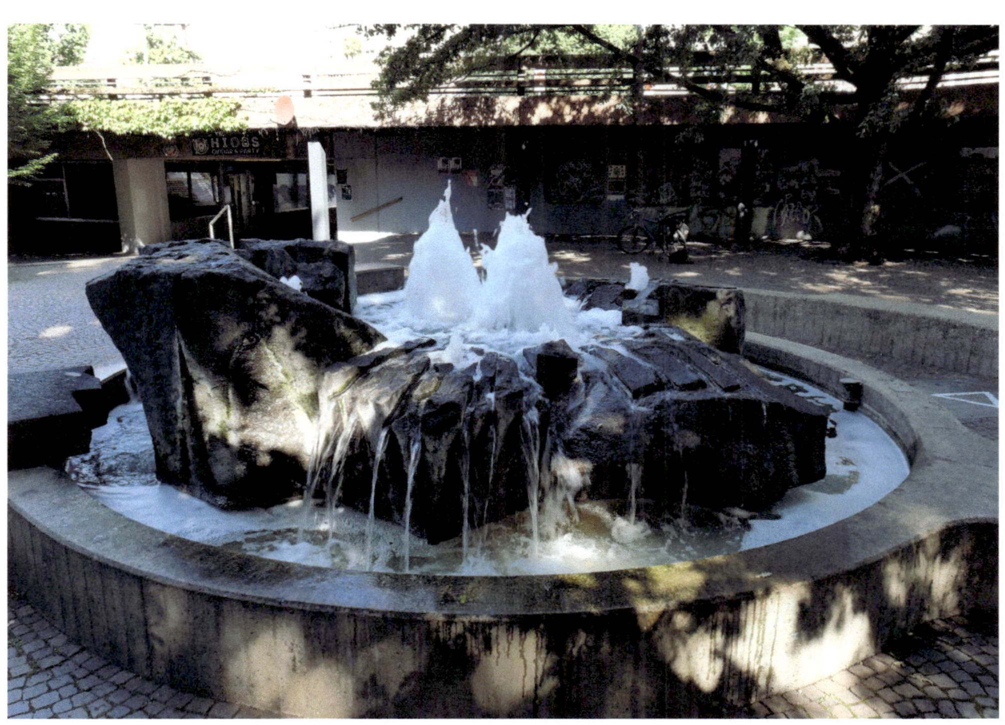

Nr. 79

Rudolphsplatz
»Freundschaftsbrunnen«
Knud Knudsen
1977
Bronze. Gesamthöhe 3,20 m, Höhe der Figuren 2,40 m

Die Stadt Marburg hat mit der Sanierung ihrer Altstadt weithin neue Maßstäbe gesetzt. Engagiert wurde ein neues urbanes Bewusstsein geschaffen und Stolz darein gesetzt, konsequent danach zu handeln. Dass daher die Präsentation moderner Kunst im Stadtgebiet selten ohne Diskussion unter der Bevölkerung abläuft, ist nicht verwunderlich und als Ausdruck von Verantwortungsbewusstsein gegenüber den Veränderungen der urbanen Umwelt zu begrüßen.
Wie kein anderes Objekt aus der langen Reihe öffentlich aufgestellter Kunstwerke in Marburg ist der »Freundschaftsbrunnen« auf Kritik gestoßen, die sich sowohl an den formalen und inhaltlichen Qualitäten der Plastik, als auch am Vorgang ihrer Errichtung festmacht. Das Geschenk der Marburger Korporationen zum 450-jährigen Jubiläum der Universität geht zurück auf eine Initiative von Prof. Wolfgang Schweckendiek. In einer Spendenaktion unter den Altherrenverbänden bringt er 80.000 DM für die Werkerstellung auf. Die Stadt übernimmt die Finanzierung von Sockel, Wasseranlage, Aufstellung und Wartung.
Als Standort wird ein zentraler Platz gewählt, der wegen seiner repräsentativen Bedeutung im Stadtbild und seiner verkehrstechnisch wie architektonisch schwierigen Gesamtanlage höchste Ansprüche an eine visuelle Gestaltung stellt. Knudsens Plastik macht deutlich, dass der Künstler diese erkannt und sich bemüht hat, ihnen mit allen ihm zu Gebote stehenden Mitteln inhaltlich wie formal nachzukommen. Bereits die Überlebensgröße der Figuren deutet auf die Ernsthaftigkeit des Anliegens hin, das an diesem zentralen Punkt Gestalt annimmt. Zu den Methoden, mit denen der Eindruck von Bedeutungsschwere erreicht werden soll, gehört die Verwendung des klassischen Materials Bronze. Allerdings wird mit ihm ein abgegriffenes, pathetisches Gestenrepertoire zur Schau gestellt. Alle Wirkungsfaktoren zusammen ergeben ein Arrangement, das

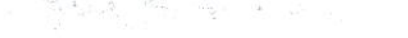

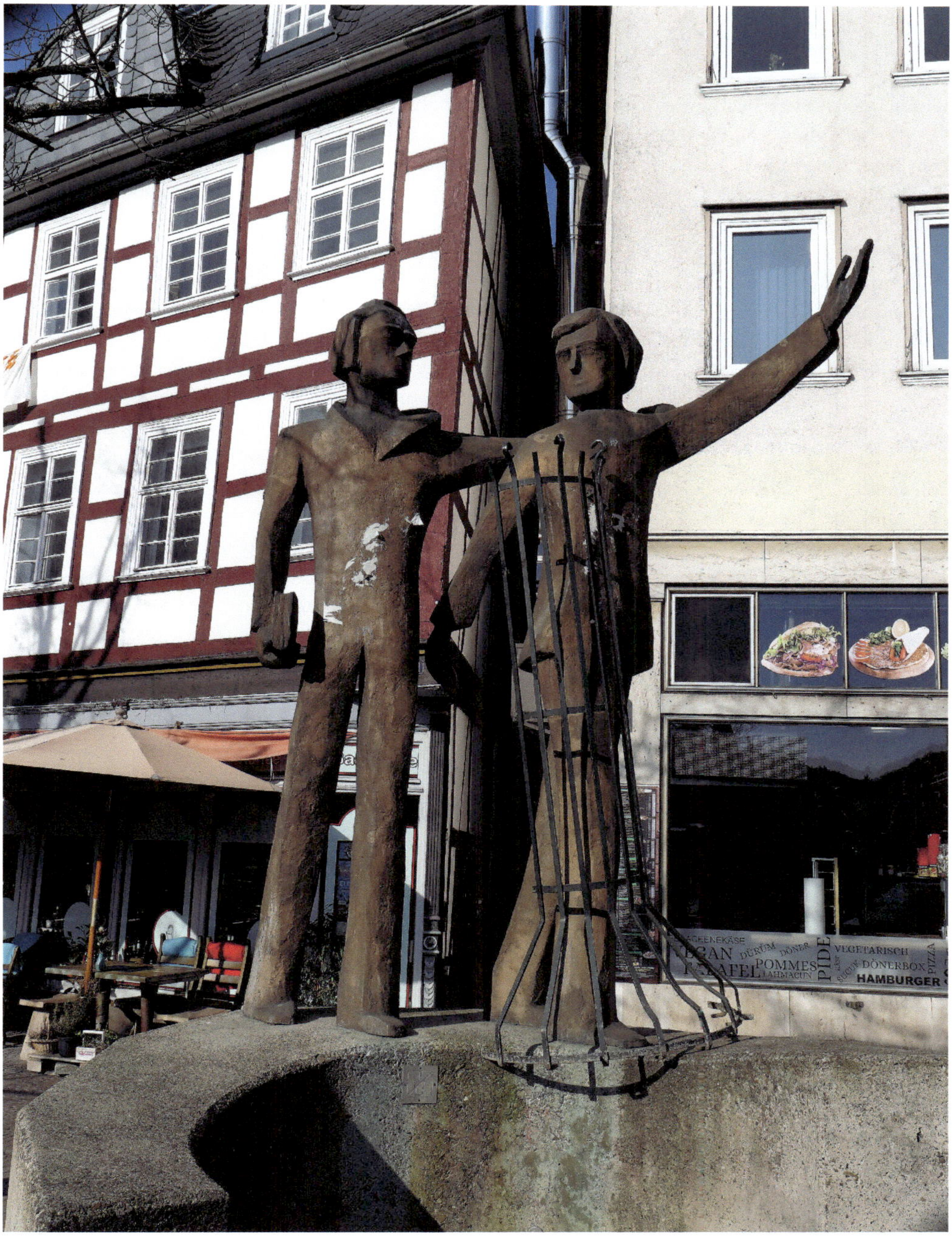

in seiner Dürftigkeit erst beschreibbar wird, wenn man es als Konglomerat von Missverhältnissen und Unstimmigkeiten erkennt. Die Anhäufung von Dissonanzen äußert sich zunächst in der unmotivierten Verbindung von Figurengruppe und Brunnenanlage. Maßstabslos balancieren die beiden auf dem schmalen Grat des hufeisenförmigen Sockels mit seinen sechs Ausflussröhrchen. Auffällig ist der Widerspruch zwischen dem überentwickelten Pathos der Plastik und der bescheidenen Anspruchslosigkeit der Sockelanlage. Ebenso schwerwiegend sind die Missverhältnisse, die an der Skulptur selbst in Erscheinung treten. Hier wiederholt sich mehrfach die Diskrepanz zwischen naturalistischem Abbild und modernistischer Deformation des Naturvorbildes. Die geschnitzte Blockhaftigkeit der Gliedmaßen in ihrer uneinheitlichen Unförmigkeit und beziehungslosen Zusammengesetztheit lässt erkennen, wie sehr Knudsen die Vorbilder aus der Kunstgeschichte, zu denen er sich frei bekennt (Kollwitz, Barlach), missverstanden hat.
Das gegenständliche Konzept, verknüpft mit dem allgemeingültigen Anspruch der Aussage, führt zum entschlusslosen Hängenbleiben zwischen naturalistischer Gestaltung und einer ungegenständlichen Skulptur, die zum Transport der komplexen inhaltlichen Aussage allein nicht fähig angesehen wird. Knudsen traut der Ausdruckswirkung seiner Konstellation so wenig, dass er durch Hinzufügen des schlichten Attributs Buch die Eindeutigkeit des Symbolgehalts unterstützt. Hier wird das Auseinanderklaffen von künstlerischer Ambition und Durchführung der Idee besonders deutlich: ein Kompromiss aus dem gegenständlichen Konzept und dem, was der Künstler glaubt, als zeitlos gültige Form (»zeitlos in Kleidung und Auftreten«, OP, 2.7.77) anbieten zu können. Die ausdrucksfreien Gesichtszüge, der Aufwand an hohlen Gesten und die unmotivierten Bewegungsmotive sind nichtsdestoweniger befrachtet mit symbolischer Bedeutung, zu der Künstler und Stifter Interpretationsangebote von unterschiedlicher Reichweite liefern. So soll die Figurengruppe beispielsweise gesehen werden als »Sinnbild für die Marburger Studierenden in 450 Jahren Universitätsgeschichte« (OP, 7.7.77). Auch wird die Plastik für fähig erachtet, die traditionelle und gegenwärtige Rolle der Studenten in Universität, Stadt und Gesellschaft zu symbolisieren. Wer mag, kann sie »je nach Standpunkt des Betrachters« entweder als »Abschied eines Studenten, der sein Studium noch nicht vollendet hat, von einem Freund, der nach bestandenem Examen zukunftsfroh Marburg verläßt«, interpretieren oder mit abstrakten Inhalten versehen: als »das Zusammenwirken von Forschung und Lehre etwa, Theorie und Praxis« oder vielleicht doch nur »schlicht Studentenfreundschaft« (Studier mal Marburg, Juni 77). »Das Buch in der Hand des einen [soll] an Wissenschaft und Lehre erinnern oder auch als fröhliches Kommersbuch gedeutet werden« (OP, 2.7.77).
Dass eine solche Konzeption mit ihren Beschwörungsformeln die Studienwirklichkeit und die tatsächlichen studentischen Zukunftserwartungen damals wie heute verfehlt, liegt auf der Hand. Die Verschiedenartigkeit der Interpretationen belegt die Inhaltslosigkeit des bronzenen Gegenstandes, der Assoziations- und Identifikationsangebote nach Wunsch bereitstellt.
Nach Meinung der Stifter gewinnt das Geschenk dadurch an Bedeutung, dass hier erstmals Studenten ein Denkmal gesetzt worden sei. Mit dem »Freundschaftsbrunnen« besitzt Marburg jedoch auch ein Lehrbeispiel für die Tatsache, dass jedes Denkmal neben dem Anlass oder der dargestellten Person auch seine Errichter auf den Sockel stellt. (H.K.)

Knud Knudsen

Geb. 1916 in Berlin, gest. 1998 in Bad Nauheim. Ab 1934 Studium Jura und Volkswirtschaft in Berlin, gleichzeitig Zeichnen und graphische Techniken an der HfbK. 1936 Abbruch des Jurastudiums. 1937 als Graphiker in Berlin, Studium Kunstgeschichte, Publizistik und Soziologie. Promotion 1941. 1945 Mitarbeit am Aufbau des Kulturamtes Berlin-Wilmersdorf, wissenschaftlicher Leiter des Pontes-Verlags, freie bildhauerische Arbeiten. 1949 Mitgründer des Deutschen Koordinierungsrates und der Gesellschaft für christlich-jüdische Zusammenarbeit. 1958 Bundeskunstpreis des VdK Deutschland. Ab 1959 ansässig in Bad Nauheim.

Literatur:

Oberhessische Presse, 1.7.1977, 2.7.1977, 14.7.1977, 23.7.1977 • Aust.-Kat: Knud Knudsen. Skulpturen und Bildnisse. Ausstellung im Foyer der Frankfurter Oper. Frankfurt/M. 1981

Nr. 80

Erlenring, Ecke Weidenhäuser Straße
»Hoffmanns Lieschen«-Brunnen
Hanna Korflür
1979
Bronze. Gesamthöhe 1,75 m, Höhe der Plastik 0,83 m. Bez. Standplatte links: »Korflür 1979«

Der im Rahmen des traditionellen Weidenhäuser Volksfestes am 16.9.1979 eingeweihte Brunnen ist eine Stiftung der Marburger Stadtsparkasse anlässlich der Eröffnung ihrer Zweigstelle am »Tor« zu Weidenhausen. Er thematisiert mit seinem plastischen Schmuck »Hoffmanns Lieschen«, eine Gestalt aus der Lokalgeschichte. Die Bürgerstochter Elisabeth Hoffmann soll, als 1811 die Marburger den Weidenhäusern das Gebiet der ehemaligen Stadtgräben als Gartenland streitig machten, als Mitglied einer Weidenhäuser Bürgerdelegation bei König Jerome in Kassel den Forderungen der Abordnung durch einen Tanz vor dem Regenten eindeutig und erfolgreich Nachdruck verliehen haben. Hanna Korflürs Entwurf, der nicht die Einzelperson zeigt, sondern eine Tanzgruppe aufbietet, soll andeuten, dass Hoffmanns Lieschen nicht nur eine historische Gestalt, sondern als »Symbolfigur des Weidenhäuser Bürgersinns« noch heute lebendig ist. Die fünf Tänzerinnen auf der Brücke – ein Verweis auf die Lage des Ortsteils an mehreren Brücken und Stegen – sind gedacht als Ehrung aller Weidenhäuser Bürgerinnen. Sie sollen die Aktualität einer Tradition belegen, die sich unter anderem im »Hoffmanns Lieschen«-Tanz erhalten hat. Daher kommt für die Kleidung der beschwingten Figuren keine Biedermeier-Tracht in Frage, sondern es wird eine aktualisierte Version historischer Formelemente eingesetzt. (H.K.)

Hanna Korflür
Siehe Nr. 18

Literatur:
Oberhessische Presse, 18.9.1979, 11.11.2012 • BBK. Bundesverband Bildender Künstler e.V. im Landesverband Hessen e.V. des Berufsverbandes Bildender Künstler in der Gewerkschaft Kunst im DGB. Kassel 1980 • Schrader, Margret: »Hoffmann's Lieschen« umarmt die ganze Welt. Die Rolle der Frau in der bürgerlichen Festkultur am Beispiel hessischer Volksfeste. Univ.-Diss. Marburg 1992 • Dickmann, Friedrich: Hoffmanns Lieschen – Legende und Wirklichkeit. Was am 13. Januar 1812 tatsächl. geschah. In: Alt-Weidenhausen. Band N.F., 4/1994. S. 6–26 • Kolbe, Susanna: Von Oberstadtkindern, Studenten und Hoffmanns Lieschen. Geschichten und Anekdoten aus dem alten Marburg. Gudensberg-Gleichen 2008 • Kolbe, Susanna: Eine Legende. Hoffmanns Lieschen aus Weidenhausen. In: 75 Frauenorte in Marburg. Entdeckerinnenbuch zu 800 Jahren Stadtgeschichte. Hg. v. Irene Ewinkel. Marburg 2022. S. 152–153

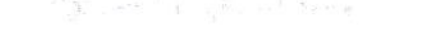

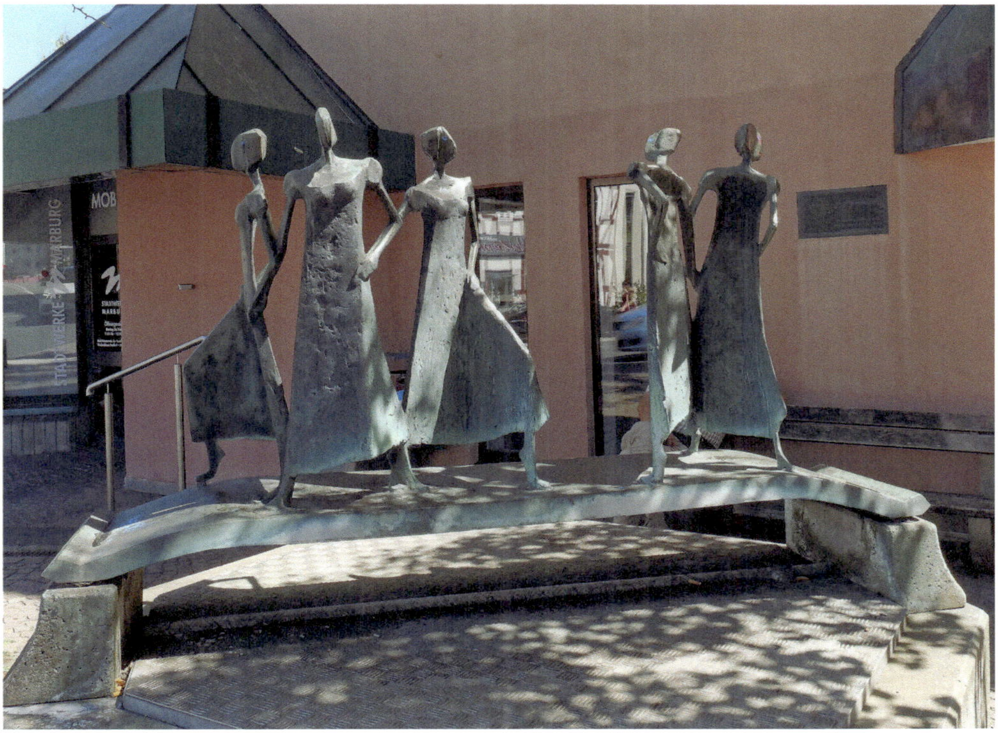

Nr. 81

Augustinergasse, Hanno-Drechsler-Platz
»Augustinerbrunnen«
Rudolf Trautmann
1981
Bronze, 2-teilig. Durchmesser ca. 2,60 m

In einem vom Pflaster gebildeten Rund, das zugleich die optische Begrenzung einer brunnenartigen Vertiefung enthält, liegen zwei mächtige Bronzestücke nebeneinander. Die metallenen Gebilde ohne gegenständliche Bezüge sind so geformt, dass sie sich als halbe Rundformen aufeinander beziehen können. In dieser Gestalt bilden sie einen Brunnen, der durch acht Zuflüsse mit Wasser gespeist wird. Das Wasser läuft durch verschiedene Vertiefungen, wo es sich zwischenzeitlich sammelt und sie dann über mehrere Ausflüsse wieder verlässt. Daraus ergibt sich bei geeignetem Licht eine spannungsreiche Symbiose zwischen dem amorphen Metall des Brunnenkörpers und den ihn umspielenden Wassermassen.
Der Bereich Augustinergasse zwischen Untergasse und Barfüßerstraße wurde in den 1970er-Jahren, zu Beginn der Altstadtsanierung in Marburg, als eines der ersten Projekte umfassend neugestaltet. Viele Fachwerk-häuser wurden saniert, später entstandene Bauten wurden entfernt. Im Zentrum des Platzes wurde unter Aufrichtung einer Stützmauer die Platzanlage neugestaltet, heute Hanno-Drechsler-Platz. (U.G.)

Rudolf Trautmann
Siehe Nr. 9

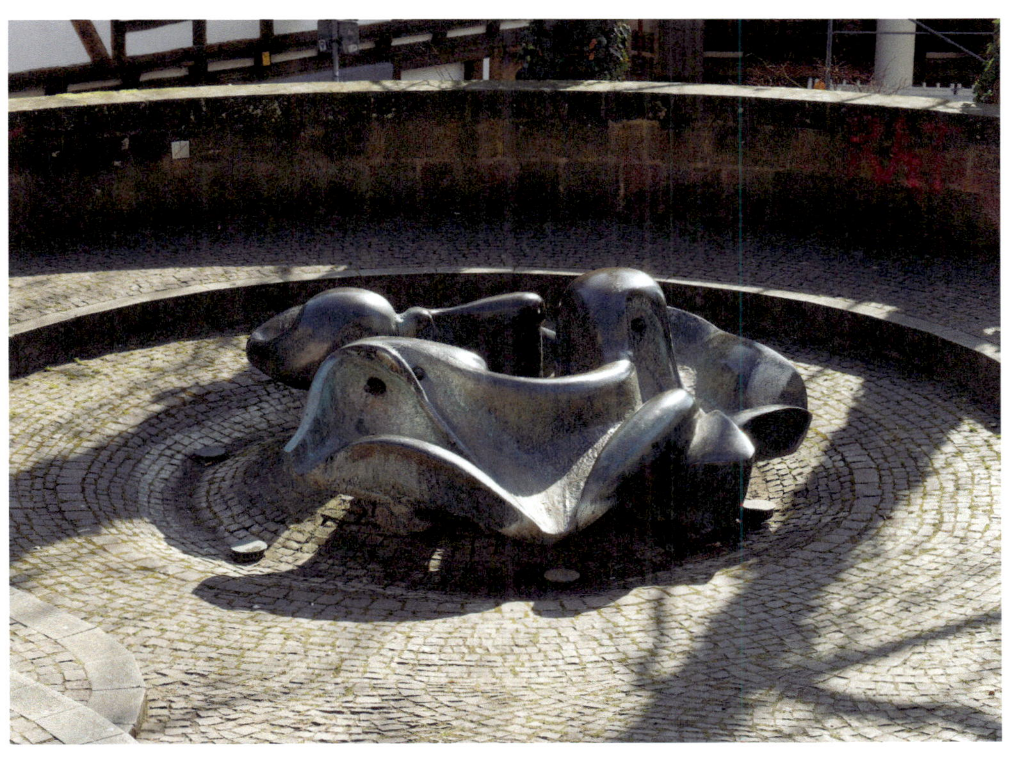

Nr. 82

Schlosspark, Rosengarten
Johannes Dröge
1982
Mainsandstein. Brunnenbecken Durchmesser 4 m. Skulptur Höhe 1,77 m

Im Zentrum des Rosengartens am Marburger Schloss befindet sich ein kreisrunder Brunnen, dessen Boden aus Quadersteinen gefügt ist. Auf einer zentralen Erhebung des Brunnens ist eine ellipsoide Steinskulptur aufrecht montiert, die an den Spitzen abgeschnitten und nach oben als Wasserspeier eingerichtet ist. Die glatt geschliffene Oberfläche des Ellipsoids ist durch zwei verschiedene Ornamente gestaltet, die kreuzweise alternieren. So stehen sich auf einer Seite zwei senkrechte, übergroße perlschnurartige Bänder gegenüber, während sie von auf dieselbe Weise sich gegenüberstehenden Bändern gekreuzt werden. Deren Ornamentierung besteht aus brettartigen Flächen, deren Anordnung an unterschlächtige Mühlräder erinnert. (U.G.)

Johannes Dröge
Siehe Nr. 8

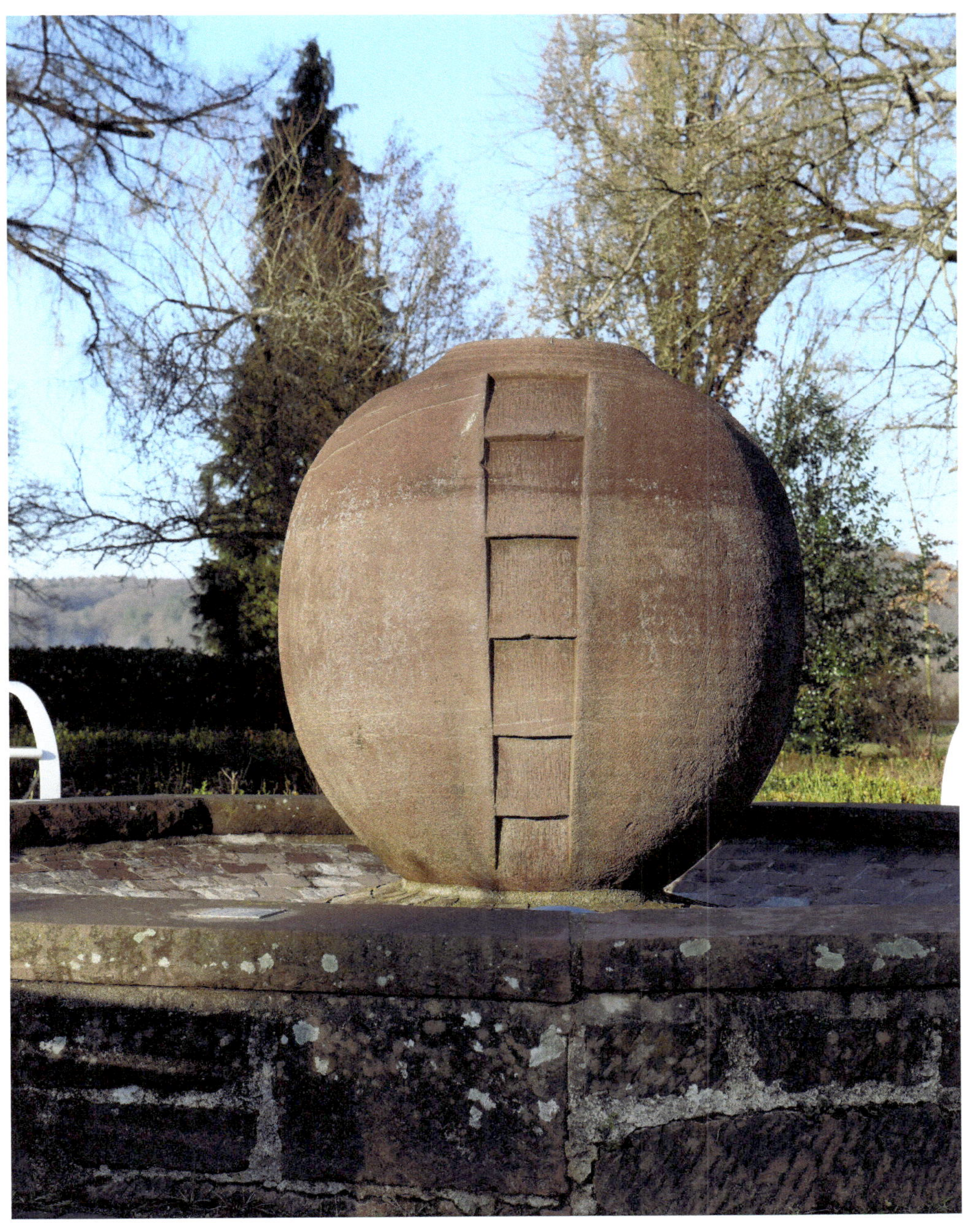

Nr. 83

Landgraf-Philipp-Straße
Trinkwasserbrunnen »Sauhundkopf«
Rudolf Trautmann
1985
Bronze. Ca. 100 x 60 x 50 cm

Der Weg von der Altstadt hinauf zum Landgrafenschloss über die Landgraf-Philipp-Straße ist für Fußgänger lang und beschwerlich. Zur Erfrischung dient am oberen Ende der Straße in der Schlossmauer ein Trinkwasserbrunnen. Er ist eine Reminiszenz an historische Formen, denn er erinnert an Wasserspeier mittelalterlicher Kirchen. (G.P.)

Rudolf Trautmann
Siehe Nr. 9

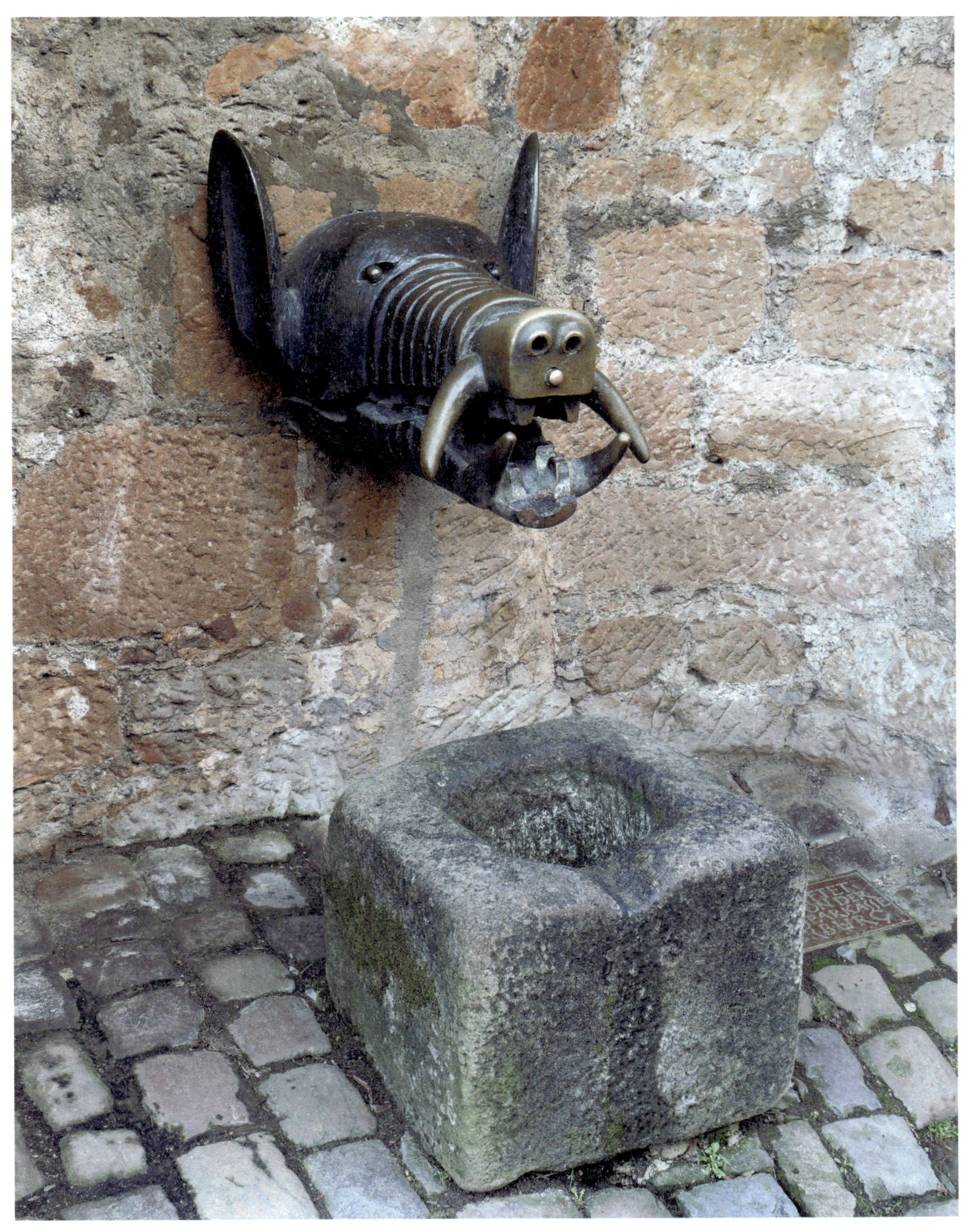

Nr. 84

Baldingerstraße, Verkehrskreisel
Raum-Wasserobjekt
Johannes Peter Hölzinger
1985
Edelstahl. Höhe 13,20 m

Umgeben von einem Rund mit drei Sitzstufen sind sechs doppelschalige, sichelförmig gebogene Hohlkörper aus spiegelndem Edelstahl im Boden verankert. Dabei finden sie sich in unverbundener aber ausgezirkelter Position zueinander aufgestellt. In einem luzide wirkenden Lichtballett ragen die aus je elf Teilen bestehenden Edelstahlkörper in den Himmel. Ihre perspektivisch gegeneinander verschobenen Oberkanten vermitteln den Eindruck von Körperlosigkeit und Leichtigkeit. Im Innern wird Wasser nach oben geleitet, das dann über die Außenwände abläuft und die Spiegelung der glänzenden Edelstahlfläche bricht.
Die Arbeiten des Architekten J.P. Hölzinger zeichnen sich durch eine Tendenz aus, Grenzen zwischen den Gattungen Architektur und Skulptur zu öffnen. So scheinen sich Skulpturen durch die Möglichkeit, sie zu begehen, der Architektur anzunähern, während die Architektur durch die Verwendung von skulpturalen Elementen ins Plastische gewandelt wird. Ihnen gemeinsam ist die mittels Lichtreflektionen erzeugte »Durchdringung von Körper und Raum«, wobei durch den Einsatz des Lichts als bildnerisches Material architektonische Skulpturen entstehen. Erheblich verstärkt wird dieser Eindruck durch die Aufbietung spiegelnder Werkstoffe wie hier des Edelstahls. Hölzinger stammt aus Bad Nauheim, so dass seine Verwendung von Wasser an der Außenhaut der Skulptur an die Gradierwerke seiner Heimatstadt erinnert. Die Anordnung der konkav/konvex geformten Hohlkörper ist ein Substrat aus der Ausrichtung unterschiedlicher »Grünraumbildungen«, die Hölzinger als Preisträger für die Gestaltung der Bundesgartenschauen 1961 in Stuttgart und 1963 in Karlsruhe eingerichtet hat. Während er in Stuttgart eine Wegerichtung im Neckarpark mäandernd begleiten ließ, reagierte er in Karlsruhe auf den zentralistischen Barockgrundriss. In Marburg richtete er die sechs Hohlkörper auf engstem Raum sehr dynamisch und beinahe tänzerisch aufeinander aus. (U.G.)

Johannes Peter Hölzinger
Geb.1936 in Bad Nauheim. Nach Architekturstudium an der Städelschule Frankfurt/M. in den 1950er-Jahren 1963/64 Stipendium der Bundesrepublik Deutschland für die Deutsche Akademie Villa Massimo in Rom. Anschließend Architekturbüro in Bad Nauheim. Arbeitete gelegentlich gemeinsam mit Kollegen an verschiedenen Projekten, vor allem mit Zero-Künstler Hermann Goepfert. Außerdem Lehraufträge und Professuren an diversen Hochschulen und Instituten.

Literatur:
Ausst.-Kat. Psychodynamische Raumstrukturen. Ein Werkbuch. Deutsches Architekturmuseum Frankfurt/M. 2012. S. 188

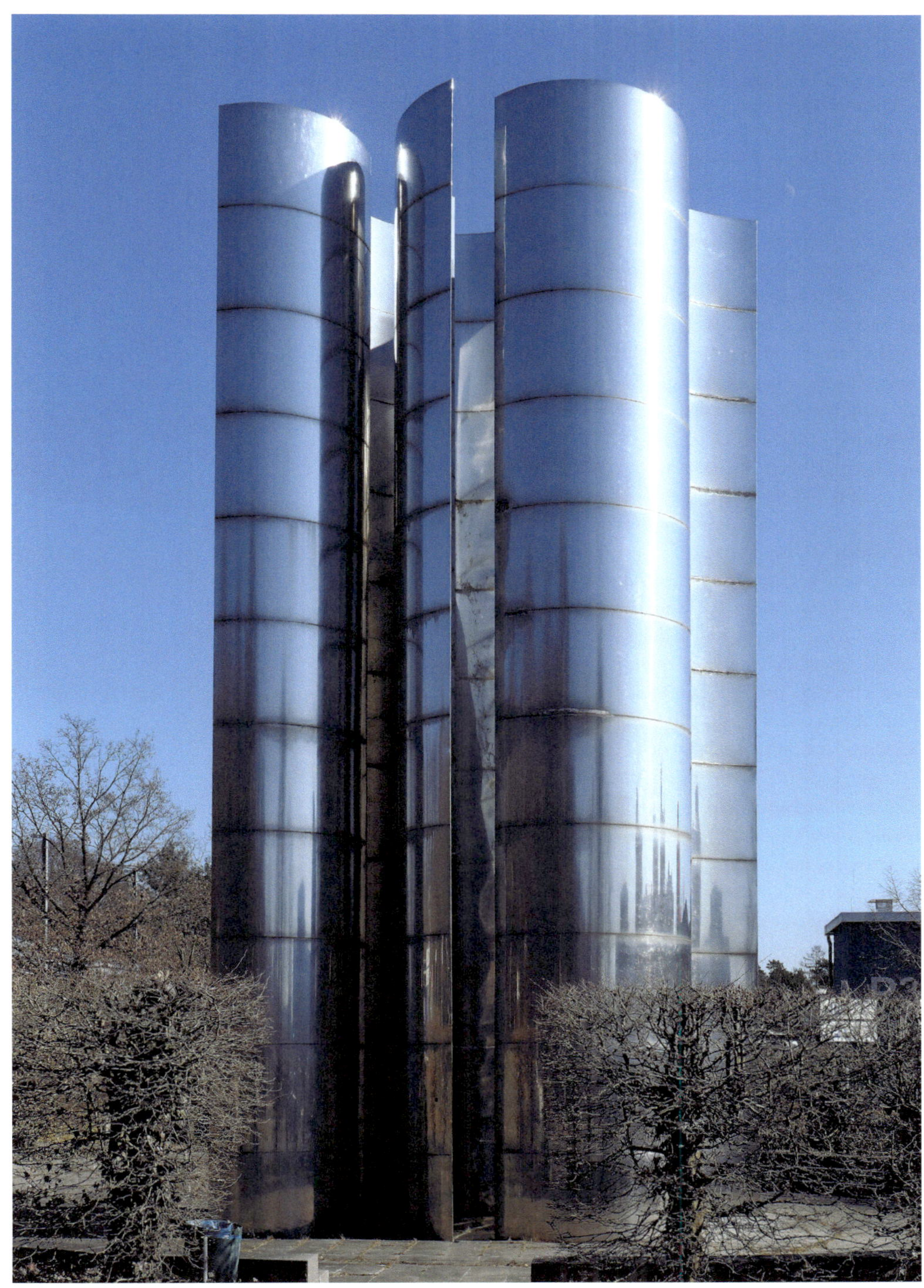

Nr. 85

Agentur für Arbeit, Afföller Straße 25
Michael Schoenholtz
1986
Muschelkalk. Brunnenbecken Durchmesser 5,90 m. Höhe Skulptur 3 m

In der Mitte eines kreisrunden Brunnenbeckens erhebt sich eine abstrakte Form. Die Basis wird von einer quadratischen Plinthe gebildet, auf der sich ein viereckiger aber unregelmäßig geformter Stamm erhebt, der bis in die Bekrönung reicht. An drei Stellen ist er unterbrochen, um drei verschiedenartig geformte Querarme aufzunehmen. Diese sind in unterschiedliche Richtungen gedreht, so dass sie nicht parallel zueinander positioniert sind. Auf diese Weise entsteht eine Teilung des Werks in einen oberen Teil mit seinen Querarmen und den unteren, tragenden Teil des Stamms.
Trotz seiner abstrakten Erscheinung bleibt für Michael Schoenholtz´ Arbeiten der Bezug zum menschlichen Körper von Belang, der sich vor allem in ungeraden Zahlenverhältnissen äußert. So etwa leitet sich von den fünf Fingern der Hand die Fünfzahl ab, die in vielen Arbeiten grundlegend ist für die Harmonie. Auch in der Marburger Brunnenfigur bediente sich der Steinbildhauer einer reduzierten Formensprache, wobei die Basis für deren harmonische Gestaltung hier von der Dreizahl gebildet wird, die sich in der Anzahl der Querarme manifestiert.
Ein kleines Teilstück der Skulptur ist innerhalb des Brunnenbeckens, ein größeres außerhalb in der vegetabilen Umgebung platziert (U.G.)

Michael Schoenholtz
Geb. 1937 in Duisburg, gest. 2019 in Berlin. Ab 1956 Studium Kunstgeschichte und Germanistik in Köln, ab 1957 an der Hochschule der Künste in Berlin. Dort 1962–1963 Meisterschüler von Ludwig Gabriel Schrieber, 1971–2005 Professor. Ab 1996 Mitglied der Akademie der Künste, 1997–2003 Direktor der Sektion Bildende Kunst. Zu den bekanntesten Werken zählen die Skulpturen in der Unterkirche der Dresdener Frauenkirche. Außerdem zahlreiche Werke im öffentlichen Raum vieler Städte.

Weblink:
https://de.wikipedia.org/wiki/Michael_Schoenholtz

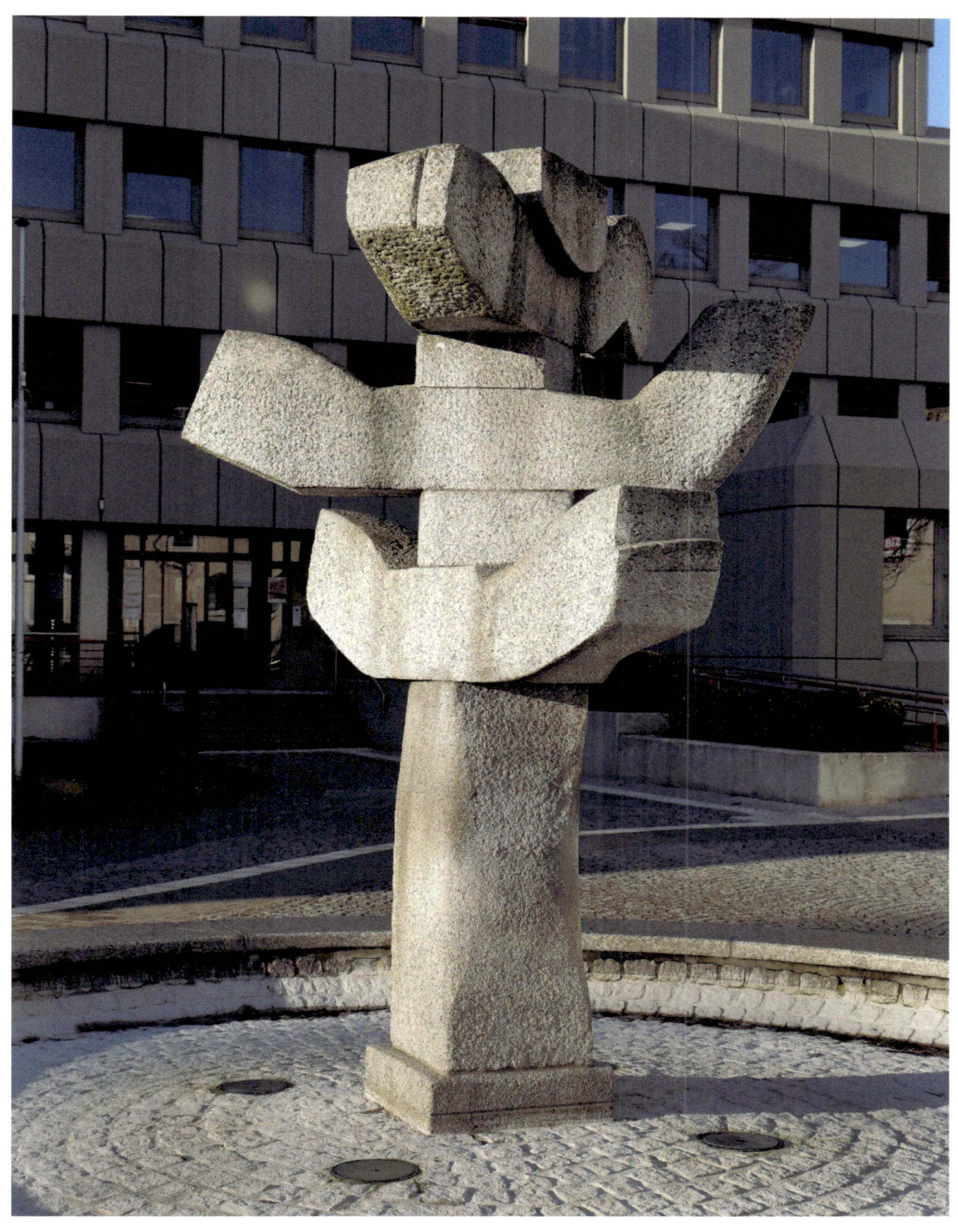

Nr. 86

Goldbergstraße / Ronhäuser Straße
Rudolf Trautmann
1993
Sandstein. 2,12 x 1,45 x 1,45 m

Zur Erinnerung an die 850-Jahrfeier der Gemeinde Cappel im Jahr 1989 übergab die Stadt Marburg der Stadtteilgemeinde den Brunnen vor dem Backhaus. Auf einem oktogonalen Sockel ruht ein ebenso oktogonales Brunnenbecken, in dessen Mitte ein viereckiger Brunnenstock aufragt. Bekrönt ist der Brunnenstock mit einem vierseitigen Giebelgehäuse, dessen Giebel mit Zierwerk versehen sind. An den Seiten des Brunnenstocks sind vier bronzene Wasserspender angebracht. (U.G.)

Rudolf Trautmann
Siehe Nr. 9

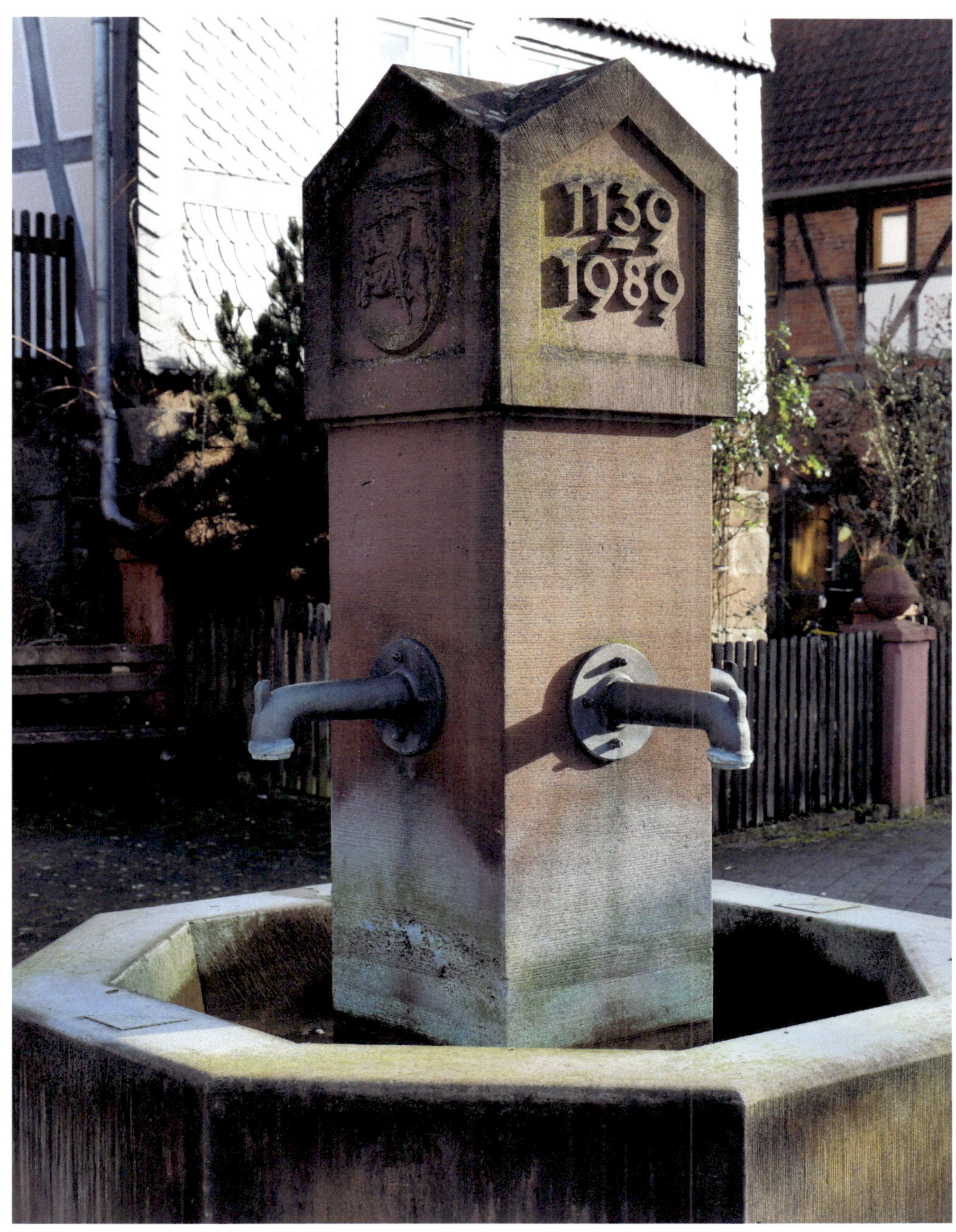
1139
1989

Nr. 87

Richtsberg, Christa-Czempiel-Platz
»Drachen-Brunnen«
Karin Bohrmann-Roth
1997
Bronze. Höhe 1,60 m

Zum Trinken geduckt steht das bronzene Phantasiegeschöpf auf der abgeschrägten Oberfläche eines viereckigen Sockels. Fünf Fingern einer Hand ähnlich, ragt das Hinterteil pfauenradartig in die Luft. Die schuppenartige Epidermis unterstreicht den märchenhaft phantastischen Charakter des Bildwerks. Aus den Seiten des Rumpfes ragen zwei Flügel, die so geformt sind, dass sie spielenden Kindern als Sitze dienen können. (U.G.)

Karin Bohrmann-Roth
Siehe Nr. 13

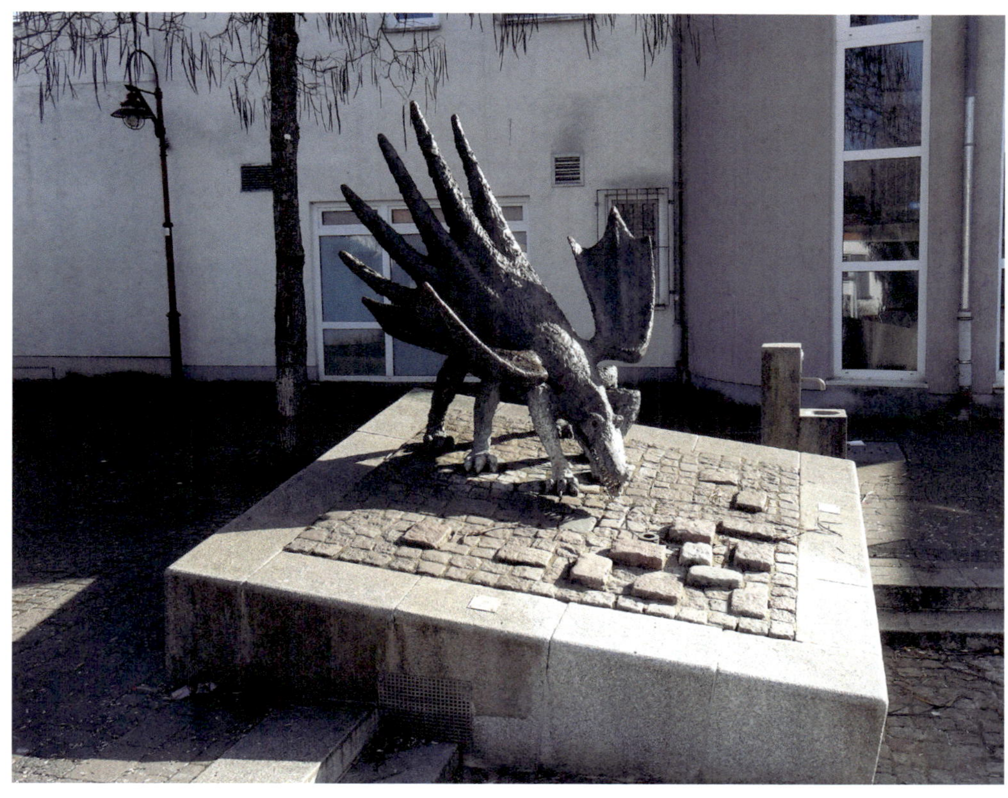

Nr. 88

Reitgasse
Trinkwasserbrunnen
Rudolf Trautmann
2009
Relief. Bronze. 2,50 x 1,50 m

In eine Blendarkade in der Stützwand des Schuhmarkts in der Reitgasse ist ein Bronzerelief eingelassen, das von sehr flach über Halb- bis zum Hochrelief reicht. Dargestellt sind mehrere Reiter, die aus entgegen gesetzten Richtungen kommen und sich hier offenbar begegnen. Während im Flachrelief des Hintergrundes markante architektonische Sehenswürdigkeiten der Stadt wie Schloss, Marienkirche oder Elisabethkirche zu sehen sind, ist im Vordergrund einer der Pferdeköpfe vollplastisch ausgebildet. Das andere Pferd neigt sich in Richtung einer Tränke in der rechten Ecke des Bildwerks, die zum Trinkbrunnen ausgebildet ist. Im Halbrelief sind die Figuren wie auch die Pferde eher stilisiert und teilweise auch disproportioniert. (U.G.)

Rudolf Trautmann
Siehe Nr. 9

Weblink:
https://www.bildhauerei-trautmann.de/aktuelles/

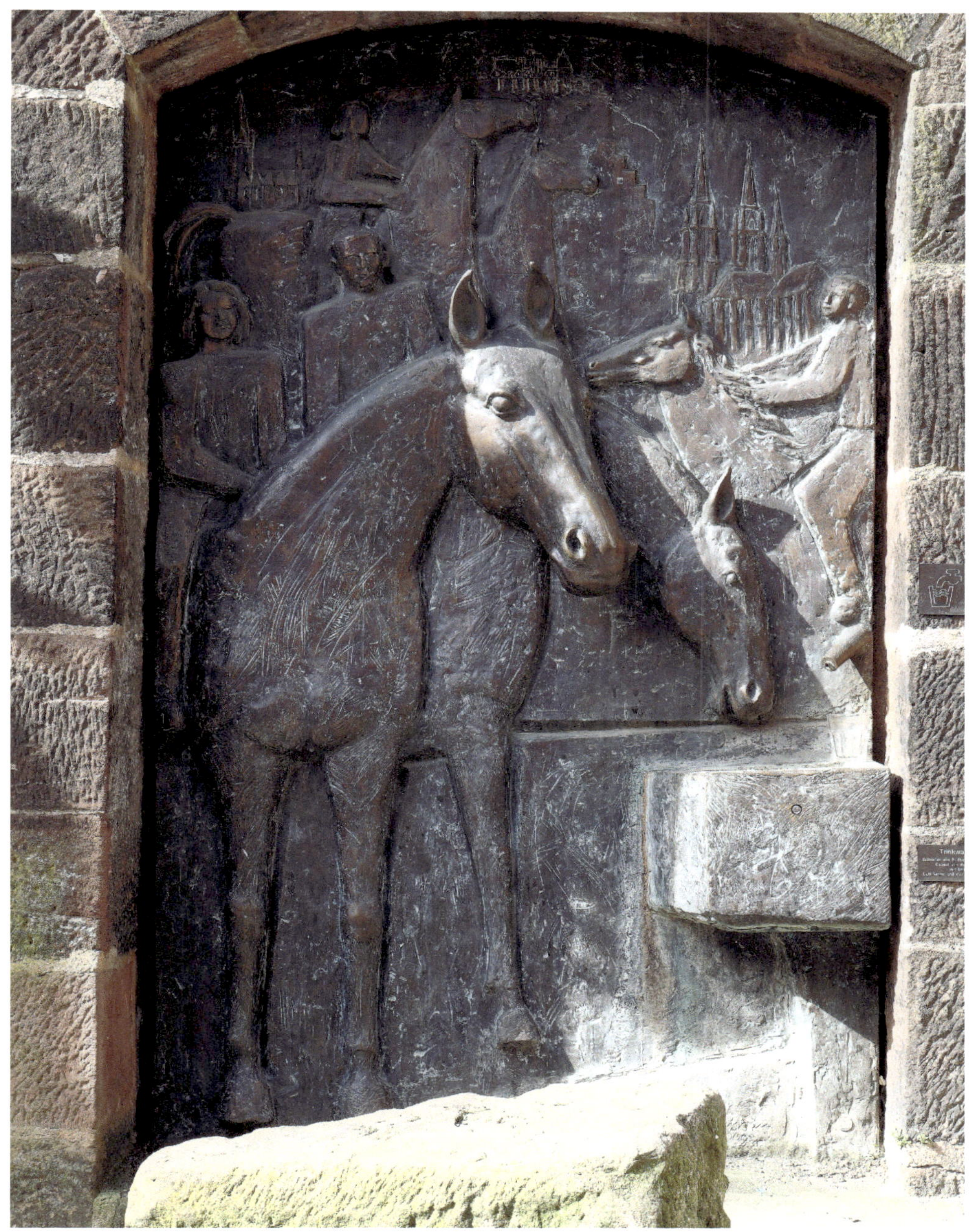

Nr. 89

Anneliese-Pohl-Allee
»Rosenbrunnen«
Rudolf und Jan Trautmann
2011
Brunnenschale: Thüringer Travertin. Durchmesser 4,70 m. Rose: Estremoz-Marmor.
1,40 x 1,40 x 1,30 m

Inmitten einer runden Brunnenschale liegt die Figur einer geschlossenen Rosenblüte. Sie wurde in maschineller Meißelarbeit gefertigt und verkörpert solides Kunsthandwerk.
Die Marmorbrüche von Estremoz im Osten des Alto Alentejo in Südportugal liegen unter der Erde, wo der Stein in mehrere hundert Meter breiten und bis zu 180 Meter tiefen Trichtern abgebaut wird. Die Lager sind bekannt für ihren crème- bis rosafarbenen Marmor mit einer sehr feinkristallinen Struktur, der hohe Preise erzielt. Dabei ist dieser Marmor von meist unterschiedlich stark ausgeprägten schwarzen Adern oder Wolken durchzogen. Solche Einschlüsse fehlen hier bis auf wenige Stellen. Das vermittelt dem verwendeten Werkstoff eine zusätzliche Qualität, die ihn noch wertiger erscheinen lässt.
Der Stifter Reinfried Pohl widmete diesen Brunnen seiner Ehefrau Anneliese, was er in zwei applizierten, gleichlautenden Texttafeln kundgibt:
»*Meiner Frau Anneliese*
Immer wieder ist es die Rose, der im Wirken von Anneliese Pohl besondere Bedeutung zukommt. Sie ist Sinnbild für Schönheit und so – in vielfältigsten Ausführungen – die von der gebürtigen Marburgerin gestalteten Anlagen in dieser Stadt und weit darüber hinaus.
Naheliegend, dass Dr. Reinfried Pohl als bestimmendes Element die Rose wählte, als er in Gedenken an seine Frau diesen Brunnen bei der Marburger Bildhauerei Trautmann in Auftrag gab. Entstanden ist ein in Größe und Herstellungsart einzigartiges Kunstwerk mit einem Durchmesser von 4,7 Metern. Im Zentrum die Rose, geschaffen aus einem 20 Tonnen schweren Block portugiesischem Estremoz-Marmor, zu Tage gefördert aus 60 Metern Tiefe, eingefasst in eine monolithische Schale aus Thüringer Travertin.«
Mit dem Rosensymbol, das hier allgegenwärtig ist und schon im Namen Rosenstraße erscheint, ist eine Tradition aufgenommen, die ihren Ursprung wohl in einem Rosengarten hat, den der Fabrikant Seidel im 19. Jahrhundert hier für sich angelegt hatte. (U.G.)

Rudolf und Jan Trautmann
Siehe Nr. 9

Weblink:
https://www.bildhauerei-trautmann.de/aktuelles/rosenbrunnen-in-marburg

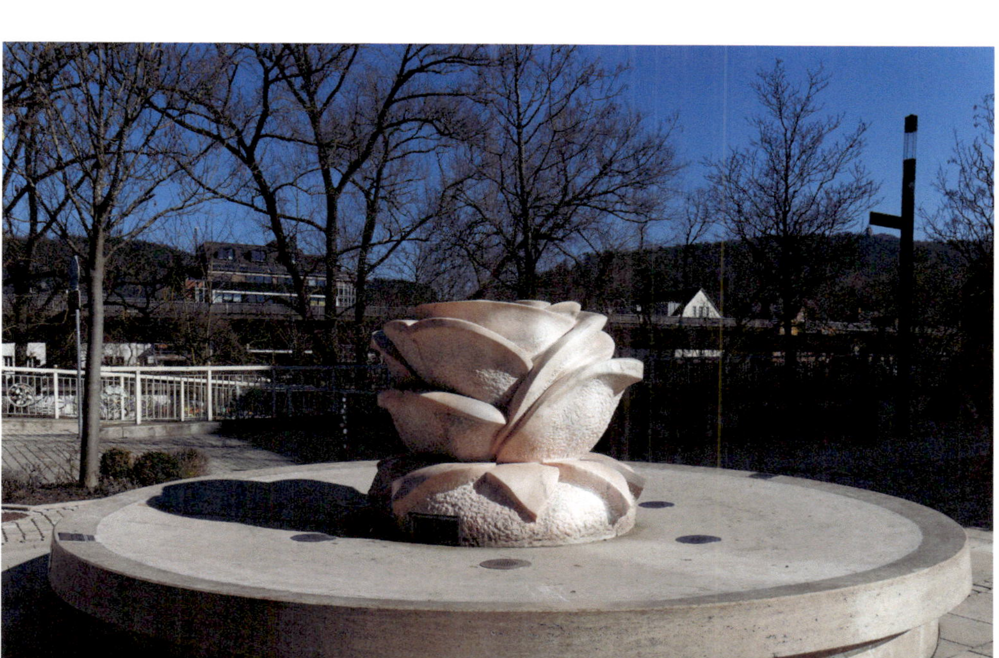

Nr. 90

Ritterstraße / Zwinglitreppe,
oberhalb Pfarrkirche St. Marien
Ritterbrunnen
Rudolf und Jan Trautmann
2013
Marburger Sandstein. Höhe ca. 2,50 m

Das Bildwerk ist aus drei Sandsteinblöcken zusammengestückt, seine bildhauerische Gestaltung mehrseitig angelegt. Mit seiner figürlichen Seite wendet sich das Bildwerk der Zwinglitreppe zur Marienkirche zu, wodurch die Ritterfigur wie ein Wächter erscheint. Gekleidet in Wams und Rock, hat er einen Umhang um den Hals gelegt, eine Art Helmkappe schützt seinen Kopf. Mit dem linken Bein neben der Plinthe fest auf dem Boden stehend, hat der Ritter seinen rechten Fuß auf die Plinthe gesetzt, wobei er gleichzeitig gegen die rückseitige Steinwand zu lehnen scheint. Vor seinem linken Bein steht ein Schild, während er mit der Rechten den Griff eines am Boden stehenden Schwertes umfasst. Mit der Linken hält er einen Krug vor der Brust, wobei sein Blick ins Weite gerichtet ist. Rückseitig sind die Blöcke lediglich geglättet, aber bildhauerisch nicht weiter bearbeitet. Eine Ritzzeichnung im oberen Bereich zeigt Gebäude des Marburger Schlossbergs. Durch einen Wasserspender mit einem Druckmechanismus ist die Figur als Trinkbrunnen gestaltet. Eine Bohrung durch den oberen Teil des mittleren Blocks ist so angelegt, dass durch sie der Blick beim Trinken auf die Uhr am Schloss gerichtet werden kann. Der untere Block ist tiefer als die übrigen, an der Rückseite ist er in der Viertelform eines Kreissektors so erweitert, dass eine Rinne auf dessen Außenseite der Aufnahme und Ableitung des Brunnenwassers dient.
Der Ritterbrunnen wurde 2013 auf Anregung der Stadt Marburg und des Kinder- und Jugendparlaments oberhalb der Pfarrkirche an der Zwinglitreppe in der Ritterstraße erstellt. Im Mittelalter verlief die Grenze zwischen dem Bereich der Landesherren und den einfachen Bürgern an der heutigen Ritterstraße. Die Grundstücke beiderseits der Straße gehörten dem Landgrafen, der sie seinen Burgmannen – Rittern aus der Umgebung – für ihre persönlichen Dienste als Lehen überließ. Die einfachen Bürger wohnten unterhalb der Ritterstraße. Zwischen beiden Bereichen steht die Pfarrkirche.
Oberhalb der Ritterstraße gab es im späten Mittelalter einen Brunnen, der die Adligen in Notzeiten mit Wasser versorgte. Für die einfachen Bürger gab es Brunnen nur im unteren Stadtbereich. Zur Erinnerung an diese Zeit hat Jan Trautmann nach einer Idee von Rudolf Trautmann die Ritterfigur mit Trinkwasserbrunnen gefertigt. (U.G.)

Rudolf und Jan Trautmann
Siehe Nr. 9

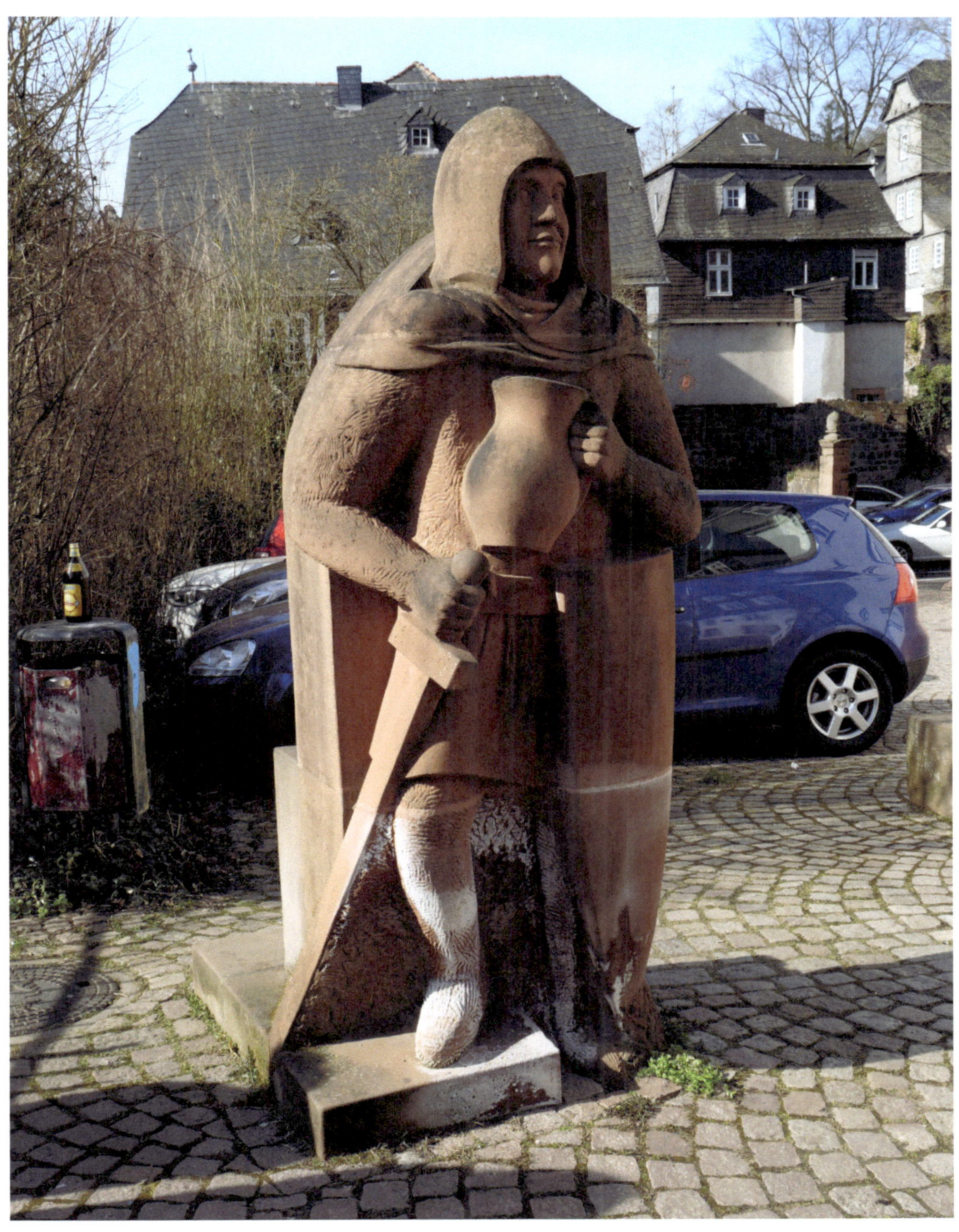

Nr. 91

Vitos-Klinik, Gesundheitsgarten,
Cappeler Straße 98
Jan Trautmann
2014
2-teilig. Marburger Sandstein.
Brunnen links 1,05 x 0,45 x 1,22 m.
Brunnen rechts 1,05 x 0,50 x 1,75 m

Im Rahmen des Projektes »Soziale Stadt Marburg-Richtsberg« wurde 2012 von der Stadt Marburg auf dem Gelände der Vitos-Klinik ein Gesundheitsgarten angelegt. Der Verein »Garten-WerkStadt« bietet den Bewohnern des Richtsbergs das Gartengelände als Ort der Begegnung an und zur Teilnahme an der Pflege und Bewirtschaftung der Gärten.
2014 ließ die Stadt Marburg auf diesem Gelände einen Brunnen errichten. Er besteht aus zwei nebeneinander platzierten, kreisförmig aufeinander bezogenen Wasserspendern in Form stilisierter Köpfe, aus deren Mündern Wasser fließt. Das Wasser kommt aus einer Zisterne, und die Anlage wird über Solarenergie betrieben. (G.P.)

Jan Trautmann
Siehe Nr. 9

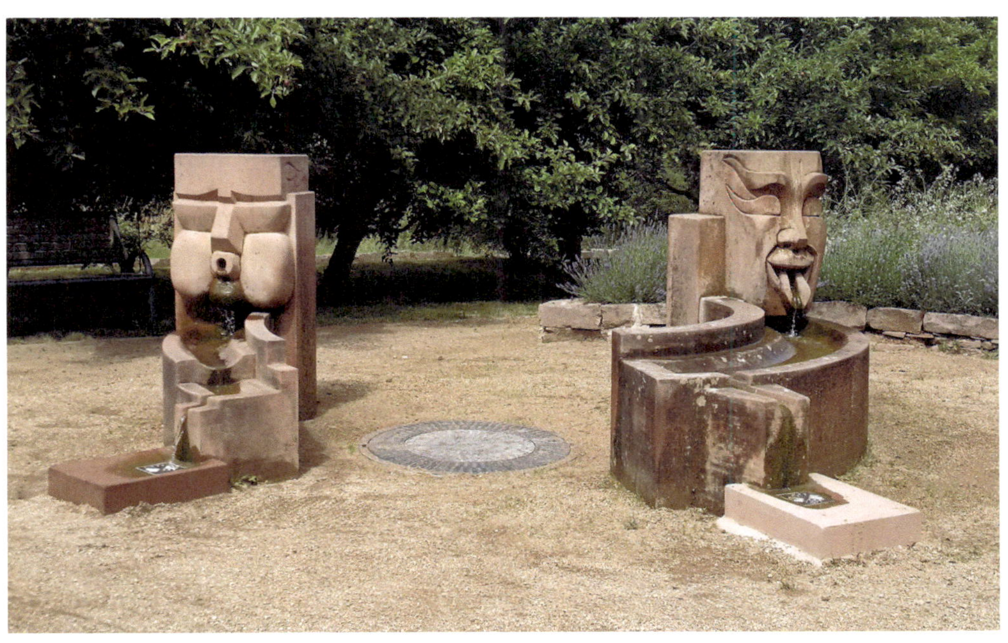

Anhang

Firmaneiplatz
»Die Tugenden«
Fünf Statuen
1718
Sandstein, überlebensgroß
Johann Friedrich Sommer (1671–1737)
2013 Neuaufstellung

Auf Initiative und Vermittlung des Landesamtes für Denkmalpflege, der Stadt Marburg und des Vereins »Barock in Marburg« übergab die Familie von Knoblauch zu Hatzbach die in ihrem Besitz befindlichen fünf spätbarocken Tugendfiguren der Stadt Marburg als Dauerleihgaben. Nach aufwändiger Restaurierung und der Anfertigung von Kopien wurden die Statuen am 28. Mai 2013 am Firmaneiplatz neu aufgestellt. Die Kopien stehen in Hatzbach. Die Statuen wurden 1718 im Auftrag des Landkomturs Kardinal Damian Hugo von Schönborn (1676–1743) gefertigt und im Lustgarten des Deutschen Ordens, dem heutigen Alten Botanischen Garten, aufgestellt. Der Marburger Bildhauer Johann Friedrich Sommer fertigte sie nach Vorlagen aus dem Stichwerk von Jacob Matham (1571–1613). Matham war Stiefsohn und Schüler des manieristischen niederländischen Malers und Kupferstechers Hendrik Goltzius (1558–1617) und arbeitete um 1600 vorwiegend nach dessen Entwürfen.
Mit zunehmender Herauslösung aus der Abhängigkeit von Glauben und Aberglauben legte sich allmählich die seelische Erschütterung der Gläubigen über das Leiden Christi und der Heiligen, die viele Manieristen noch als Kern ihrer Kunst verstanden hatten. In der Ertüchtigung des Geistes zur Selbstreflektion erhoben die Figuren ihre Häupter, richteten die Blicke in die Welt statt in ihre Herzen. Dadurch entstand ein Raum außerhalb der Bildwerke, der den Betrachtern eine neue, der Welt zugewandte Orientierung signalisierte, auf der Basis von Vernunft und Wissenschaft. Dabei sollten die Tugenden als Aufforderung zu einem makellosen Lebenswandel den rechten Weg aufzeigen.
Aufgrund ihrer qualitätvollen Ausführung bilden die fünf überlebensgroßen Sandsteinskulpturen seltene Beispiele einer hochstehenden Bildhauerkunst zu Beginn des 18. Jahrhunderts in Oberhessen. In einer Region, die seit dem frühen 16. Jahrhundert von Protestantismus und Calvinismus geprägt war, waren barocke religiöse Bildwerke eher jenseits der im Amöneburger Becken verlaufenden Grenze zum Mainzer Erzbistum bekannt.

Caritas / Die Liebe
Sie ist die zentrale Figur der Tugenden und die einzige, die als Figurengruppe dargestellt wird. Die Figur der Caritas steht fest auf dem rechten Bein, während das linke als Spielbein ausgestellt ist und nur der Fußballen den Boden berührt. Dem antwortet eine leichte Ausbiegung der rechten Hüftseite, der der aufrecht anschließende Oberkörper folgt. Vom erhobenen Haupt ist der Blick geradeaus gerichtet. Während sie im linken Arm ein Kind an der Brust hält, hat sie die Rechte einem anderen Kind, das sich an ihren rechten Oberschenkel klammert, auf das Haupt gelegt. Zwei Kinder, die in Mathams Stich die Gruppe komplettieren, sind nicht Teil des steinernen Ensembles. Gegenüber Mathams Stich ist die Darstellung weit weniger manieristisch bewegt. Mehr noch, das erhobene Haupt lässt bereits die Nähe von Klassizismus und Frühaufklärung aufscheinen.

Fides / Der Glaube
Die Figur Fides trägt in der linken Hand ein Buch, das Sinnbild des Glaubens und in der rechten Hand – die verlorengegangen ist – trug sie ein Kreuz mit dem gekreuzigten Christus. Fides macht damit auf den Glauben aufmerksam. Mit dem rechten Fuß auf der Plinthe stehend, setzt die Figur den linken Fuß vor, was ihr beinahe den Eindruck des Schreitens vermittelt. Mit der Linken hält sie ein aufgeschlagenes Buch vor der Brust, während sie in der Rechten ursprünglich den Kruzifix hielt. Letzterer inklusive der rechten Hand fehlt ebenso wie die linke Hand. Auf dem aufrechten Oberkörper sitzt das erhobene Haupt, dessen Blick nicht – wie in Mathams Stich – auf den Kruzifix, sondern geradeaus gerichtet ist. Sie trägt ein knöchellanges Kleid, dessen Säume leicht aufwippen, ein an der linken Hüftseite geraffter und bewegter Gewandbausch bedeckt den linken Oberschenkel.

Spes / Die Hoffnung
Die Hoffnung hält auf ihrem linken Arm an ihrem Körper einen Falken, und neben dem rechten Bein liegt ein Anker. Der Anker gilt als Sinnbild

der Hoffnung auf Sicherheit und das Vertrauen auf Gott. Fest mit dem rechten Fuß auf der Plinthe stehend, hat die Figur den linken Fuß ausgestellt, dabei fällt das Knie leicht nach innen, was aber nicht zu der Torsion führt, die Matham etwa hundert Jahre zuvor angedeutet hatte. Das dünne Unterkleid ist in Leichtigkeit drapiert und aufwippend im Saum. Darüber trägt sie ein etwas schwereres Gewand und darüber einen halblangen Mantel. Mit der Linken quer vor dem Leib hält sie einen Falken, den sie mit der Rechten am Kopf berührt. Ganz dem Standmotiv folgend, ist ihr Blick entsprechend ihrer Ikonographie gen Himmel gerichtet.

Justitia / Die Gerechtigkeit

Justitia hielt ursprünglich am rechten Arm ein Schwert und trug in der linken Hand eine Waage als Zeichen für Gleichgewicht und Gerechtigkeit. Das Schwert war Sinnbild ihrer Macht bei der Trennung von Gut und Böse. Beide Objekte sind verloren gegangen. Die Figur der Justitia steht auf dem rechten Bein, das linke als Spielbein etwas ausgestellt. Diesem Standmotiv folgend, ist die rechte Hüftseite leicht ausgebogen und der Oberkörper sacht nach links rückwärts geneigt. Dem entsprechend ist das aufrechte Haupt nach rechts gewandt und der Blick nach oben in die Ferne gerichtet. Sie trägt ein knöchellanges Kleid und darüber ein in der Hüfte gegürtetes, kurzärmeliges Übergewand. Während sie den rechten Arm neben ihrem Oberschenkel nach unten hält, hat sie die Hand zum Griff um das Heft des Schwertes geöffnet, das Schwert fehlt. Den linken Arm vom Körper leicht abgespreizt, hat sie den Unterarm angewinkelt, die Hand, mit der sie die Waage gehalten hat, fehlt.

Temperantia / Die Mäßigkeit

Temperantia hielt in der rechten Hand einen Krug, der verloren gegangen ist. In der linken Hand hält sie einen Becher. Wie es heißt, soll die Verteilung von Wein und Wasser auf das Bemühen hinweisen, ein richtiges Maß zu finden. Die Figur steht mit beiden Füßen auf der Plinthe, wobei das rechte Bein als Standbein wirkt. Dem Anwinkeln des linken Beins folgt eine deutliche Neigung der Hüfte, was dazu führt, dass sich die rechte Hüftseite ausbiegt. Dem folgt eine Gegenneigung des Oberkörpers, was die Schultern begradigt und das Haupt aufrichtet. Die erhobene Rechte hält das (verlorene) Gefäß, aus dem sie das Wasser in den Becher mit Wein gießt, den sie mit der Linken vor ihren linken Oberschenkel hält. (U.G.)

Literatur:

Graepler, Catharina: Der Bildhauer Johann Friedrich Sommer in Marburg. Zur Geschichte d. Skulptur in Hessen während d. 1. Hälfte d. 18. Jahrhunderts. Marburg 1992 • Graepler, Catharina: Die Rückkehr der »Tugenden« nach Marburg. Die Barockstatuen des Deutschen Ordens und ihre graphischen Vorbilder. Königstein 2013

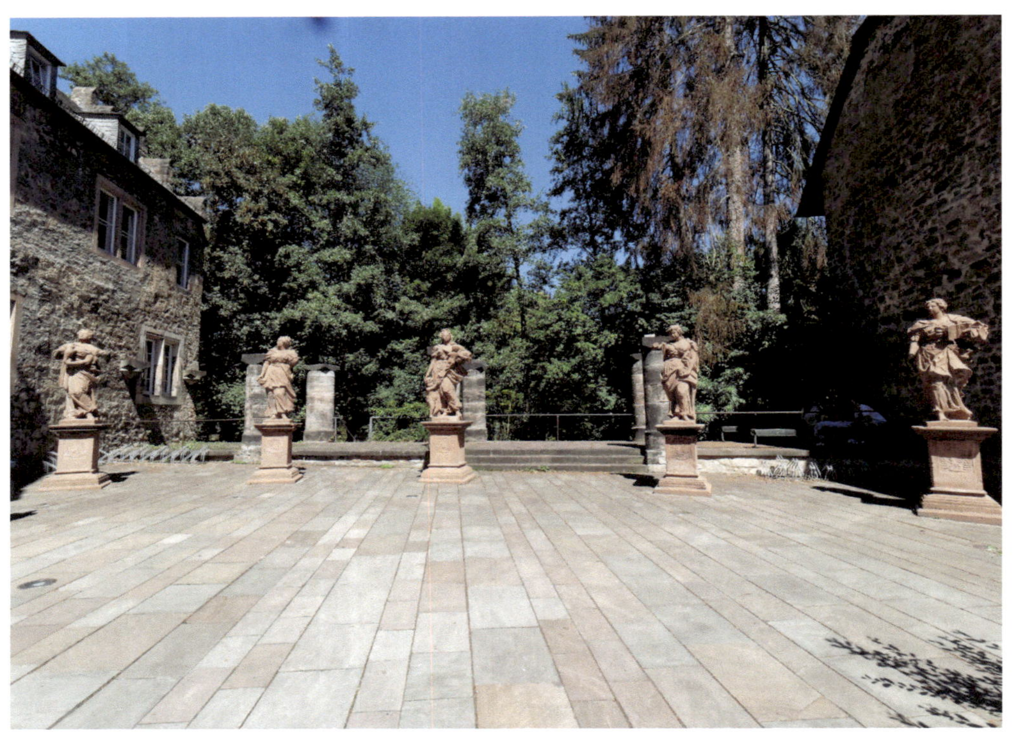

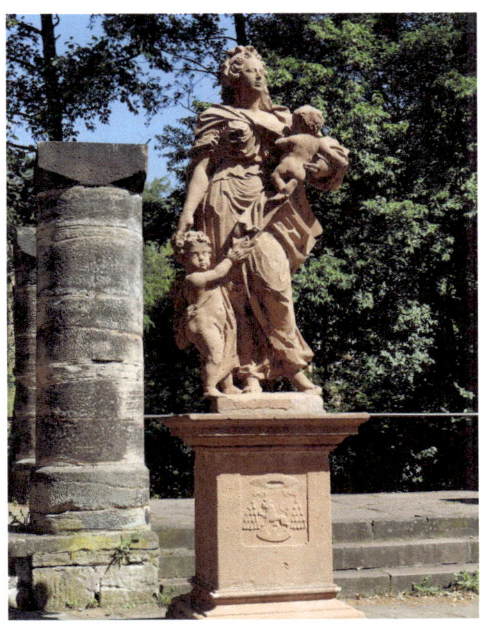

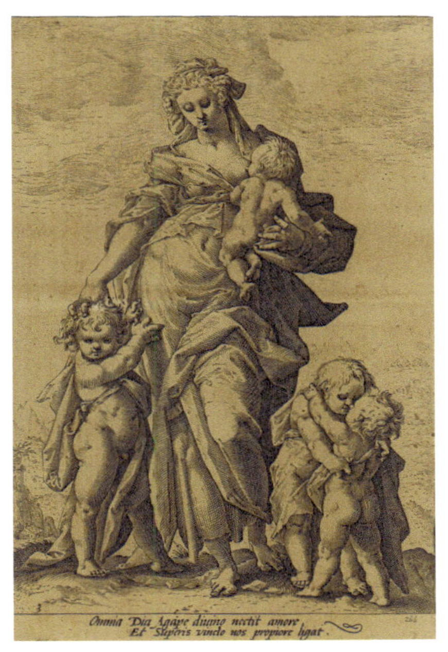

Caritas/Die Liebe

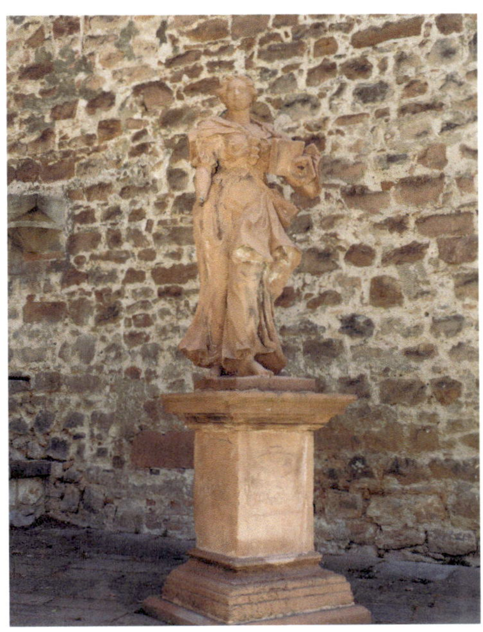

Fides/Der Glaube

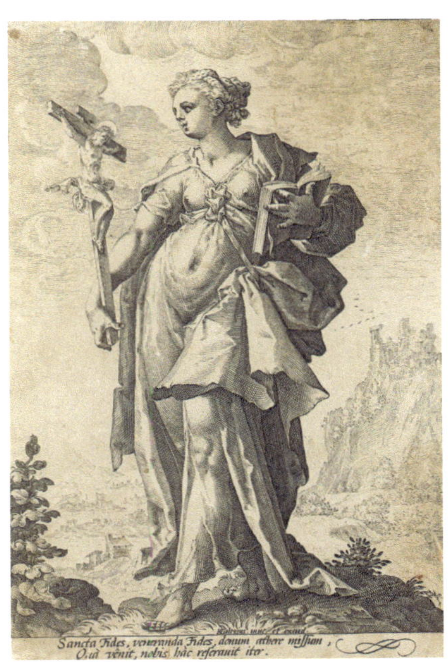

Jacob Matham:
Die Tugenden. Kupferstiche. Ca. 1588

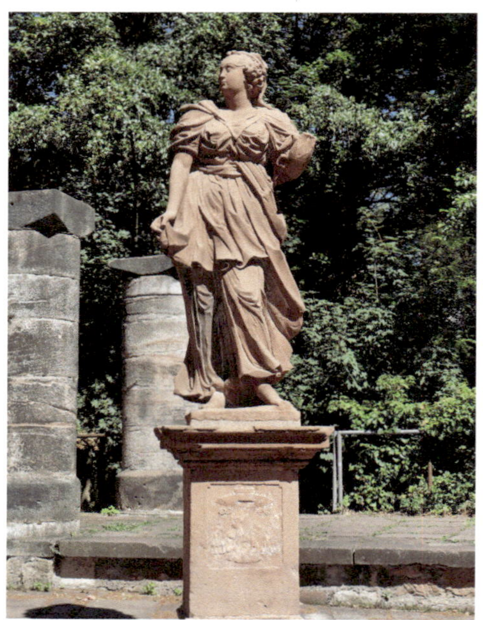

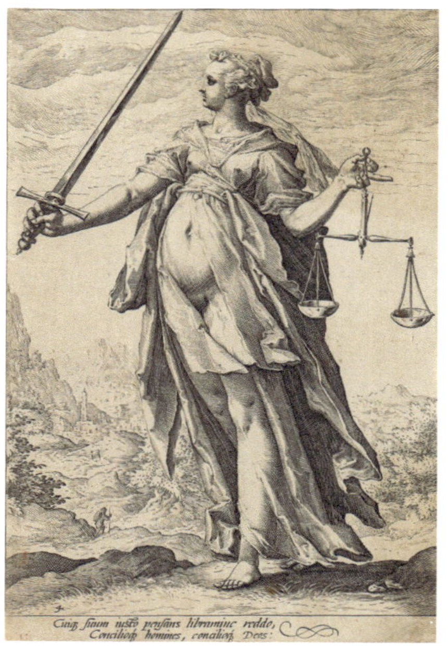

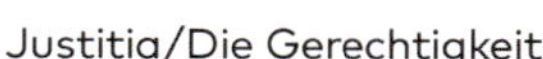
Justitia/Die Gerechtigkeit

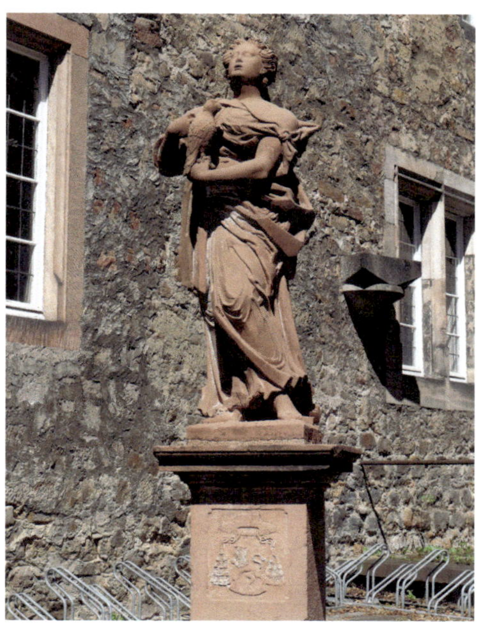

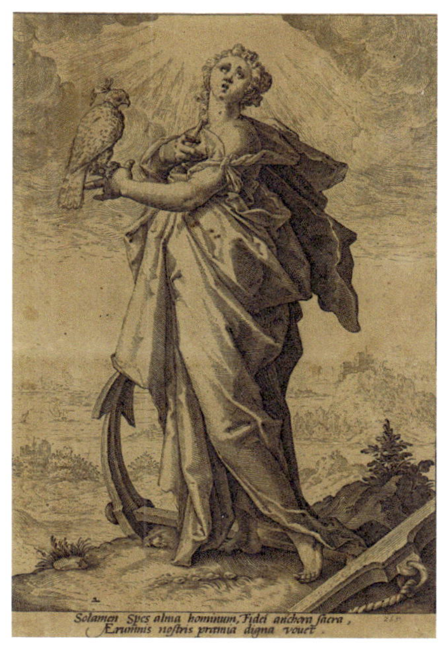

Spes/Die Hoffnung

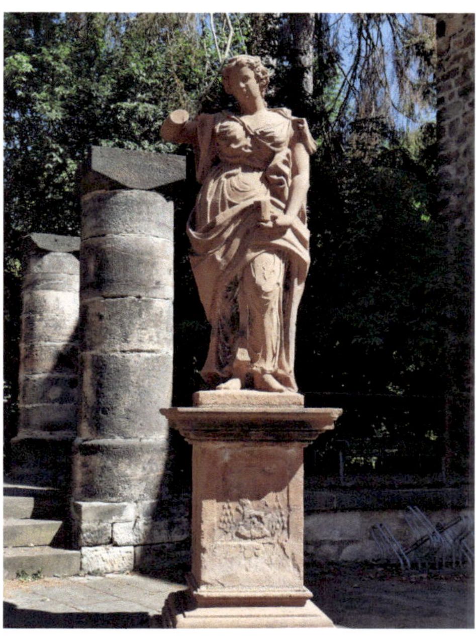

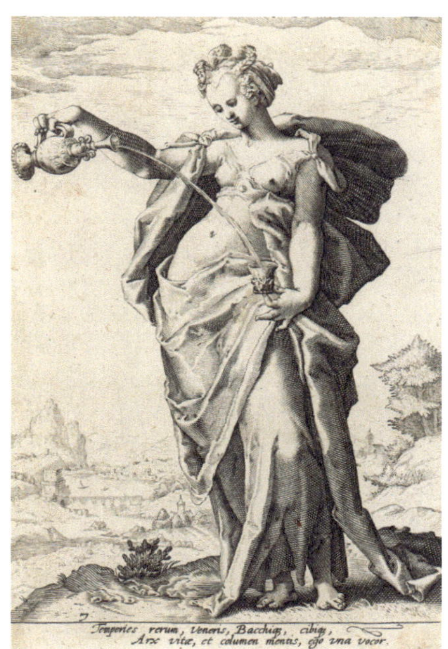

Temperantia/Die Mäßigkeit

Obermarkt, Willy-Sage-Platz
Gedenkstätte an die erste Synagoge in Marburg aus dem frühen 13. Jahrhundert
2001
Glaskubus über der Gedenkstätte
Höhe 4,30 m

In den Jahren 1993–1998 wurden bei archäologischen Grabungen auf dem Willy-Sage-Platz am Obermarkt die Grundmauern einer mittelalterlichen Synagoge freigelegt. Die bis zu einer Tiefe von 4 m reichenden Gebäudeteile, mit einer Grundfläche von 10 x 7 m, stammen aus dem 13. Jahrhundert. Ein erhaltener Schlussstein zeigt einen Davidstern, der erkennen lässt, dass dies die erste Synagoge war, die um 1290 in Marburg errichtet wurde. Bei einem Stadtbrand im Jahr 1319 wurde diese erste Synagoge zerstört. Mit dieser ersten Synagoge konnte nachgewiesen werden, dass es im Mittelalter in Marburg eine jüdische Gemeinde gab. Mehrere jüdische Familien lebten am Obermarkt, an der Judengasse, heute Schlosssteig. In erhaltenen Schriftquellen aus dem Jahr 1317 wird die Synagoge erstmals erwähnt. 1320 folgte ein Neubau an gleicher Stelle, der »Judenschule« genannt wurde. Die in den Jahren 1349/50 auch in Marburg geschehenen Pogrome führten zur Vertreibung der Juden aus der Stadt und 1352 zum Abbruch der zweiten Synagoge. Die Abbruchsteine wurden zum Teil zur Kilianskirche gebracht und dort in einer Mauer verbaut.
Nach Abschluss der Grabungsarbeiten wurde die seit über 500 Jahren verschüttete Synagoge im Jahr 2001 nach einem Konzept des Architektenteams Schultze & Schulze aus Kassel, die den ausgeschriebenen Architekturwettbewerb gewannen, mit einem Glaskubus überbaut. Der Glaskubus macht die Grundmauern der alten Synagoge sichtbar und trägt dazu bei, dass die Grabungsstätte einen Denkmalcharakter erhielt, was ein Gedenken an die jüdische Gemeinde in Marburg ermöglicht. (G.P.)

Literatur:
Klein, Ulrich / Süßmuth, Cornelia: Die mittelalterliche Synagoge in Marburg. Dokumentation der Ausgrabung. Marburger Stadtschriften zur Geschichte der Kultur. Band 92. 2009

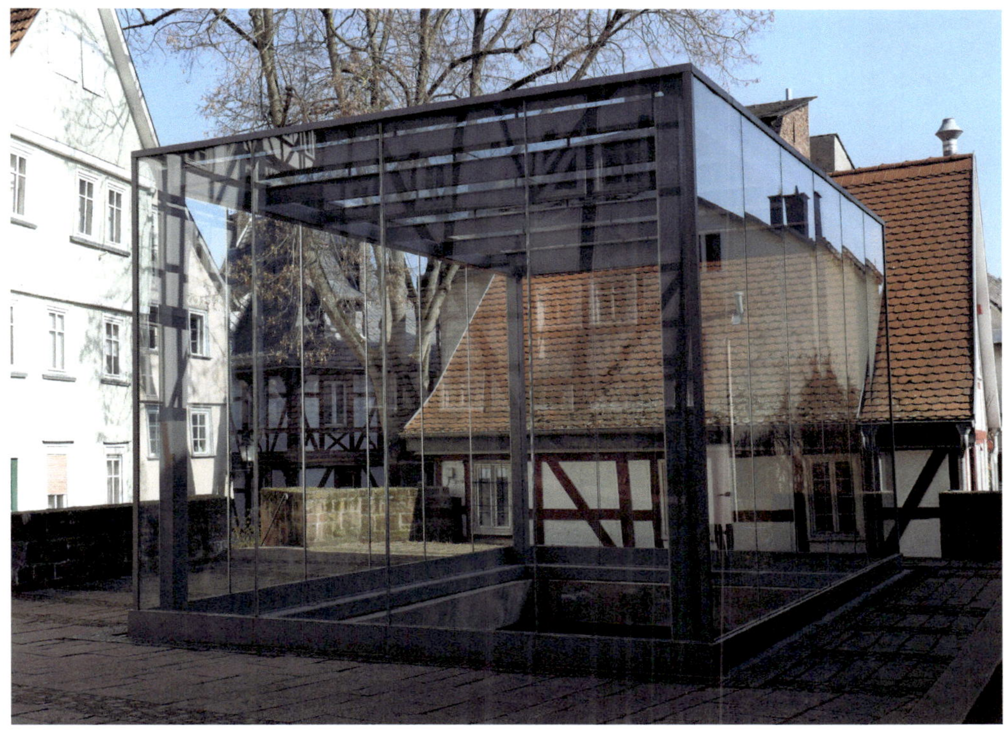

Gunter Demnig
»Stolpersteine«
Seit 2006
94 Gedenkpunkte im Stadtgebiet

Der Künstler Gunter Demnig verlegte am 16.12.1992 im Pflaster vor dem Kölner Rathaus den ersten seiner »Stolpersteine«: gegossene Betonwürfel – 10 x 10 x 10 cm – mit aufgelegter beschrifteter Messingplatte. Die bodengleich eingelassen Gedenktäfelchen vor den Häusern sollen an die Menschen erinnern, die dort gelebt haben und in der Zeit des Nationalsozialismus verfolgt, deportiert, ermordet oder vertrieben wurden. Auf den Messingplatten sind eingraviert »HIER WOHNTE...«, der Name, das Geburtsjahr, der Tag der Deportation und das Todesdatum.
Bis heute widmet sich Gunter Demnig der Idee der Verlegung von »Stolpersteinen« gegen das Vergessen der Holocaust-Opfer. Man stolpert nicht mit den Füßen über die Steine, sondern die Augen bleiben stehen und erfassen die Namen von Menschen und deren grausam ausgelöschte Lebensgeschichte.
Das Projekt mit inzwischen über 99.000 Steinen in 29 Ländern wird seit 2016 von der gemeinnützigen »STIFTUNG – SPUREN – Gunter Demnig« getragen. Es ist das wohl größte dezentrale Mahnmal der Welt.
In Marburg wurde der erste »Stolperstein« am 20.3.2006 vor der Friedrichstraße 2 verlegt zur Erinnerung an die deportierte Familie Dr. Hermann Reis, Selma Reis, geb. Levi und Marion-Berta Reis, ermordet in Auschwitz 1942. Seitdem wurden in Marburg 94 Steine eingesetzt. (G.P.)

Nicht nur in der jüdischen Community, auch darüber hinaus ist diese Form des Gedenkens nicht ganz unumstritten. Als Gegenargument wird immer wieder angeführt, dass ja die Betroffenen ein weiteres Mal mit Füßen getreten würden. Auch wenn derartiges Gedenken hochsymbolisch ist, so wird es doch durch dieses Verständnis deutlich verkürzt. Denn ein Stolperstein im Pflaster ist ein Stein von vielen, die ihn umgeben. Hier setzt die Symbolik ein, die die einst Verfolgten, Vertriebenen, Verschleppten und Ermordeten in ihre Umgebung zurückversetzen, mitten in die Gesellschaft, aus der sie einst gerissen worden waren.
Hinzu kommt der Werkstoff Messing, der tatsächlich von den Füßen der Passanten betreten wird. Zwar erscheint er ähnlich der Bronze, glänzend, wertig und unzerstörbar und vermittelt dadurch einen ähnlichen Wert von Dauerhaftigkeit, ja von Ewigkeit. Gegenüber der Bronze hat das Messing allerdings den Vorteil, dass es sich bearbeiten lässt, was für die Montage der Schilder auf dem Betonklotz notwendig ist. Und nur im Messing ist es möglich, Buchstabenpunzen einzuschlagen, durch die man die hier notwendige Beschriftung vornehmen kann. (U.G.)

Gunter Demnig
Geboren 1947 in Berlin. 1971–1985 Studium an der Hochschule für bildende Künste Kassel. Dort Schüler und künstlerisch-wissenschaftlicher Mitarbeiter im Atelier Harry Kramer. Mit gesellschaftspolitischen Projekten zielt er auf Superlative: U.a. bringt 1982 der »Ariadne-Faden Kassel-Venedig«, die Wanderung zwischen der documenta- und der Biennale-Stadt, den Eintrag ins Guinness-Buch der Rekorde. Lebt und arbeitet in Alsfeld-Elbenrod und an den vielen Orten seiner Steine gegen das Vergessen.

Weblink:
https://de.wikipedia.org/wiki/Liste_der_Stolpersteine_in_Marburg

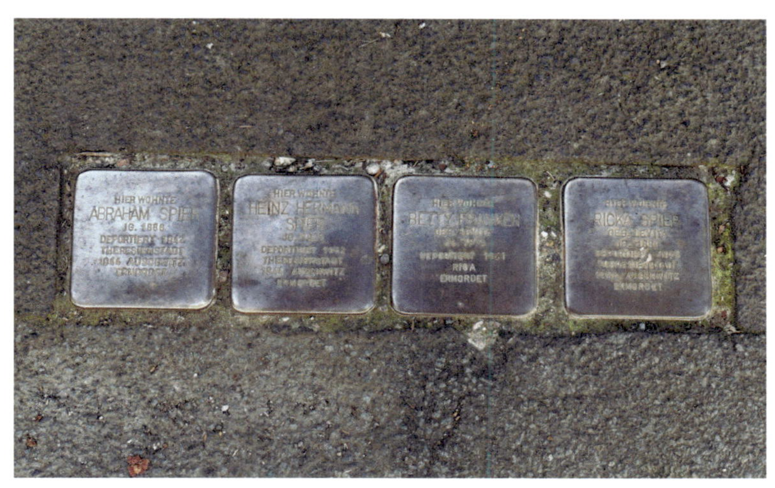
HIER WOHNTE
ABRAHAM SPIER
DEPORTIERT 1942
HIER WOHNTE
HEINZ HERMANN
SPIER
DEPORTIERT 1942
RIGA
ERMORDET
RICKA SPIER
ERMORDET

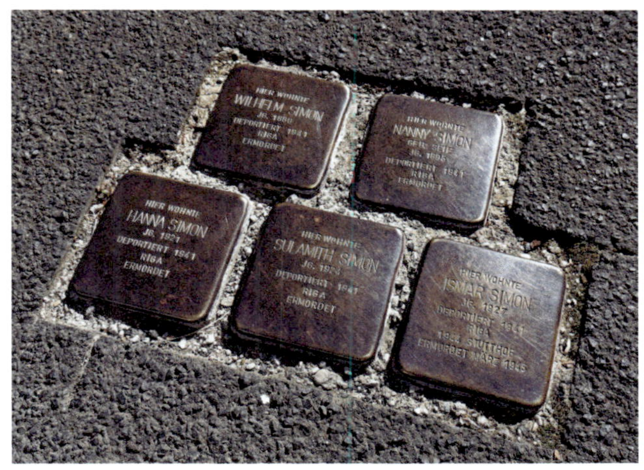
HIER WOHNTE
WILHELM SIMON
DEPORTIERT 1941
RIGA
ERMORDET
HIER WOHNTE
NANNY SIMON
DEPORTIERT 1941
RIGA
ERMORDET
HIER WOHNTE
HANNA SIMON
JG. 1921
DEPORTIERT 1941
RIGA
ERMORDET
HIER WOHNTE
SULAMITH SIMON
DEPORTIERT 1941
RIGA
ERMORDET
HIER WOHNTE
ISMAR SIMON
JG. 1927
DEPORTIERT 1941
RIGA
1944 STUTTHOF
ERMORDET MÄRZ 1945

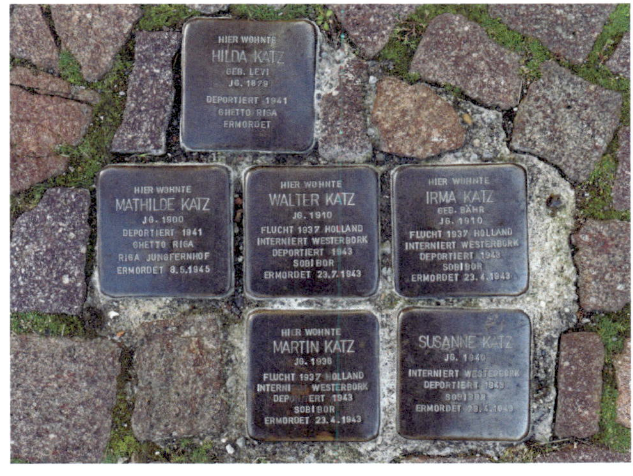
HIER WOHNTE
HILDA KATZ
GEB. LEVI
JG. 1879
DEPORTIERT 1941
GHETTO RIGA
ERMORDET
HIER WOHNTE
MATHILDE KATZ
JG. 1900
DEPORTIERT 1941
GHETTO RIGA
RIGA JUNGFERNHOF
ERMORDET 8.5.1945
HIER WOHNTE
WALTER KATZ
JG. 1910
FLUCHT 1937 HOLLAND
INTERNIERT WESTERBORK
DEPORTIERT 1943
SOBIBOR
ERMORDET 23.7.1943
HIER WOHNTE
IRMA KATZ
GEB. BÄHR
JG. 1910
FLUCHT 1937 HOLLAND
INTERNIERT WESTERBORK
DEPORTIERT 1943
SOBIBOR
ERMORDET 23.4.1943
HIER WOHNTE
MARTIN KATZ
JG. 1936
FLUCHT 1937 HOLLAND
WESTERBORK
1943
SOBIBOR
ERMORDET 23.4.1943
SUSANNE KATZ
INTERNIERT WESTERBORK
SOBIBOR

»Grimm-Dich-Pfad«
Marburger Altstadt
Figuren und Objekte zu Märchen der Brüder Grimm

Am 21. März 2009 wurde in der Universitätsstadt Marburg der »Grimm-Dich-Pfad« eröffnet, als Beitrag zu »Grimm & Co – Marburg im Literaturland Hessen«. Noch im selben Jahr wurde die Stadt Marburg für diese Installation mit dem Hessischen Tourismuspreis ausgezeichnet.
Vom Fachdienst Kultur der Stadt Marburg beauftragt, entwickelte der Künstler Pasquale Ippolito ikonische Figuren und Objekte aus den Märchen der Brüder Grimm, die an Häusern, Treppen und Mauern installiert wurden.
Zu sehen sind:

- Roter Schuh (Aschenputtel) in Landgraf-Philipp-Straße unterhalb des Schlosses
- 7 Fliegen (Das tapfere Schneiderlein) an der Hauswand Markt 18
- Der Wolf und die sieben Geißlein, Steinweg
- Der Froschkönig, Steinweg-Wasserscheide über dem Brunnen
- Hänsel und Gretel, Spielplatz Kugelgasse
- Korb mit Flaschen und Gebäck (Rotkäppchen und der böse Wolf), neben der Treppe zur Landgraf-Philipp-Straße
- Spiegel (Schneeweißchen und Rosenrot), Wandarbeit in der Landgraf-Philipp-Straße
- Goldesel am Haus Barfüßerstraße 46

In den folgenden Jahren wurden weitere Märchenfiguren und Installationen in den Pfad aufgenommen:

- Das Blaue Licht, Schlossbrunnen im Wilhelmsbau
- Zitate von Jakob Grimm an Stufen der Treppe Ritterstraße zur Landgraf-Philipp-Straße
- Lichtkunstwerk »Sterntaler« am Kornmarkt von Doris Conrads und Florian Conrads, 2012
- Fisch im Teich des Alten Botanischen Garten zum Märchen »Der Fischer und seine Frau« von Sergej Fuchs, 2015

Der »Grimm-Dich-Pfad« ist eine Erinnerung an die Brüder Jakob und Wilhelm Grimm, die 1802/1803 zum Studium der Rechtswissenschaften nach Marburg kamen. (G.P.)

Pasquale Ippolito
Geb. 1963 in Genua, seit 1992 Leiter des Malsaales am Stadttheater Gießen

Weblink:
https://www.marburg-tourismus.de/maerchen

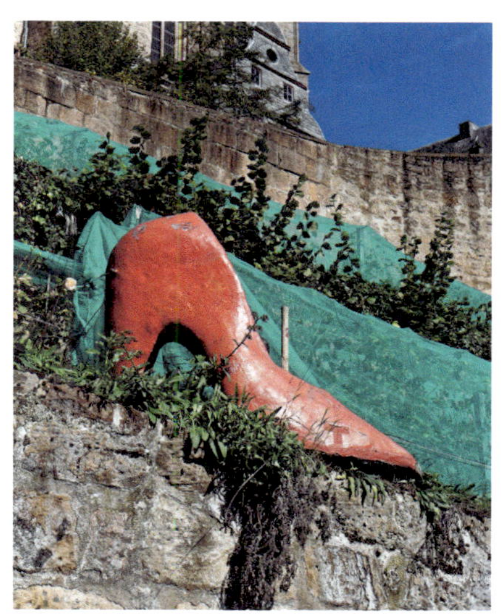

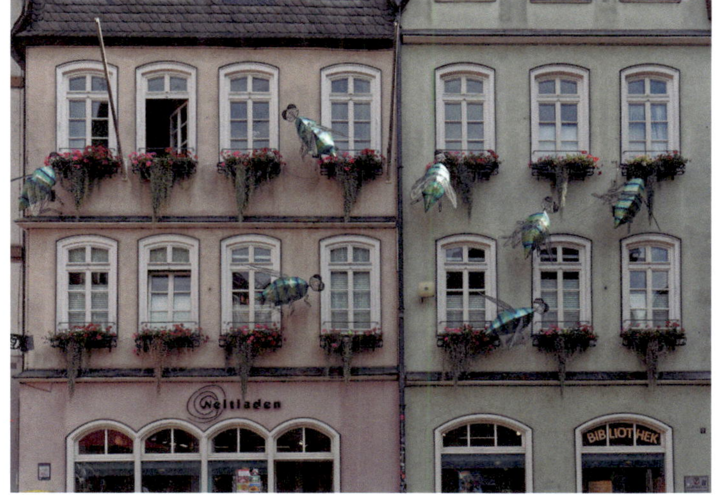
Weltladen
BIBLIOTHEK

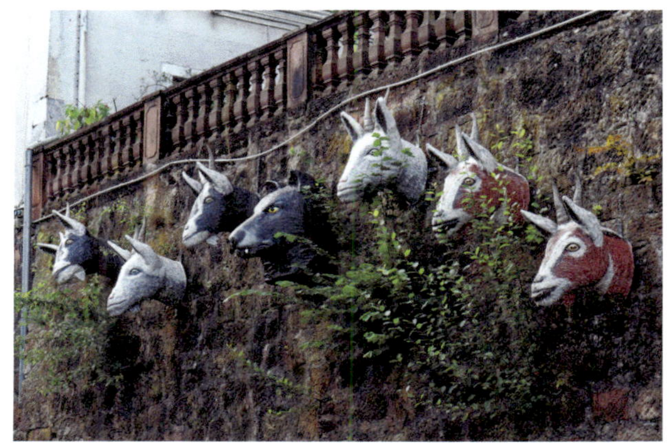

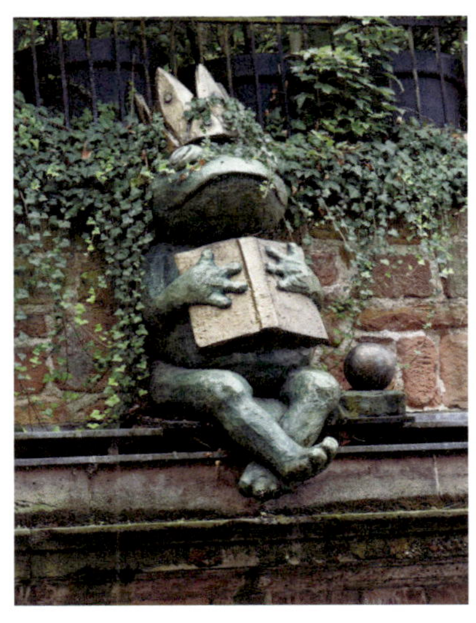

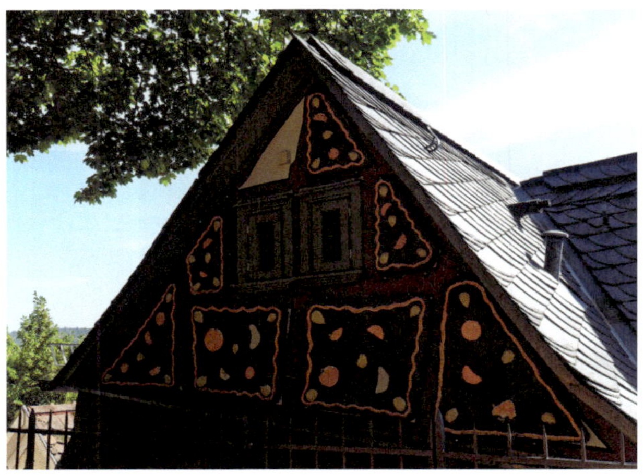

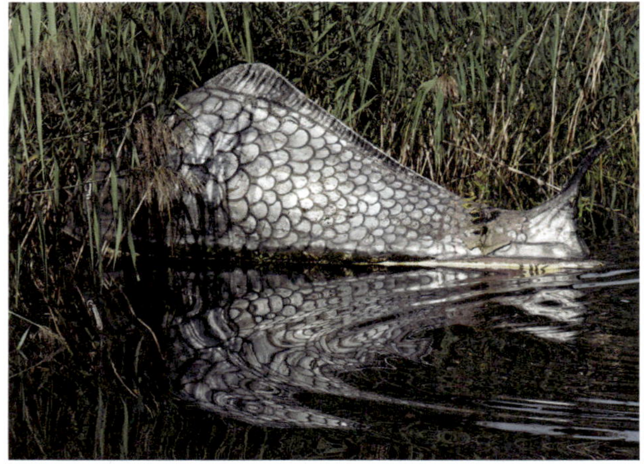

Register der Künstlerinnen und Künstler

nach Objektnummern

Abkürzungen

Thieme/Becker = Thieme, Ulrich / Becker, Felix (Hg.): Allgemeines Lexikon der Bildenden Künstler von der Antike bis zur Gegenwart

Vollmer = Vollmer, Hans (Hg.): Allgemeines Lexikon der bildenden Künstler des XX. Jahrhunderts